瓜洲镇志

LOCAL RECORDS OF GUAZHOU

江苏省扬州市邗江区瓜洲镇志编纂委员会　编

图书在版编目（CIP）数据

瓜洲镇志 / 江苏省扬州市邗江区瓜洲镇志编纂委员会编 .-- 北京：方志出版社，2019.11
（中国名镇志丛书）
ISBN 978-7-5144-3979-3

Ⅰ . ①瓜… Ⅱ . ①江… Ⅲ . ①乡镇—地方志—邗江区 Ⅳ . ① K295.35

中国版本图书馆 CIP 数据核字（2019）第 251237 号

· 中国名镇志丛书 ·

瓜洲镇志

编　　者：江苏省扬州市邗江区瓜洲镇志编纂委员会
责任编辑：陈　菁

出 版 者：方志出版社
地址　北京市朝阳区潘家园东里 9 号（国家方志馆 4 层）
邮编　100021
网址　http://www.fzph.org
发　　行：方志出版社图书经销中心
电话　（010）67110500
经　　销：各地新华书店
排　　版：北京纺印图文设计制作有限公司
印　　刷：北京中科印刷有限公司

开　　本：787 × 1092　1/16
印　　张：19.75
字　　数：377 千字
版　　次：2019 年 11 月第 1 版　2019 年 11 月第 1 次印刷

ISBN 978-7-5144-3979-3　定价：157.00 元

序一

习近平总书记指出："不忘历史才能开辟未来，善于继承才能善于创新……只有坚持从历史走向未来，从延续民族文化血脉中开拓前进，我们才能做好今天的事业。"中国优秀传统文化是在漫长的历史长河中历经无数次涤荡和沉淀而形成的思想精髓，蕴藏着无穷的宝藏和无尽的力量。发掘和继承优秀传统文化，是延续中华文明"根"与"魂"的必由之路。与时俱进，推动传统文化不断开拓创新，是中华文明常葆勃勃生机的重要保证。

"国有史，邑有志。"编修地方志是中国特有的文化现象，是中华民族的优秀文化传统。数千年来，连绵不断的志书编修为保护中华民族根脉，传承中华文明发挥了不可替代的作用。中国现存古志有 8000 余种，占现存古籍的十分之一。中华人民共和国成立以来，编修完成数万种省、市、县三级综合性行政区域志、部门志、行业志、专志等，编纂数万种地方综合年鉴、行业年鉴和专门年鉴等，整理出版数千种历代方志及相关研究成果，发表相当数量的方志理论与年鉴理论研究成果。这既是对我国国情、地情持续开展的大规模普遍调查，也是对各地自然与社会发展状况进行的综合研究，其成果构成了一座丰富的文化资源宝藏，为各级领导科学决策提供了重要参考，为推动经济社会发展和文化建设发挥了重要作用。

当前，中国特色社会主义进入新时代，全国地方志事业也进入新时代。如今的地方志事业围绕党和国家利益、经济社会发展，以人民为中心开拓创新，志、鉴、馆、史"四驾马车"并驾齐驱，志、鉴、馆、网、库、用、会、刊、研、史"十业并举"，加快实现在全国范围内全面推进地方志从一项工作向一项事业转型升级。在党中央、国务院的亲切关怀和各级地方志工作者的共同努力下，一批紧密结合社会发展需求、具有独特创造性的工作逐步开展，涵盖中国名镇志、中国名村志、中国名山志、中国名水志、中国名街志等"名志"系列文化工程是其中代表。作为首个"名志"系列文化工程的中国名镇志文化工程，启动于 2015 年，至今已是第三个年头。中国名镇志丛书在记述主体上，选择中国历史文化名镇、经济强镇、特色镇等在全国具有影响力和代表性的乡镇，旨在全面展示中国名镇的文化精髓；在内容题材选择上，重在突出不同名镇的“名”和“特”，力求集中体现不同名镇最精彩的部分，增强可读性；在志书编纂程序设置方面，志书申报、篇目设计、专家审读、专家组验收等流程环环相扣，紧密结合，力争把每一部志书都打造成精品佳志。

习近平总书记指出：“历史和现实都表明，一个抛弃了或者背叛了自己历史文化的民族，不仅不可能发展起来，而且很可能上演一场历史悲剧。”2018 年是改革开放 40 周年，40 年来中华大地发生了翻天覆地的变化，乡镇发生了极为深刻的改变，从粗茶淡饭到有机食品，从粗布衣裙到精美时装，从土屋平房到高楼大厦，人民生活水平大大提高，城乡差距不断缩小。然而，在感受辉煌成就的同时，我们也应该看到，许多精巧的古建、精湛的工艺、亲切的乡音、独特的乡俗也在快节奏的发展中与我们渐行渐远，曾经的家乡正逐渐变为记忆中的故园。

党的十九大报告提出乡村振兴战略，此后党中央、国务院又推出一系列重大举措。实施乡村振兴战略，必须全面加强乡村文化建设，培养乡村文化自信，培植文化之“根”，铸牢文化之“魂”。没有乡村文化的高度自信，没有乡村文化的繁荣发展，就难以实现乡村振兴的伟大使命。振兴乡村文化，既要塑形，更要铸魂，必须遵循乡村发展的客观规律，在发展中把文化的精髓保留下来，把乡土味道、乡村风貌的“魂”传承下去。在保留优秀乡村文化内核的基础上，用现代表现方式，把反映时代精神、先进理念的内容通过群众喜闻乐见的文化产品表达出来，才能够让乡土文化具有更强大的生命力。用创新性的模式书写乡镇志，传承和抢救乡土历史文化，激发爱国爱乡情怀，为探索中国特色新型城镇化发展经验、发展模式、发展道路提供历史智慧和现实借鉴，正是实施中国名镇志文化工程的目的和意义所在。

“月是故乡明”。中国人素有“家国情怀”，家乡的山水是最为美丽的，家乡的风俗是充满温暖的，一声亲切的乡音，一口熟悉的家乡菜，都能拨动游子的心弦，让其魂牵梦萦。中国名镇志丛书是一套全面梳理中国名镇历史人文，挖掘文化特色，突出“名”和“特”的镇志。它能让人民群众深刻感受到本土本乡自然的优美、历史的醇厚、人物的杰出、艺文的风雅等，有助于培养人民群众对家乡文化的自信，激发起人民群众浓烈的爱乡爱国情怀，助力国家新型城镇化建设和乡村振兴战略的实施。

是为序。

中国社会科学院院长
中国地方志指导小组组长　谢伏瞻

序二

连绵不断地编修地方志是我国特有的文化传统，为传承中华文明作出了巨大的贡献。在党中央、国务院的高度重视和支持下，这一古老的文化传统焕发勃勃生机，展现新的活力，成为保存、继承、发扬光大中华优秀传统文化的重要依托，培育和践行社会主义核心价值观的重要媒介，社会主义先进文化建设的重要组成部分，发展中国特色社会主义，增强道路自信、制度自信、理论自信的重要载体，在实现"两个一百年"奋斗目标和中华民族伟大复兴中国梦进程中具有不可替代的地位和作用。

事物总是在不断发展中前进。经过改革开放以来30余年的发展，中国特色地方志事业与传统的编修地方志已不可同日而语，形成了志（志书）、鉴（年鉴）、库（地情数据库）、馆（方志馆）、网（地情网站）、刊（期刊）、会（学会）、研（理论研究）、用（开发利用）等多业并举的新格局。截至2015年10月底，全国编纂完成首轮、二轮省、市、县志书8000多种，编修部门志、行业志、专业志、乡镇村志27000多种，编纂地方综合年鉴2300多种，累计整理旧志2500多种，还编纂出版了大量的地情书，字数以百亿计，形成以反映国情、地情为主要内容，全面系统、持续不断、卷帙浩繁的社会科学成果群。另外，还开通了27个省级网站、230个市级网站、816个县级网站；建成国家方志馆1个、省级方志馆16个、市级方志馆86个、县级方志馆近300个。这些成果，成为国家极为重要的文化资源，是国家文化软实力和公共文化服务体系的重要组成部分。

最近几年，地方志工作的触角在不断延伸，部门志、行业志、专业志、特色志、乡镇村志编纂方兴未艾，成为当前地方志事业发展新的增长点和亮点。特别是乡镇志，兴起了编纂热潮，从自发的民间行为逐渐过渡为政府组织的文化行为，有的省份以政府令形式将其纳入地方志编修范畴，像河南省还以省政府办公厅名义要求全省普修乡镇志。乡镇志并不是一个新生事物，据现有资料可考，宋代常棠所撰《澉水志》是现存最早的一部乡镇志。与省、市、县三级志书相比，乡镇志虽属小志，但意义却不小，特别是在当前国家全力推进新型城镇化建设的背景下，乡镇志的作用更显重要。

启动中国名镇志文化工程，是适应当前新型城镇化建设形势发展需要、地方志事业发展形势需要的重要举措，也是充分发挥地方志存史、资政、育人功能的重要手段。作为最基层行政组织的志书，镇志是最接近中国社会发展变迁的国情、地情记录文本，具有重要的历史文献价值。而作为充分反映本区域自然、政治、经济、文化和社会的历史与现状的资料性文献，镇志又能全面展示发展脉络，摸索发展经验，为探索中国乡镇未来发展方向提供借鉴和参考。当然，对于祖祖辈辈生于斯长于斯的中国人来说，故乡就是一个魂牵梦萦的地方，故乡的情怀终生难忘。留得住乡愁，记得住乡思，充分展示名镇文化魅力，激发爱乡、爱国情怀，正是中国名镇志文化工程题中应有之义。

是为序。

中国社会科学院原院长
中国地方志指导小组原组长　王伟光

序三

“国有史，邑有志”，中国自古就有注重编史修志的传统。按照我国目前地方志行政法规，国家各级地方志机构的法定职责是编纂省、市、县三级志书，并不包括县以下的乡镇志和村志。这种规定，一方面可能因为全国有数百万自然村落和数万乡镇，全部实行官修很难实现；另一方面可能因为我国历史上就有“皇权止于县”的说法，县以下的民间社会历来是一个以自治为主的领域。然而，改革开放几十年来，我国社会正在发生巨变，这种巨变在基层社会的乡镇、村落、家庭领域更为深刻。作为“乡之首，城之尾”的镇，逐渐被日益崛起的大都市淹没了光彩，村落在快速的城镇化过程中每天都在大量消失，农村家庭的小型化、空巢化趋势非常突出。在这种情况下，我一直在思考，如何留得住历史文化记忆和乡愁，如何把修志的工作向基层社会延伸?

中国人的“家国情怀”，是从“诚意、正心、修身”开始，到实现“齐家、治国、平天下”。所以从国家一统志，省、市、县三级志，到乡镇志、村志、家谱，也是一个完整的系统。

正是在这种背景下，我们决定启动中国名镇志文化工程。乡镇是无数中国人生命的底色和成长的摇篮。如何在城镇化进程中，留得住乡愁，记得住乡音，忘不了乡思，事关城镇化进程的人文关怀和文化保护，事关文化血脉的传承。同时，科学记录城镇化进程，反映城镇化成就，也为今后探索城镇化发展规律、积累经验提供了基本素材。作为全面系统记述一定行政区域的自然、政治、经济、文化和社会的资料性文献，志书是以上功能最好的载体。

我国目前有 4 万多个乡镇，全部修乡镇志还不具备条件。中国名镇志丛书选择的是传统文化名镇、历史军事重镇、革命历史名镇、民族特色名镇、特色经济名镇、旅游景观名镇等类型的乡镇，应该是最具代表性的，在中国乡镇文化传承和社会发展中具有标杆意义。

编纂中国名镇志丛书是对乡土历史文化的保护。随着城镇化进程加快，有不少乡镇被撤并，有些还是在历史上有重要意义的历史文化名镇、特色镇等。如不及时对其历史进行整理、记录，这些重要的历史资料将散佚殆尽。因此，中国名镇志丛书的编纂是对宝贵历史资料的抢救。

编纂中国名镇志丛书是对乡土意识的传承。什么东西有魅力？故乡的山水，乡音乡情的记忆，乡土的气息和家乡菜的味道，不管走到哪里，总是触动心弦。中国名镇志丛书记录的是家乡的山山水水，家乡的历史文化，家乡的风土人情，留住的是乡愁。这些最能激发远方游子和本地民众的爱乡情怀、爱国情怀。

编纂中国名镇志丛书是一种学术探索。镇志的编纂，实质也是一次深入的社会调查研究。“麻雀虽小五脏俱全”，相比省、市、县，乡镇第一手资料的获得需要付出更大的努力。我们也希望在志书编纂上有所创新，使中国名镇志丛书成为一套图文并茂、雅俗共赏的新型志书。

中国社会科学院原副院长
中国地方志指导小组原常务副组长 

中国名镇志丛书编纂委员会

中国名镇志丛书编纂委员会办公室

江苏省扬州市邗江区瓜洲镇志编纂委员会

主　任　曹　俊

副主任　冯　科　纪长平

委　员　周如霞　施永明　杨　帆　王　勇　林永军
　　　　　赵从生　申　俊　杨　卉　高桂兵　王　欣
　　　　　丁　畅

顾　问　朱福烓

江苏省扬州市邗江区瓜洲镇志编辑人员

主　编　吉　祥

副主编　曹云飞

编　辑　孟宪才　洪宝圣　高惠年　曹锡恩　孟德荣
　　　　　邹庭虎　孟宪白　温传武

摄　影　徐振宇等

统　筹　新志坊南京文化发展有限公司
　　　　　扬州市邗江区党史地方志办公室

瓜洲古渡　　　　徐振宇　摄

中国名镇志丛书凡例

一、以马克思列宁主义、毛泽东思想、邓小平理论、“三个代表”重要思想、科学发展观、习近平新时代中国特色社会主义思想为指导，坚持辩证唯物主义和历史唯物主义的立场、观点和方法，存真求实，全面、客观、系统记述中国名镇城镇化进程和改革开放成果，传承和抢救乡土历史文化，激发爱国爱乡情怀，留住乡愁，为探索中国特色新型城镇化建设、服务乡村振兴战略提供历史智慧和现实借鉴。

二、为全面反映入志事物发展脉络，各志上限追溯至事物发端，下限一般断至各镇志启动编修年份，个别重大事项可延至搁笔。详今明古，着重反映时代特色和地方特点，重点体现各镇的“名”与“特”。

三、记述地域范围以下限年份的行政辖区为主。为体现名镇在更大区域内的意义，可以从更开阔的区域视野记述与该镇相关的内容。

四、统一采用纲目体，设类目、分目、条目三个层次。横排门类，纵述史实，述而不论。

五、综合运用述、记、志、传、图、表、录等各种体裁，以志体为主。体裁运用适当创新，篇目设置不求面面俱到，一般意义上的乡镇级内容略去不载。

六、除引用文字和附录文献资料外，统一使用规范的现代语体文记述，行文力求朴实、严谨、简洁、流畅、优美，具有较强可读性。

七、人物部类遵循“生不立传”原则，人物传主按生年排序，只选录对本镇发展有重大影响的人物，不面面俱到。

八、各项数据一般采用国家统计部门数据。数据缺乏的，采用主管部门或主办单位正式提供的数据。

九、数字用法、标点符号、计量单位分别执行国家标准《出版物上数字用法》（GB/T 15835—2011）、《标点符号用法》（GB/T 15834—2011）、《国际单位制及其应用》（GB 3100—1993）和《有关量、单位、符号的一般原则》（GB 3101—1993）。历史上使用的计量单位，如斗、石、里、尺、磅、华氏度等，在引文时可照录。考虑到社会使用习惯，全书中亩不统一换算。

十、中华民国成立前的纪年，使用朝代年号纪年，括注公元年份；中华民国成立后的纪年，均使用公元纪年。志中所称“解放前（后）”，以该镇解放日为界；“新中国成立前（后）”，以中华人民共和国成立日 1949 年 10 月 1 日为界；“改革开放前（后）”，以 1978 年 12 月中共十一届三中全会召开为界。本志“×× 年代”，凡未加世纪者，均指 20 世纪。

十一、为节省篇幅，避免重复，本志采用条目互见法。参见条目的表示形式为：参见本志“×× 类目 · ×× 分目 · ×× 条目”。

十二、对旧志、古籍中的繁体字、冷僻字一般用简化字或通用字替换，易引起误解的则保留。

十三、记述各个历史时期的党派、机构、职务、地名等，均以当时的名称为准。对频繁使用的名称，首次用全称并括注简称，其后用简称。

十四、各镇志需要单独说明的事项，均在各自编纂始末中记述。

瓜洲镇在中国的位置

黑龙江省
哈尔滨
吉林省
长春
沈阳
辽宁省
内蒙古自治区
呼和浩特
乌鲁木齐
新疆维吾尔自治区
甘肃省
北京
北京市
天津市
天津
河北省
石家庄
山西省
太原
济南
山东省
银川
宁夏回族自治区
西宁
青海省
兰州
陕西省
西安
郑州
河南省
江苏省
邗江区
瓜洲镇
安徽省
合肥
南京
上海市
上海
西藏自治区
拉萨
四川省
成都
重庆市
重庆
湖北省
武汉
杭州
浙江省
南昌
江西省
长沙
湖南省
福建省
福州
贵州省
贵阳
昆明
云南省
广西壮族自治区
南宁
广东省
广州
香港
澳门
台北
台湾省
台湾岛
钓鱼岛
赤尾屿
东沙群岛
海口
海南省
海南岛
西沙群岛
永兴岛
中沙群岛
黄岩岛
南沙群岛
曾母暗沙
黄海
东海
南海
黄河
长江
渤海
图例
北京 首都
天津 省级行政中心
未定 国界
省、自治区、直辖市界
特别行政区界
名镇(乡)所在区域
名镇(乡)
1：32 000 000
审图号：GS（2019）4425号

瓜州在江苏省的位置

丰县
沛县
贾汪区
鼓楼区
徐州
铜山区
徐州市
邳州
新沂
东海
赣榆区
东西连岛
连云区
连云港
连云港市
灌云
沭阳
宿迁
宿豫区
睢宁
宿迁市
灌南
响水
滨海
盐城市
阜宁
射阳
涟水
淮阴区
淮安
淮安区
淮安市
泗阳
泗洪
洪泽区
洪泽湖
盱眙
金湖
宝应
建湖
盐城
盐都区
大丰区
兴化
泰州市
东台
高邮
高邮湖
扬州市
邵伯湖
江都区
扬州
广陵区
瓜洲镇
邗江区
仪征
镇江
姜堰区
泰州
海安
如皋
如东
高港区
扬中
泰兴
南通市
通州区
南通
海门
启东
靖江
六合区
南京市
浦口区
南京
栖霞区
江宁区
丹徒区
句容
丹阳
镇江市
常州
常州市
金坛区
武进区
溧水区
溧阳
高淳区
宜兴
江阴
张家港
惠山区
锡山区
无锡
无锡市
常熟
苏州市
太仓
昆山
相城区
苏州
虎丘区
吴中区
吴江区
太湖
黄海
长江
京杭运河
图例
南京 省级行政中心
扬州 地级市行政中心
溧阳 县级行政中心
省级界
地级市界
名镇(乡)所在区域
名镇(乡)
1：3 060 000
审图号：GS（2019）4425号

瓜洲镇地图

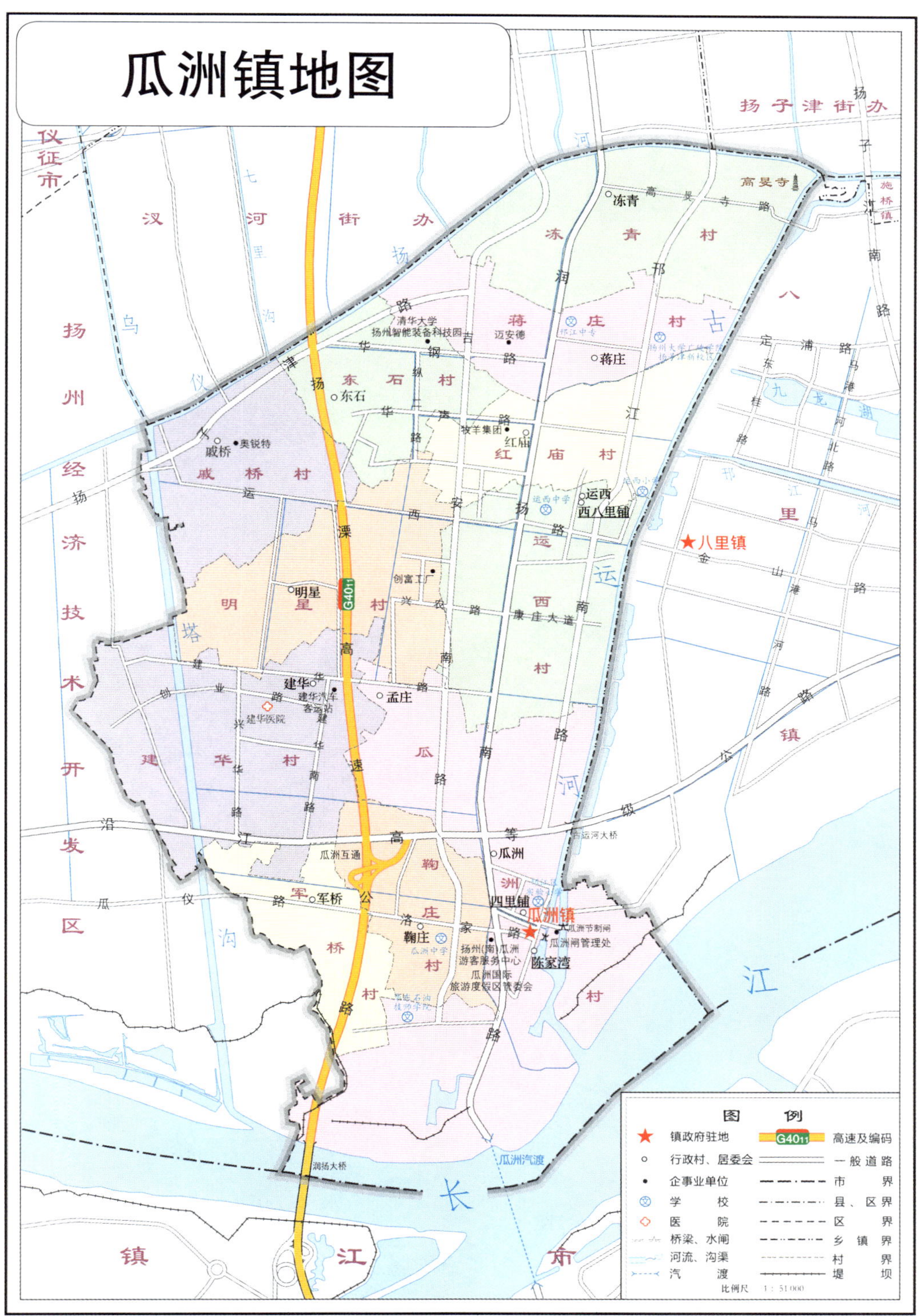

江苏易图地理信息科技股份有限公司　编制　　审图号：苏K(2018)004号　　编制日期：2018年7月

瓜洲鸟瞰

刘江瑞　摄

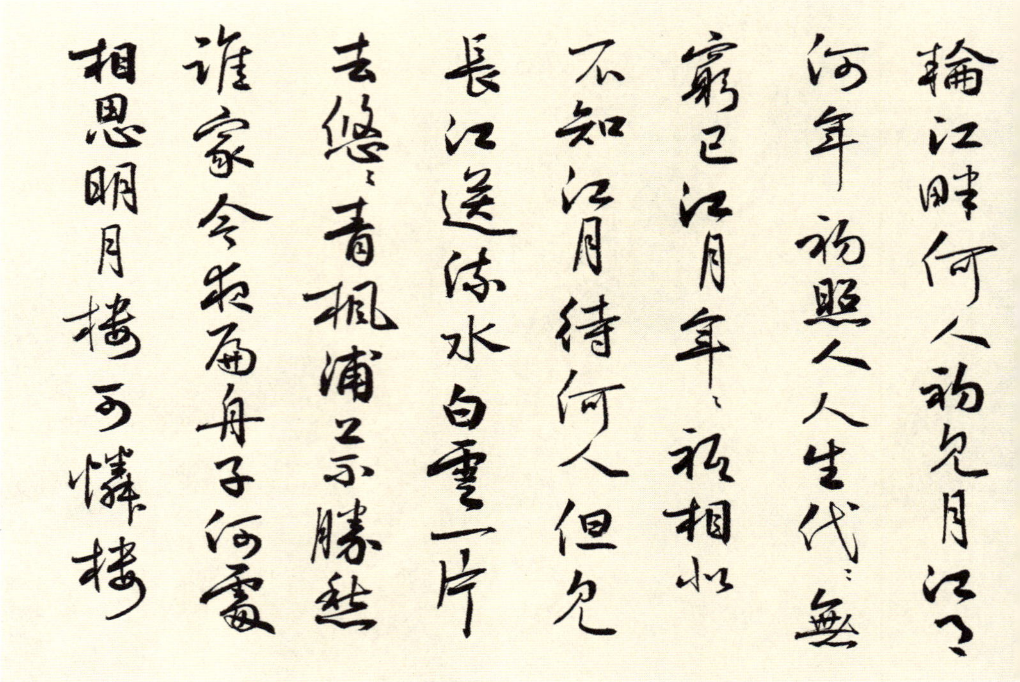
輪江畔何人初見月江月
何年初照人〻生代〻無
窮已江月年〻祇相似
不知江月待何人但見
長江送流水白雲一片
去悠〻青楓浦上不勝愁
誰家今夜扁舟子何處
相思明月樓可憐樓

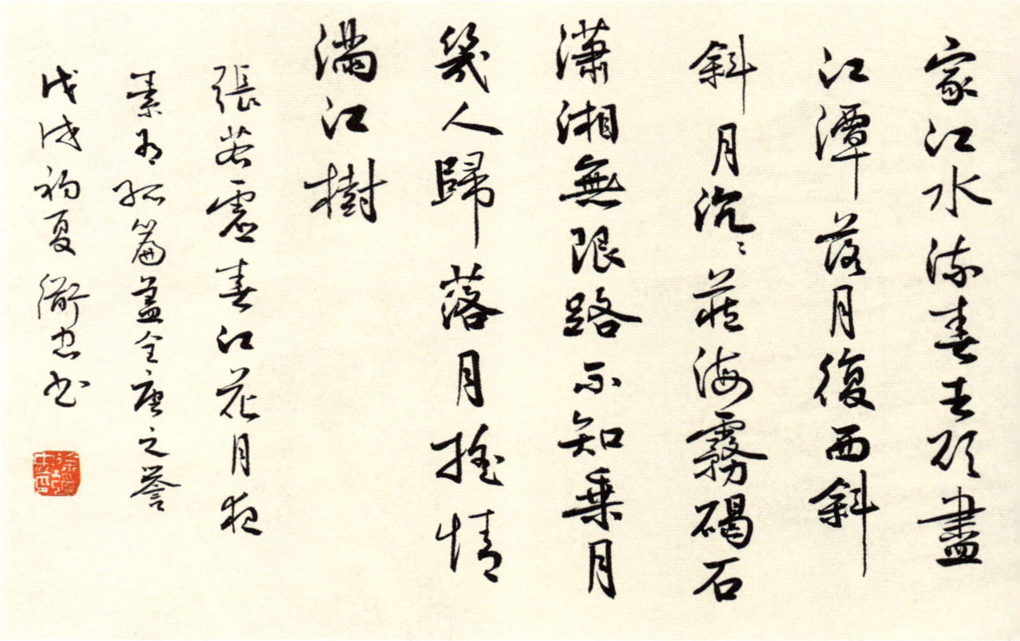
家江水流春去欲盡
江潭落月復西斜
斜月沉〻藏海霧碣石
瀟湘無限路不知乘月
幾人歸落月搖情
滿江樹
張若虛春江花月夜
素有孤篇蓋全唐之譽
戊戌初夏

〔唐〕张若虚《春江花月夜》

春江潮水連海平海
上明月共潮生灩灩隨
波千萬里何處春江
無月明江流宛轉繞
芳甸月照花林皆似霰
空裏流霜不覺飛汀上
白沙看不見江天一色
無纖塵皎皎空中孤月

上月徘徊應照離人妝
鏡臺玉戶簾中捲不
去搗衣砧上拂還來
此時相望不相聞願逐
月華流照君鴻雁長
飛光不度魚龍潛躍
水成文昨夜閑潭夢
落花可憐春半不還

润扬长江公路大桥　　陈平　摄

中国光大银行

中国大运河瓜洲运河（伊娄运河）世界遗产标志 徐振宇 摄

杜十娘广场 车明印 摄

目录

1 大国津渡　芳甸瓜洲

11 基本镇情

13 **区位　交通**
13 区位
14 交通
14 **建置区划**
14 地名由来
15 辖区变迁
17 村与社区
22 附：划归扬州国家高新技术产业开发区托管的村（居）
26 **自然环境**
26 地质地貌
26 水系
27 资源
27 气候
27 **人口　民族**
27 人口总量
28 民族结构
28 **镇区建设**
28 街区沿革
29 功能配套
30 **经济发展**
30 经济总量
31 第一产业
32 第二产业

34 第三产业
35 **社会事业**
35 教育
37 文化
38 体育
38 卫生
39 **居民生活**
39 收入
40 消费
42 社会保障

43 千年古渡

45 **古渡变迁**
45 扬子津与扬子桥
48 伊娄运河
50 瓜洲古渡
54 瓜洲义渡
56 瓜洲船闸（瓜洲水利枢纽）
58 **水运枢纽**
58 瓜洲漕运
61 瓜洲盐运
64 清末民国初期的瓜洲煤炭转运
65 **汽渡与润扬大桥**
65 瓜洲汽渡
68 润扬长江公路大桥

71 烽火瓜洲

73 **隋唐时期**
73 隋将贺若弼瓜洲布阵平陈
73 杨素江南追剿陈朝残余势力
74 隋朝吐、鱼二将平江南
74 唐初李子通五过瓜洲战江南
75 安史之乱李成式瓜洲战永王
76 唐末田神功渡江灭刘展
77 **宋元时期**
77 宋金皂角林之战
79 宋末姜才血战扬子桥
80 姜才瓜洲救两宫
80 宋元扬子江大战
81 **明清时期**
81 明代瓜洲盐夫抗倭寇
82 郑成功攻克瓜洲
83 鸦片战争扬子江战役中的瓜洲
85 **太平天国时期**
85 抗清援扬战事
86 清军围攻瓜洲
87 瓜洲战局逆转
87 瓜洲太平军大捷
88 太平军弃守瓜洲
90 **民国时期**
90 瓜洲地下交通线

93 人民解放军解放瓜洲

95 江河都会

97 **瓜洲古城**
97 城池格局
99 军政衙署
99 街道市面
100 水系桥闸
101 名宅名园
105 楼亭馆阁
106 附：大观楼复建计划
107 寺庙庵祠
107 慈善堂所
108 学塾书院
108 附：历史上的瓜洲十景
111 古城坍江
111 附：宋代至清代瓜洲坍江纪录
114 **瓜洲老街**
114 江口街
115 关下街
115 陈家湾
115 商会街
115 高桥街
115 四里铺街
116 河东街
116 **古迹遗存**
116 高旻寺及行宫
124 乾隆御诗碑
124 清军“阵亡官兵忠义冢”碑
125 孙氏烟商建筑群
125 吴氏浴室
126 江口街民居
127 青龙巷民居
128 四里铺街高氏民居

131 旅游开发

133 **旅游规划**
134 空间布局
134 旅游体系
134 开发时序
135 **景区景点**
135 瓜洲古渡风景区
138 杜十娘广场
138 江口街民俗风情区
138 润扬森林公园
139 途居扬州国际露营地
140 扬州太阳岛国际高尔夫俱乐部
141 扬州海浪谷水上乐园
143 瓜洲东大营水乡生态园
144 芳甸

145 绚彩乡村——瓜洲葵园
146 观音岛直升机航空游艇基地
147 **旅游节庆**
148 中国瓜洲音乐节
150 全国露营大会（江苏扬州站）
151 江鲜美食节
152 菊花艺术节
153 乡村旅游节
154 **旅游配套设施**
154 扬州（南）瓜洲游客服务中心
155 金阳光瓜洲生活广场
155 润扬森林会

157 风土民情

159 **瓜洲名产**
159 瓜洲锚链
161 瓜洲铁锅
163 “龙凤”镰刀
163 窝摺、芦篾
164 **风味美食**
164 江鲜美食
165 风味名吃
167 茶食糕点
168 **市井习俗**
168 漕运祭江
168 赛会 踩街
170 龙舟竞渡
171 打坐堂
172 瓜洲龙灯
172 瓜洲灯市
173 渔（船）民习俗
173 鲥贡习俗
173 瓜洲竹器
174 裁缝规矩
175 交易市语
175 **方言俗语**
175 地方俗谚
176 潮汛谚语
177 歇后语选录

179 名人与名镇

181 **人物传略**
181 王播
181 王起
181 王令
182 黄晞
182 赵珣
183 赵鹤
183 蒋易
183 魏嘉琬

184 熊维熊
184 王豫
185 卞萃文
185 于树滋
186 沈廷铭
186 张毓金
186 释来果
187 吴志馨
188 李国英
188 陈桢
189 石极宸
189 梁挹清
190 于在春
190 王珏
191 许振东
192 释德林
192 池振千
192 唐乾余
192 高正祥
193 李广福
194 **帝王行迹**
194 隋炀帝三次驻跸临江宫
194 宋高宗瓜洲南逃
195 完颜亮命丧瓜洲
196 明武宗雨夜宿瓜洲
196 康乾两帝关注瓜洲水利
197 康熙帝厚爱高旻寺
198 雍正帝为高旻寺选方丈
199 乾隆帝宝物宝诗赐高旻寺
199 **名人留痕**
199 鉴真东渡五次过瓜洲
200 米芾笔墨留瓜洲
201 苏轼抑怒返瓜洲
202 陆游诗文中的瓜洲
202 文天祥过瓜洲
203 马可·波罗笔下的瓜洲
203 周忱兴利瓜洲
203 谈迁独钟瓜洲
204 冒辟疆风雪瓜洲渡
205 林则徐推广瓜洲龙尾车
205 曹雪芹瓜洲画“天官”
206 郑板桥夜泊瓜洲渡
207 曾国藩七次往来瓜洲

209 艺文杂记

211 **诗词**
211 题瓜洲新河饯族叔舍人贲
211 春江花月夜
213 长相思
213 题金陵渡
213 瓜洲闻晓角

213 渡瓜步江
214 酬乐天扬州初逢席上见赠
214 晓发瓜洲
214 淮南游故居感旧，酬西川李尚书德裕
214 宿瓜洲
215 泊船瓜洲
216 瓜洲临江亭留题
216 往年宿瓜步梦中得小诗录示民师
216 辞家庙
216 宿扬州
216 瓜洲晚眺
217 登瓜洲迎波亭
217 瓜洲百川浦
217 过瓜洲（卫宗武）
218 水调歌头·京口
218 瓜洲（沈与求）
218 瓜洲城
218 清平乐·瓜洲渡口
219 瓜洲（蔡槃）
219 过瓜洲镇
219 月上瓜洲·寓鸟夜啼，南徐多景楼作
219 书愤
220 渡瓜洲
220 南征至维扬望江左（题瓜洲望江亭）
220 瓜洲阻风
220 泊瓜洲
221 过江后书寄成居竹
222 赠寓客还瓜洲
222 朱仲文编修还江西，诸公分题赋诗为饯，予适同舟南归，约至扬子桥分别，因为赋此
222 瓜洲夜泊（钱宰）
222 江上逢郑南溟
223 晓发瓜洲
223 过瓜洲（张羽）
223 龟山寺
223 瓜洲阻雨宿曹氏馆
224 车瓜洲坝
224 瓜洲江眺
224 瓜洲道中
224 题黄定父瓜洲小阁
224 广陵张郡丞宴大观楼
225 江天月下
225 瓜洲渡头风雪，欲回南岸不得
225 瓜洲（谈迁）
225 出扬子桥喜见江南山色
226 出师讨满夷自瓜洲至金陵
226 乱后过瓜洲故居

227 瓜洲于园
227 幸茱萸湾行宫登五云楼
227 癸未岁随驾南巡渡扬子江恭纪
227 过瓜洲（爱新觉罗·弘历）
228 伊娄河
228 宋牧仲大参过广陵不值赋诗寄
228 息浪庵
228 更漏子·渡瓜洲
228 大雪夜泊瓜洲（二首选一）
229 放舟瓜渚看月
229 瓜洲夜泊（郑燮）
229 送吴麟还新安
229 息浪庵夜坐别叔敦让木诸子
229 夜过瓜洲
230 瓜洲归棹（二首）
231 岁暮雪中瓜洲城上瞩目
231 泊瓜洲督运自题《江乡筹运图》
231 登江淮胜概楼晚眺
232 由扬州出镇江，瓜洲渡江，大风雨望金山寺，已夕，小舟甚危，思亲甚切
232 瓜洲伊娄河棹歌（选四）
233 瓜洲口占
233 过瓜洲（田汉）
233 望瓜洲
233 瓜洲船闸
233 瓜洲口渡江
234 登瓜洲闸观大江（二首选其一）
234 秋雨过访高旻寺
234 水调歌头·登润扬大桥
234 登观潮亭
235 **楹联　匾额**
235 楹联
236 匾额
237 **碑记**
237 瓜洲西津渡重建马头石堤记
238 江淮胜概楼记
239 重建大观楼记
240 重建瓜洲大观楼记
241 彤云阁记
242 高旻寺碑记
243 **美文**
243 于园
243 李牟瓜洲吹笛赋
244 “诗”渡瓜洲
246 古渡的传奇
249 **杜十娘传奇**
250 负情侬传
253 杜十娘沉箱故事的衍化
257 **掌故杂记**
257 红楼梦缘

258 地名掌故
262 吉光片羽

267 大事纪略

269 清道光四年（1824）创立瓜洲救生分会
270 清同治五年（1866）设长江水师瓜洲总兵衙署
271 民国时期普济轮渡通航始末
273 1938 年日军在瓜洲暴行纪实
274 1940 年组建菊花诗社
274 1942 年新四军二师在瓜洲建立军需物资转运联络站
275 1966 年开设邗江县抗大农业中等技术学校
276 2009 年“春江花月夜”全球华人同意境诗歌征集活动
276 2012 年瓜洲被授予“中华诗词之乡”称号

278 主要参考文献

280 编纂始末

大国津渡　芳甸瓜洲

瓜洲是长江与古代大运河交汇的唯一古镇。瓜洲古渡是历史上南北漕运以及盐运的水上交通枢纽，扬州城市的运河入江门户，世界文化遗产中国大运河的重要遗产点之一；同时也是历史上“渡江入河之要津”“防江控海咽喉要地”，发生过很多著名的战事。杜十娘怒沉百宝箱的传奇故事发生在瓜洲，康熙、乾隆皇帝南巡驻跸的行宫锦春园和高旻寺行宫在瓜洲。瓜洲是中国著名的“诗渡”，历代文人所写有关瓜洲的诗词近万首。唐代张若虚孤篇压全唐的《春江花月夜》描绘的是以瓜洲为中心的长江景观，王安石的“京口瓜洲一水间”，陆游的“楼船夜雪瓜洲渡”等都是瓜洲诗词的名句。今天的瓜洲已实现由古渡到度假区的历史性转变，是正在打造的国际旅游度假区。

瓜洲古渡

在中国的历史地理版图上，瓜洲是一个独一无二的文化地标。万里长江东流，千里运河纵贯，两条中国黄金水道的大十字交汇点上，唯一的古镇就是江北的扬州市瓜洲镇。

如同她的名字，瓜洲是长江这根绵延的长青藤上结出的一枚神奇瓜果。唐代以前，长江的入海口就在扬州和镇江之间，长江带来的泥沙在海潮的顶托下，在江口形成一道道拦门沙。从汉代到晋代，这座长如瓜形的沙洲开始露出水面，并被赋予“瓜洲”之名，岛上逐渐形成渔村、集镇。到了唐代，这个长江的“睡美人”始与北岸并连，张若虚《春江花月夜》用“春江潮水连海平”“江流宛转绕芳甸”，描绘江海相连的壮阔景致以及出没于潮水之间的连片沙洲，正是包括瓜洲在内的长江沿江景观。

瓜洲渡是千年瓜洲的灵魂所在。在长江东流千万年不断生成和并陆的沙洲中，没有哪一个沙洲享有瓜洲的独特，因为它背靠的是世界运河名城扬州。由于唐代瓜洲与长江北岸的并陆，封堵了从春秋到隋代开凿的大运河最早的一段——邗沟的通江口门。唐开元年间（713—741），从原邗沟的江口扬子津向南穿过瓜洲的洲地，新开一条长达12.5千米的大运河南延段——伊娄河，其新的入江口门形成了中国历史上最重要的津渡之一——瓜洲渡。瓜洲渡是瓜洲的代名词。没有瓜洲渡，就没有瓜洲辉煌的历史；没有瓜洲渡，千年运河的世界遗产都将失色三分。

一

瓜洲古渡是中国漕运的命门。

瓜洲面对长江，左右逢源，扼守着长江与运河的锁钥之地。南粮北运至京城，海盐西运至内陆。隋唐之后的瓜洲，无论哪个王朝的安危都与它紧密相关。中国历史上的都城大多在北方，西安、洛阳、开封、北京，某种程度上，这些王朝心脏的血管就是这条运河，而瓜洲便是这条血管的中枢。湖广稻米、江南丝绸，还有苏杭美女……这一切就是从这里沿河北上进入都城的。

清道光二十一年（1841）鸦片战争中，英国人为了要挟清政府，发起“扬子江战役”，其所实施的战略就是进入长江，攻占镇江，封锁瓜洲渡口，扼住清政府漕运的咽喉，切断中国漕运的大动脉，迫使清政府接受其侵华的利益诉求。具有“全球眼光”的英国人准确地抓住了中国的命门所在。

在1958年古运河改道之前，瓜洲一直是南来北往的必经之路，是扬州的运河入江门户。虽弹丸之地，却能“瞰京口，接建康，际沧海，襟大江”。清嘉庆《瓜洲志》载：“漕船数百万，浮江而至，百州贸易迁涉之人，往还络绎，必停泊于是。”

在明清最为繁盛的时代，瓜洲成为各类物品重要的集散地和商贸城。“商贾之集，冠盖络绎，居民殷阜，第宅蝉联，甲于扬郡。”作为交通枢纽、商业重镇、人居佳境的瓜洲，百业兴旺，富甲一方；瓜洲虽非县城，却因其五省通衢、漕运要道、防江控海重地的重要地位，在历史上建有瓜洲城，设有行省、都督府、江防同知署、管河通判署等重要的国家机构。如此完备的格局，在全国也是鲜有的，故有“长江运河第一古镇”和“江北第一雄镇”之称。

“人到扬州老，船到瓜洲小”。即使在清末民国初期，漕运退出历史舞台，新兴的津沪铁路一定意义上代替了运河的功能，瓜洲与镇江、扬州两座城市水陆连接的功能还在，它依然担负着整个淮南经此过江抵达镇江、连接江南铁路的水运中转作用，运河入江口的功能依然没有完全丧失，新兴的煤业一度代替了过去的漕运，古运河入江口的船只桅杆，就像森林一样。煤业的兴旺，带动了各行各业。民国时期，瓜洲的沈家场，如同北京的天桥、上海的城隍庙、南京的夫子庙、扬州的辕门桥，彼时的瓜洲依然“万商云集”①。

① 民国年间，瓜洲江口沈家场庆余煤号门楣挂有反映当时煤业兴旺的“万商云集”题额。

二

瓜洲是一个“军渡”。

“青海长云暗雪山，孤城遥望玉门关。”如果说玉门关是汉唐通往西域的门户、重要军事关隘和丝路交通要道，那么瓜洲就是中国长江水上的玉门关。不论是经济意义还是军事意义，都是如此。

在相当程度上，隋唐以后历代都城的生命线都维系在瓜洲渡口的樯桅上。北兵南下，长江天堑是一道冷峻的休止符，瓜洲是长江下游的战守要地。瓜洲一失守，粮道一断，京城就危在旦夕。在统一的和平年代，瓜洲是运河航运繁忙、南来北往的交通要道；在国家分裂、南北交战之时，瓜洲就是扼守半壁江山的江防军事要塞。

“河边独树知何木？今古相传皂角林。”宋金对峙时期，瓜洲成了胶着的战争前线。金兵南犯，南宋江淮浙西制置使刘琦退驻瓜洲保卫江防。金将萧琦尾追而至，刘琦先是迎头痛击，后在皂角林设伏发弩，取得大捷，杀得金兵尸横遍野，血染运河水，皂角林成了英雄林。其后，完颜亮亲自提兵数十万抵瓜洲，立营于龟山寺，立马于望江亭，意图从瓜洲横渡，再趋临安。宋军气势如虹，抵死阻挡金军过江，最终完颜亮命丧瓜洲，魂断彤云阁。金兵仓皇北顾，南宋得到偏安。

南宋末年，元军 20 万人进取临安，大将阿术驻兵瓜洲为要地，绝南宋两淮援军、粮草，宋军扬州守将李庭芝与姜才夜袭扬子桥长围木栅，与元兵大战扬子桥，鏖战古渡口欲夺两宫，打得元军望风披靡。

明嘉靖年间（1522—1566），倭寇顺江西进，烧毁漕船，弃舟登陆，北犯瓜洲。百十位瓜洲盐工运夫志节慷慨，猛气雄发，挥舞扁担、抬杠，杀入倭阵，誓死展开瓜洲保卫战。

明朝灭亡后，郑成功抗清复明，三千船舰从崇明蔽江而上，直捣金陵，破滚江龙，攻占瓜洲城，横槊赋诗：“缟素临江誓灭胡，雄师十万气吞吴。试看天堑投鞭渡，不信中原不姓朱。”

太平天国时期，太平军在瓜洲和镇江之间构筑江防体系，坚守瓜洲与清军在此鏖战四年八个月之久，两破清军江北大营，有效牵制了清军对天京的围攻兵力。

太平天国战争结束后，清政府在长江沿线设四镇总兵，长江水师四总兵之一设于瓜洲，负责长江下游江防。民国时期，国民党的长江水上警察总局继续设在瓜洲，负责泰州口岸至南京燕子矶的巡防。

“楼船夜雪瓜洲渡，铁马秋风大散关”，陆游的诗句对瓜洲战略地位作了形象的描述。在陆游诗句的背景中，瓜洲江面演绎了一场场在中国历史上气壮山河的水陆之战。这些血与火的兵戎相接，在瓜洲化为激越的诗篇。

诗人洪烛说，瓜洲是长江上的第二个“赤壁”。

三

瓜洲是一个“诗渡”。

但凡中国的文人，甚至只要是读过一点中国古诗词的人，对瓜洲都不陌生。古往今来，大运河就像一条文化走廊，众多的文人骚客在瓜洲过往。骆宾王、李白、白居易、张祜、李煜、王安石，还有刘禹锡、苏东坡、陆游、杨万里、李好古、萨都剌……他们都给瓜洲留下了脍炙人口的诗行。仅仅是古代吟咏瓜洲古渡的诗篇就有近万首，这在中国所有的古镇中极为少见，瓜洲古渡因此享有“诗渡”的美名。

渡口，不只是空间地理意义上的，同时也是灵魂心理意义上的；不只是生存意义上的，也是命运意义上的。“瓜洲古渡”四个字，照见了诗人们心里最柔软、最温情的部分，包括送别和离愁、出发和搏击、希望和憧憬以及江山万里、家国情怀。

唐代诗人张若虚面对静穆浩瀚的月色和如同漂浮碎银般的江面，在《春江花月夜》

中发出旷远时空的诘问和人生感叹。诗人张祜夜宿西津渡，遥望对岸的瓜洲，无法排解落寞愁绪，写下“潮落夜江斜月里，两三星火是瓜洲”。白居易在《长相思》“汴水流，泗水流，流到瓜洲古渡头”里写下极致的离情愁绪。“杨花满江来，疑是龙山雪”，是诗仙李太白的浪漫飘逸。北宋胸怀抱负的改革家王安石，在《泊船瓜洲》中写下“京口瓜洲一水间，钟山只隔数重山。春风又绿江南岸，明月何时照我还？”的诗句，写出了人生世事的无法预料。面对山河破碎的南宋，诗人张辑写下“英雄恨，古今泪，水东流。惟有渔竿明月、上瓜洲”的家国哀怨。“眼前风景异山河，无奈诸君笑语何”，是一代民族英雄文天祥的沉痛悲凉；“楼船夜雪瓜洲渡，铁马秋风大散关”，是爱国诗人陆放翁的沉郁悲壮；“试看天堑投鞭渡，不信中原不姓朱”，是抗清名将郑成功的慷慨激昂；“苍茫云树外，明月出瓜洲”，又是大学者袁枚的洒脱超然……

瓜洲是中国文人精神的栖息之地。千百年来，有多少悲欢离合、喜怒哀乐、兴衰沉浮，在古瓜洲这张古琴上奏出了如江潮奔涌、雪浪飞溅般的乐章。这个不大的古镇，聚散了中国顶级文学大师的诗魂。

四

瓜洲是一部传奇。

瓜洲古渡是中国爱情的一个纪念地标。在今天的瓜洲古渡公园，有一座名为“沉箱亭”的纪念亭，在这个古镇有一个为她建立的文化广场，这都是为了纪念一个为爱情献身的传奇女子杜十娘。明代冯梦龙把她写成了中国古代文学史上杰出的短篇小说之一《杜十娘怒沉百宝箱》，塑造了一个中国文学史上追求爱情的经典形象。杜十娘怒沉百宝箱，并不只是民间传说，它真实地发生在瓜洲渡口。这个风尘女子把自己的身家性命托付给了一个性格软弱的男人，当这个男人背叛了她，理想破灭，万种恩情化为流水，她带着自己的百宝箱纵身投入大江。这个女子代表了人类精神的升华——纯粹、完美和圣洁，不受玷污，不容动摇，对世俗宁死不屈，不作妥协。数百年来，她的爱情故事被演绎成小说、戏剧、电影、电视，并被广为传颂。

瓜洲的传奇岂止是杜十娘一个人带着她的百宝箱沉江，瓜洲本身就是一个巨大的传奇，历史上曾经灿烂辉煌的瓜洲城如同一个大百宝箱全部沉江。瓜洲是长江冲积孕育而成的，也因长江潮水的冲刷而崩塌。从清康熙年间（1662—1722）瓜洲城开始坍江，到清光绪二十一年（1895）全部坍入江中，瓜洲城的坍江经历了 180 余年。曾经的长江名楼瓜洲大观楼、乾隆皇帝赐名的锦春园以及若干名园，最终全部坍入江中，了无踪影。

很多在中国历史上长久流传的文化经典在瓜洲留下了踪影，唐代高僧鉴真大师，走出扬州大明寺，六次东渡扶桑，五次从瓜洲登船起航，入江出海，最终把中华文化的薪火传入日本，瓜洲成为中华文化传播的出发地。康熙、乾隆帝南巡多次在瓜洲驻跸，曹雪芹被风雪阻于瓜洲而登大观楼，很多的风物、行迹隐约构成了传世名著《红楼梦》的原型。

五

瓜洲是一个正在打造的国际旅游休闲度假区。

“京口瓜洲一水间”。千百年来，瓜洲以渡口的角色与对岸的镇江对望，两座城镇如同连体，不论是漕运贸易还是军事江防，始终声息互动。从南岸的镇江北望，能望见瓜洲背后广阔的江北腹地，望见运河牵着的富庶繁华的扬州和更深、更远处的京城以及家国万里；从北岸的瓜洲南望，能望见江山如画。早年，金山和焦山均在大江之中，由瓜洲的视线看过去，“长江万里，如带如萦，其上则三山巍峨，龙虎之所盘踞也；其下则三江浩瀚，奔涛赴海，日月之所吞吐沐浴也。当前润城诸山，屏立笋苗，相就如几案间物，以至烟岚晴霞之变，现风涛之汹歘、云树之出没，其胜无不毕萃”（刘藻《重建大观楼记》）。此诚江天胜境。

2005 年，润扬长江公路大桥建成通车，“一桥飞架南北”，结束了瓜洲与镇江之间只有轮渡的历史。大桥的建成，使扬州“跨江联动，融入苏南”，迈出了实质性的步伐。古渡与大桥，交织在一起，构成了瓜洲古代文化与现代文明交相辉映的壮丽画卷。

1000 多年前，张若虚在《春江花月夜》中写下“江流宛转绕芳甸”，如今这样的美景在瓜洲再次变为现实。立足于古镇古渡的历史文化禀赋和大江大河的生态资源条件，瓜洲实施由“古渡”向“度假区”的转型，致力打造的瓜洲国际旅游休闲度假区已初见雏形，瓜洲古渡公园正在升级改造为集历史文化、旅游度假、餐饮娱乐、休闲体验等功能于一体的特色精品民宿体验区。润扬长江公路大桥脚下，3500 亩润扬森林公园，1600 亩旅游露营基地，12 平方千米天然绿肺，700 亩江月湖，178 座芳甸别墅群落，5000 平方米会所，一个伊甸园般的美景已经呈现。此外，太阳岛高尔夫、途居扬州国际露营地、观音岛直升机航空游艇基地等一批特色休闲度假重点项目建成或在建，“芳甸”般的瓜洲以独揽长江湾流与千载古运河的壮阔景色重新诠释了“春江花月夜”的美景。

依然是大江跨越，瓜洲古渡的功能千年不废，如今往来于瓜洲和镇江的轮渡依然是长江沿线车流量与客流量最大的公路汽车渡口，同时润扬长江公路大桥分担了大江南北舟渡的功能；奔驰的车流代替了昔日的红船帆影，在途居扬州国际露营地，自驾车如同昔日过江千帆，那是行旅停泊休憩的港湾；一年一度的中国瓜洲音乐节，把润扬森林公园变成了户外音乐的海洋，一边是奔流的江水，一边是音乐的轰鸣和数万人潮的歌唱，这与昔日的“船到瓜洲小”何曾相似。

昔日中国巨大的水运市场正在变成一个潜力巨大的休闲旅游市场。

不变的是瓜洲中国江河交汇的地理空间舞台，变换的只是时代的幕景。

瓜洲是不朽的。

京口瓜洲一水间

徐振宇　摄

基本镇情

瓜洲地域是晋唐时期由长江泥沙冲击形成的洲地及河漫滩，与镇江金山隔江相望，北宋王安石的“京口瓜洲一水间”，准确地描绘了瓜洲的地理区位。现今的瓜洲镇由原瓜洲城西北的四里铺衍变而来，依然是扬州与镇江之间连接长江南北的交通枢纽。新中国成立后，瓜洲较长一段时间是以集镇为主的工商业建制镇，地域较为狭小。2001 年，运西乡并入瓜洲镇，瓜洲地域面积从 15.7 平方千米扩大到 46.18 平方千米。2011 年后，原运西地区托管给邗江经济开发区（后更名为扬州国家高新技术产业开发区）。90 年代以前，瓜洲镇曾集中了邗江县的主要县属集体企业。2000 年邗江县撤销建区后，瓜洲被纳入扬州城市发展的总体规划范围，在 2003 年扬州市制定的城市总体规划中，瓜洲被定位为扬州市西进南下的城市副中心、滨江城镇、城市节点，经济逐步由以工业为主向旅游为主的产业结构转型。境内驻有瓜洲闸、镇扬汽渡等主要的水利、交通枢纽单位。

瓜洲古渡

长江水道上的润扬长江公路大桥　　徐振宇　摄

区位　交通

区位　瓜洲位于北纬 32° 02′、东经 119° 04′。处于扬州市邗江区南部，长江北岸，与长江南岸的镇江金山隔江相望。北至仪扬河，东贯古运河，西接扬州经济技术开发区朴席镇，面积 46.18 平方千米[①]。处于宁镇扬都市圈和长江三角洲经济圈的黄金节点区域，是苏中连接苏南的主要门户。

---

① 其中瓜洲镇直管地区面积 15.7 平方千米，其余为原运西乡，现划归扬州国家高新技术产业开发区（以下简称扬州国家高新区）托管。

交通　瓜洲地处古运河与长江的交汇处，历来为长江下游重要渡口。清乾隆《江都县志》载：“瓜洲虽弹丸，然瞰京口，接建康，际沧海，襟大江，实七省咽喉，全扬保障也。”从唐代开始，每年漕船数百万，浮江而至。百州贸易迁徙之人，往返络绎，必停泊于此。1978 年建成通航的镇扬大型汽车渡口实行 24 小时昼夜通航，日渡运能力 1 万多辆，是长江沿线渡运量最大的公路渡口，连接镇江市的润州路和扬州市的扬瓜路（现为润扬南路），是江苏省南北交通主要干线公路 243 省道重要的越江枢纽，由此将江南江北的 328 国道、京沪高速公路、沪陕高速公路、312 国道、沿江高等级公路等干线相连起来，南来北往的汽车日夜不停地穿境而过。

2005 年，润扬长江公路大桥建成通车，将扬溧高速公路、京沪高速公路、沪宁高速公路、宁通高速公路、沿江高等级公路、宁启铁路、长江扬州港等贯通，为瓜洲编织了一张“江河海相通，公铁水相连”的现代交通网络。扬溧高速公路从瓜洲西部南北穿境而过，润扬长江公路大桥的北接线与瓜洲南部的沿江高等级公路相交。

横穿瓜洲的沿江高等级公路，东接江都区、泰州市，西连仪征市、南京市，将纵向的邗江南路、润扬南路、吉安南路贯通起来。瓜洲至扬州、瓜洲至镇江火车站只需半个小时。从瓜洲出发，几分钟就可以驶上扬溧高速公路，15 分钟可以驶上沪宁高速公路。到扬州泰州国际机场、南京禄口机场也只需 1 小时。

以瓜洲的润扬森林公园为起点，扬州城市公交 16 路通往扬州西部客运枢纽，34 路通往江海学院，32 路通往仪征市。2017 年，增开瓜洲到镇江的客运公交。

建置区划

地名由来　瓜洲原为扬州和镇江间长江中的一个江心洲，在距今 1700 多年的晋代始露出水面，并逐渐扩大。“瓜洲”名称的由来，有两说，一说其“形状如瓜”；另一说是漕河至此分为三支，其状若“瓜”字。2015 年，瓜洲居民家中曾发现一块唐代石刻，

唐代石刻中的“沠洲”字样
《扬州晚报》 提供

上刻“唐江滨乡沠洲”字样，表明唐代“瓜洲”的“瓜”是带三点水旁的，“沠”［pài］字很可能代表当时“状若‘瓜’字”的水系。

据清嘉庆《瓜洲志》记载：“瓜洲虽江中沙渚，然始于晋，盛于唐宋，屹然称巨镇，为南北扼要之地。”又载：“瓜洲渡昔为瓜洲村，扬子江之沙碛也，或称瓜埠洲，亦称瓜洲步。”

辖区变迁 唐代，瓜洲始有行政建置，时称广化镇。据南宋王象之《舆地纪胜》载：“（瓜洲）唐立为镇，至今有石城三面。”宋元时期，均属扬子县，后为江都县瓜洲镇。明初，瓜洲镇辖6里。明嘉靖年间（1522—1566），江都县分设10个区，瓜洲属瓜洲区。清雍正十一年（1733），区改为都，都下设图。瓜洲集镇属江都县第一都。民国初年，改区为乡市制，瓜洲集镇属江都县邗扬市。1927年，又分设10个区，区下改乡市制为范围较小的乡镇制，恢复瓜洲镇，属江都县第二区（区公所驻瓜洲镇）。

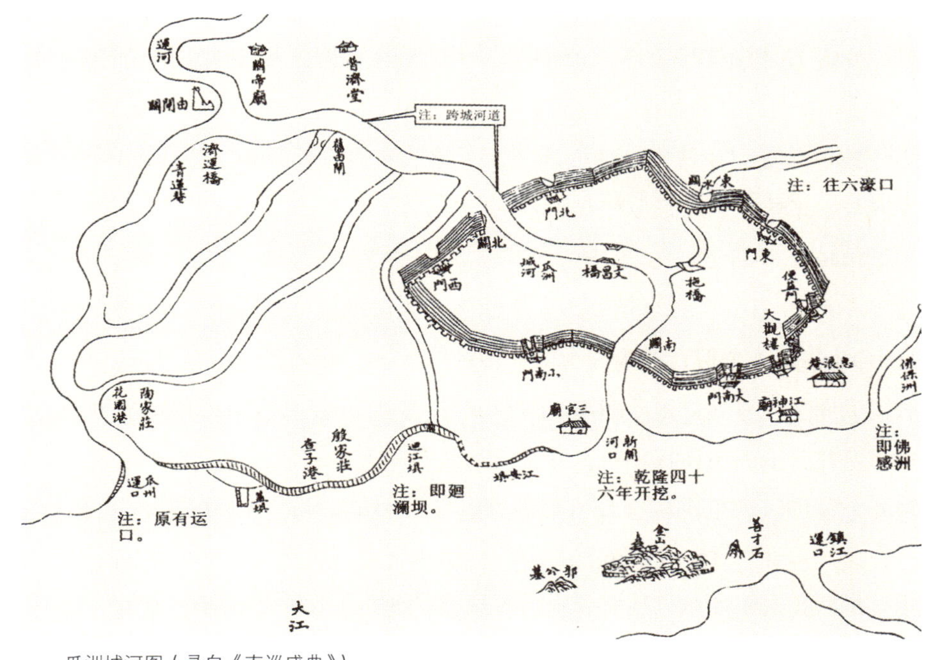

瓜洲城河图（录自《南巡盛典》）

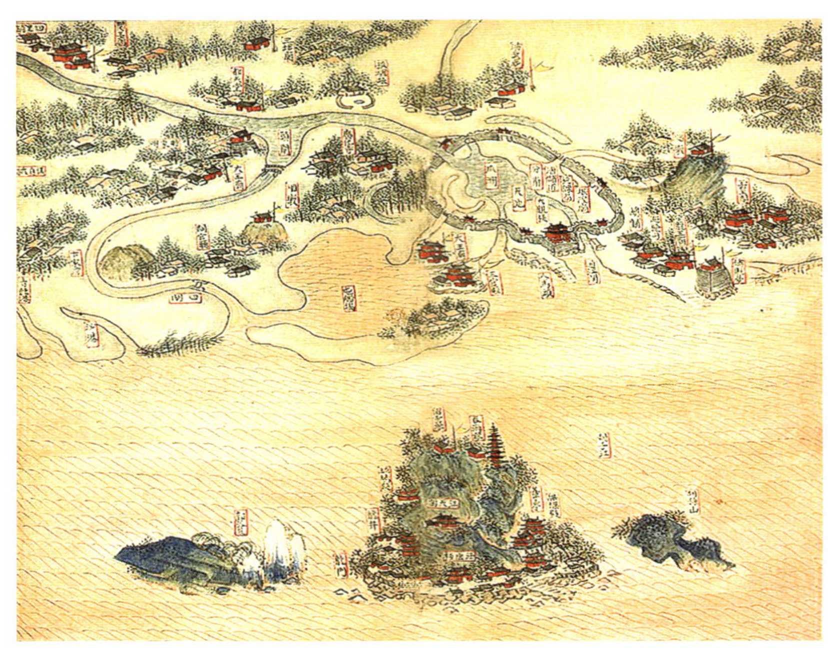

清代瓜洲图（录自《乾隆南巡江苏名胜图集》）

1934 年冬，推行保甲制，瓜洲镇辖 11 个保。1937 年 12 月 14 日，日军侵占扬州。次年，瓜洲沦陷，建立日伪瓜洲镇，一度改第二区为瓜洲乡（区级），原瓜洲镇改为瓜洲村（乡级），村下辖保如旧。1945 年 9 月，国民政府江都县恢复抗战前区、乡（镇）制。1947 年 10 月，并乡并保，瓜西乡并入瓜洲镇，共辖 14 个保。

1949 年 2 月 4 日，设立瓜洲区，下辖瓜洲镇、瓜西乡、费铺乡、冻青乡、薛扬乡、汊河乡、东桂乡、瓜东乡和普照乡。

1949 年 4 月 23 日，瓜洲解放，建立瓜洲镇人民政府，辖 7 个村，属扬州市瓜洲区。同年 8 月 19 日，合并乡镇保甲，瓜西乡并入瓜洲镇，两乡镇原 28 个保合并为 13 个保，其中镇区原 12 个保合并为 5 个保。1950 年 8 月，划属江都县瓜洲区。1956 年 2—3 月，撤销瓜洲区，建立县属瓜洲镇。同年 3 月，划属邗江县直辖。1958 年 9 月，邗江县与扬州市合并，瓜洲镇属扬州市，旋又将运西乡并入瓜洲镇，建立扬州市瓜洲人民公社，初辖 6 个管理区和瓜洲综合场、瓜洲养殖场。次年 4 月，管理区调整，改为 22 个农业生产大队。1961 年 12 月至 1962 年春，按中央《农村人民公社工作条例（修正草案）》，大队、生产队再次调整，其时有冻青、冯巷、蒋庄、杨庄、黄庄、东石、仪扬、戚桥、费桥、外圩、韩桥、郭汉、新桥、八里、勤丰、安桥、花园、大李、梅庄、鞠庄、军桥、瓜洲22个大队，238个生产队。1962年10月，邗扬分治，瓜洲公社复属邗江县。1964年6月，撤销瓜洲公社，原瓜洲公社北部建立运西公社，瓜洲恢复建制镇，辖1个农业生产大队、3个居民委员会。1972年，瓜洲镇有5个生产大队，时镇区以街道建制。1982年，镇区设河东、四里铺街、陈家湾街、江口街4个居民委员会（以下简称居委会）。1982年10月，合并河东、四里铺、迎江3个居委会建立街道办事处。

1983年5月，农业生产大队改为村。1988—1999年，瓜洲镇有瓜洲村（其间5个村民组划归集镇街道居委会）、大李村、梅庄村、军桥村、鞠庄村5个村，69个村民小组。运西乡有红庙、安桥、蒋庄、黄庄、外圩、费桥、沈院、运西、东石、冻青、杨庄、冯巷、戚桥、仪扬、韩桥、建华16个村和西八里铺居委会。因集镇建设不断加快，运西乡于90年代初期成立西八里铺社区居委会。2000年，瓜洲镇调整合并居委会，形成陈家湾和四里铺2个社区居委会。是年，运西有东石、冻青、冯巷、运西、沈院、黄庄、蒋庄、外圩、费桥、安桥、戚桥、仪扬、建华、韩桥、红庙15个村和西八里铺居委会。2000年12月，邗江撤县设区，瓜洲镇属扬州市邗江区，辖5个村、3个居委会。2001年4月，撤销运西乡，并入瓜洲镇。瓜洲镇将原20个行政村调整至11个行政村。即原瓜洲村、大李村、梅庄村合并成瓜洲村，安桥村、红庙村合并为红庙村，蒋庄村、黄庄村合并为蒋庄村，冻青村、冯巷村合并为冻青村，戚桥村、仪扬村合并为戚桥村，外圩村、费桥村合并为明星村，建华村、韩桥村合并为建华村，运西村、沈院村合并为运西村，军桥村、鞠庄村、东石村保留不变。2011年10月，冻青、东石、蒋庄、运西、红庙、明星、戚桥、建华8个村和西八里铺社区居委会又划归邗江经济开发区（后更名为扬州国家高新技术产业开发区，即汉河街道）托管，瓜洲镇直管的只有瓜洲、鞠庄、军桥3个村和四里铺、陈家湾2个社区居委会。至2017年，辖区范围未发生变化。

村与社区

瓜洲村 位于瓜洲镇的中心，东依运河，南临长江，西与建华村接壤，北与运西村相连。沿江一级公路和扬溧高速公路穿村而过，交通条件便利，地理位置优势明显。区域面积4.32平方千米，其中耕地面积171.09公顷。全村下辖农林场及立新、东岸、东王庄、刘葛、钮徐、沙田、高庄、余庄、小余、西王庄、东张庄、李庄、小李、五柳、商圩、周倪、汤庄、孙庄、项庄、平条、马桥、梅庄、四联、联盟、西张庄、孟庄、老庄、殷庄、陶庄、沈庄、戎庄、唐庄、郭庄共34个生产组。2017年，总户数1173户，常住人口4211人，其中女性2062人，户籍人口4053人。农村经济总收入8.4

瓜洲村 徐振宇 摄

亿元。1988 年瓜洲村有“邗江第一村”之称，2009 年获扬州市全面小康先行村称号，2014 年成为江苏省和谐社区建设示范村，2015 年创建成江苏省民主法治示范村。2016 年，葵园获“江苏省三星级乡村旅游区”称号。

鞠庄村 地处瓜洲镇区西，东临润扬南路，西接军桥村，南与华东石油技师学院和华东石油局第六普查勘探大队相接，北靠沿江高等级公路。区域面积 2.12 平方千米，辖马桥、大薛、王庄、鞠庄、高庄、贾庄、青龙、大岸、何庄、耿庄、洪庄、前薛、前姚、后姚、张胡、朱庄、大众、孔庄、毛庄、张徐共 20 个村民小组。2017 年，总户数 579 户，总人口 2320 人，其中女性 1207 人，农村经济总收入 25756 万元。瓜洲中学、瓜洲初级中学、瓜洲中医院、瓜洲镇社区卫生服务中心均在村域。村域内服务业繁荣，有近 60 家商店、酒店、休闲场所。村境内有瓜洲镇拆迁安置小区华润苑，商业开发的华盛苑小区及悦珑湾小区。2015 年 6 月，在该村王庄组开钻的瓜洲镇温泉正式出水。

2007—2013 年，鞠庄村先后获市生态村、市卫生村称号。2013 年，被省依法治省领导小组表彰为社会治理“六五”普法先进单位。

军桥村 地处瓜洲镇西部，东与鞠庄村接壤，南与太阳岛高尔夫球场相连，西邻扬州市经济技术开发区朴席镇，北接沿江高等级公路。区域面积 1.92 平方千米，其中耕地面积 107.52 公顷。辖有军桥、中心、陶庄、汉路、郭庄、毛庄、东妃、马桥、崔庄、双桥、新村 11 个村民小组。2017 年，总户数 397 户，总人口 1703 人，其中，女性 770 人，外来暂住人口 200 人，有少数民族 5 人。2017 年，军桥村经济总收入 2.09 亿元，人均纯收入 27914 元。为配合瓜洲旅游开发，2016 年军桥村投资 300 万元，建成 4 千米的自行车慢道，铺设红色沥青。集餐饮、沐浴、采摘、养殖、种植、垂钓、休闲于一体的东大营水乡是该村三产龙头企业。2011—2017 年，军桥村先后获市卫生村、省三星级康居示范村、省生态村、省水美乡村、市社会治安综合治理先进村以及省和谐社区建设示范村等称号。

陈家湾社区 社区东临长江，西依向阳河，南与润扬森林公园相连，北与四里铺社区相接。区域面积 0.8 平方千米，辖江口街、江口后街、陈家湾街、江口南街、戚庄、高桥新村、施毛新村、迎江新村、三巷区、变电新村、杨庄、渔业共 12 个居民片区。2017 年，总户数 1267 户，总人口 3518 人，其中，女性 1716 人，外来暂住人口 213 人，少数民族 21 人。社区设有 300 平方米的社区便民服务大厅，另有社区工作站、居家养老服务站、残疾人志愿服务站、青少年科普活动室、青少年普法站、书法辅导站、果园茶社、市民大舞台、健身队。2013 年该社区创建成省和谐社区建设示范社区，2014 年、2015 年、2016 年连续 3 年获邗江区三星级社区称号。社区内的瓜洲镇伊娄义工协会，有 345 名志愿者，他们利用“文明江苏志愿平台”打造一支基层团队，2016 年获“主播爱上广场舞”优秀奖、“我要上春晚”首届中国中老年旅游春晚全国海选扬州赛区第三名，2017 年被市文明办、市志愿者协会评为优秀志愿服务组织。

陈家湾是瓜洲镇文化底蕴最深、老居民最多、商业经济繁荣的地带。有各类商店、酒店、宾馆 85 家，另有民国时期 100 平方米的姜记粮行、120 平方米的吴氏浴室、孙氏烟商建筑及其他晚清民居 7 处。传统企业瓜洲锅厂在大江南北享有盛誉。2016 年，陈家湾社区打造“渔家行”项目，利用渔区、渔港、渔船、渔业以及专业渔民的技能，在长江与运河交汇处作为渔家风情游的龙头，让游客观赏长江风情同时，参与张网、流网、拖网、笼捕、江中垂钓，亦可和渔民一起坐渔船、采红菱、摘莲蓬、制鱼席、尝三鲜、住渔家，领略渔乡、渔村风俗民情的休闲渔业。

船泊陈家湾

徐振宇　摄

四里铺社区 社区东依伊娄河与扬州经济开发区代管的八里镇接壤，南以落驾路为界，西至瓜洲中学与鞠庄村相接，北至沿江高等级公路。区域面积1.2平方千米，社区内有宝石小区、华润苑安置小区、华盛苑小区3个居民集中区，分为宝石小区、河东、镇林、益农河、沙田四里铺、华盛苑6个居民网格。2017年，共有居民户2323户，总人口5846人，其中，女性2860人，外来暂住人口1357人。四里铺为瓜洲集镇区，90年代前工业较为发达，坐拥邗江县属集体工业的半壁江山，有邗江县化工厂、邗江县农机修造三厂、邗江县纸厂、邗江县电机厂、扬州锻压机床股份有限公司。因环境和市场因素，上述企业先后迁出。社区范围内有邗江区实验小学、瓜洲菜场、小商品市场，各类商店166家，物流快递4家。社区设有社区工作站、居家养老服务站、日间照料中心、残疾人之家、科普活动室、青少年普法站、书法辅导站、家长学校、市民大舞台、常行志愿者服务队、红色驿站及社区服务中心等为民服务、志愿服务场所10多家（个）。2010年，社区创建成邗江区和谐社区建设示范社区。2013年，建成省级示范妇女儿童之家。2015年成为省和谐社区建设示范社区，同年获市巾帼文明岗称号。2017年，分别获得省民主法治示范社区、省综合文化服务中心称号。

附：划归扬州国家高新技术产业开发区托管的村（居）

运西村 位于瓜洲村北侧，东至古运河，西与明星村相连，北与红庙村为邻，润扬南路穿村而过。运西村前身为1958年建立的运西大队。2001年，运西村与沈院村合并为新的运西村。2017年，总面积4.26平方千米，耕地面积141公顷，总人口4312人。辖36个村民小组，分别是焦刘、宦庄、刘庄、吕庙、六家、大王、陈东、陈圩、朱桥、刘伙、沟头、万庄、黎庄、赵庄、八里、皮庄、运西、正万、王桥、邹庄、薛庄、凡庄、陈庄、永华、朱庄、东沈、西沈、金王、王庄、高圩、俞圩、乐园、郑庄、洪庄、港上、陶庄。村有安置小区3个，有省级千亩农田示范基地1个。

明星村 东邻运西村，南接建华村，西至润扬河，北与戚桥、东石两村为界。前身为1958年建立的明星高级社。1984年更名外圩村，2001年外圩村与费桥村合并定名明星村。2017年，总面积4平方千米，耕地面积136公顷，总人口2700人。辖28个村民小组，分别是明星、燕庄、许庄、后家、前家、王庄、军田、赵庄、姚庄、元华、下圩、仇圩、陶圩、外圩、高圩、秦庄、费桥、尹东、尹西、袁庄、毛圩、蔡港、汪圩、陈庄、戚圩、张庄、东圩、周庄。该区域内河网密布，除农作物水稻、小麦外，养殖业亦占一定比例。

东石村 前身为东石大队，"文化大革命"中改名为红旗大队，1984 年设立东石村委员会。东为邗江工业园南园，西与戚桥村相接，南与明星村、红庙村为邻，北依仪扬河。2017 年，总面积 1.77 平方千米，耕地面积 114 公顷，总人口 2314 人。辖 20 个村民小组，分别是东石、青年、平条、谢圩、八房、牌坊、焦庄、黄庄、屠庄、罗桥、大郭、小郭、界牌、陈圩、九房、王圩、徐二、孙庄、王庄、王套。随着扬州国家高新技术产业开发区的发展，该村大部分村民小组拆迁安置。东石村有东石人头传说。

冻青村 东至古运河，西至东石村，南依蒋庄村，北依仪扬河。2017 年，总面积 4.85 平方千米，耕地面积 208 公顷，总人口 4052 人。辖 39 个村民小组，分别是三姓、杨庄、孙庄、厉东、厉西、东风、东屠庄、孙陶、东蔡庄、花园、万庄、冯西、冯东、建兴、东庄、丁庄、屠庄、东张庄、刘庄、运河、孙庄、西蔡庄、薛庄、冻青、陈庄、徐庄、西张庄、刘庄、纪庄、周庄、曲庄、孙庄、方庄、佘庄、西屠庄、高庄、朱庄、大温庄、小温庄。相传旧时该村地域兴旺，有庙宇，庙前两棵冬青树较为壮观，村名"冻青"因"冬青"谐音而得名。古刹高旻寺在境内。

红庙村 东依古运河，南与运西村相连，西与东石、明星两村相接，北与蒋庄村为邻。2017 年，总面积 2.3 平方千米，耕地面积 90.6 公顷，总人口 2362 人。辖 27 个村民小组，分别是花园、纪庄、陈葛、东刘、朱庄、魏庄、勤丰、立新、包庄、唐夏、周绪、大袁、绪庄、小袁、秦庄、中心、谈圩、戎圩、焦洪、姚庄、屠桥、马庄、金刘、周庄、郭庄、马桥、马金。

建华村 前身为 1958 年定名的新桥大队，时辖 9 个生产队。1984 年设立建华村。1998 年、2000 年，分别合并毗邻的郭汉村和韩桥村以及军桥村 4 个村民小组及明星村的戴桥组。2017 年有 37 个村民小组，分别是孔庄、潘庄、顾庄、刘桥、戎庄、联合、朱庄、东李庄、孟庄、柳庄、徐庄、汪圩、钟庄、高庄、韩庄、冯庄、双庄、张庄、肖庄、北郭汉、薛庄、朱桥、

2005 年，建华村建成 500 户农民集中居住区

周坝、何庄、赵庄、秦庄、刘庄、王庄、焦庄、曹庄、西李庄、黄庄、戴桥、南郭汉、刘茂、姚庄、汤桥。总面积 8 平方千米，耕地面积 260 公顷，总人口 4050 人，村中心范围设有工业园区、三产服务区、农民集中居住区。建华村曾先后获省文明村标兵、省康居示范村、省生态村、省卫生村、省全国民主法治示范村、省和谐社区建设示范村等称号。村党委书记朱快乐先后荣获全国劳动模范、全国十大杰出村官称号。

蒋庄村　东依古运河，西至邗江工业园南园，南与红庙村相邻，北与冻青村相连。2017 年，总面积 2.9 平方千米，耕地面积 91.4 公顷，总人口 3006 人。辖 26 个村民小组，分别是六浅、新庄、焦庄、小黄、方庄、周一、周二、东王庄、大蒋、林庄、曹庄、孙庄、张庄、韦庄、小蒋、小徐、西王庄、大徐、李庄、秦庄、大黄、大纪、东一、东二、西王六、小纪。扬州大学广陵学院、邗江职业中专落户于此。

戚桥村　东至扬溧高速公路，南与明星村为邻，西与朴席镇相邻，北依仪扬河。2017 年，总面积 3.33 平方千米，耕地面积 286 公顷，人口 2111 人。辖 32 个村民小组，分别是前进、胜利、红星、金庄、刘庄、李港、西

李斯尔 摄

高、步庄、邹庄、沟套、汪庄、倪庄、大庄、戚桥、马庄、高桥、孔庄、联户、界东、界西、郭庄、石人、青年、新庄、金东、金西、尹庄、任庄、朱庄、孙庄、智东、智西。

西八里铺社区居委会　西八里铺社区居委会于2003年设立，东至古运河，西至润扬南路，南至逸居路，北至光明幼儿园。2017年，区域面积1平方千米，耕地面积21.3公顷，总人口454人。西八里铺处古镇瓜洲的北口，古时此地店铺林立，因古运河把八里铺一分为二，河东为东八里，河西为西八里，位于古扬子桥与瓜洲之间，古为驿站。

2017年驻瓜洲镇单位情况一览表

表1

单位名称	隶属部门	单位地址	入驻年份
江苏省镇扬汽车轮渡管理处	江苏交通控股有限公司	润扬南路	1982年
华东石油技师学院	中国石油化工集团有限公司	翠屏路	1978年
瓜洲闸管理处	邗江区水利局	迎江路	1969年
中石化华东石油工程有限公司扬州基础建设分公司	中石化华东石油工程有限公司	翠屏路	2013年

说明：驻镇单位未含托管区域

自然环境

地质地貌 瓜洲镇属扬州—铜陵地震带中段，地质构造主要分为四层：第一层为褐黄色亚黏土（表层为耕作层土），遍布全镇，厚度 1 ～ 2 米，地耐力 8 吨 / 平方米。第二层为灰黄色轻亚黏土，距表面 2 ～ 5 米，地耐力 9 ～ 10 吨 / 平方米。第三层为灰褐色淤质亚黏土，夹薄层粉砂、轻亚黏土，遍布全境，距地面 3.5 ～ 9 米，地耐力 5 ～ 7 吨 / 平方米。第四层为轻灰色轻砂，局部夹薄层淤质亚黏土，遍布全境，距地表面 4.5 米以下，地耐力 10 ～ 12 吨 / 平方米。

瓜洲地区系由全新世以来长江携带的泥沙沉积，沙洲并岸与河漫滩组成的冲积低平原，地势平坦。地耐力 10 吨 / 平方米以上，可作天然地基使用。地面真高 2.42 ～ 4.2 米。

水系 瓜洲镇为长江下游平原水网地区，四面被江河包围，南面是长江，东面是伊娄河（古运河），北面是仪扬河，西面是润扬河。瓜洲闸和润扬河闸将大运河与长江水

瓜洲滨江鸟瞰 徐振宇 摄

系连通。镇境内河道稠密，沟塘纵横，水源充沛。主要河道有向阳河（旧称青龙港），从南端江边的青龙闸直至北端的仪扬河。中部有东西方向的军桥中心河、鞠庄中心河、梅庄友谊河、梅庄团结河、运西中心河等河道，与向阳河贯通，共同起着排灌作用，保证农田旱涝保收。

资源 2017 年，瓜洲镇直接管辖面积为 1007.32 公顷，其中，总耕地面积 572.91 公顷，水面 155.03 公顷，其他非耕地（包括镇村用地及工厂、道路、建房用地等）面积计 279.38 公顷。农业以种植水稻、小麦为主。经济作物品种繁多，地下水资源丰富，一般埋深 1.2 米，最浅处仅 0.6 米。地下温泉水温、流量俱佳。

气候 瓜洲镇地处北亚热带湿润气候区，处于西风环流控制之下，季风显著，四季分明。冬夏温差比较显著。冬季因受欧亚大陆气候影响，兼受西伯利亚及蒙古高压控制，多东北风，天气晴朗，寒冷干燥。夏季气温升高时，成为低压区，暖湿空气从海洋袭来，多东南风，天气偏热，雨水充沛。春季温凉多雨，秋则温润趋于干燥。年平均气温 14.8℃，全年平均温差 26.2℃。最热为 7 月，日均气温 27.2℃；最冷为 1 月，日平均气温 1.5℃。

人口　民族

人口总量 晋朝瓜洲成陆后，先由渔民、游士登陆定居。东晋时期（317—420），广陵（扬州）、京口（镇江）是北方移民集中地，山东青州、兖州一带流徙移民较多。南朝时，广陵一直为南兖州。地处南北交接的瓜洲，成为北人流徙之地。相传瓜洲闹市陈家湾一带，原称侉侉庄，是北人陈姓居住之地。后随着开发和各业发展，直至唐、宋，瓜洲人口发展迅速，加之北方连续战乱，大批流民迁至此处定居，人口大幅度增长。元、明时期，瓜洲人口稳定。太平天国时期，因战乱和水灾，从句容、丹阳、丹徒及盐阜等地迁入瓜洲的户籍很多。清同治五年（1866），清政府设长江水师瓜洲镇总兵署，下辖4个标营，因湖南人吴家榜任总兵，有不少湖南人住在瓜洲。其时，瓜洲人口近十万人。清光绪后期，瓜洲城不断坍江，人口剧减。民国期间，瓜洲人口发展缓慢。1949年，瓜洲集镇人口仅2400多人。

新中国成立后，集镇人口相对稳定。1958年，公社“大办工业”，集镇人口猛长。1964年以前，瓜洲镇只有1个农业大队，人口多集中于镇区。1964年第二次全国人口普查时，全镇总人口5281人，其中镇区4065人。1964年起，因历史原因，集镇人口减少。1973年，人员陆续回镇，人口逐渐增多。改革开放后，瓜洲经济社会发展较快，吸引安徽、苏北等地的大批打工和经商人员。1982年第三次全国人口普查，全镇总人口12921人，其中，集镇人口4549人，农村人口8372人。2000年第五次全国人口普查，全镇总户数5458户，总人口17596人。后运西乡并入瓜洲镇，到2010年第六次全国人口普查时，全镇总户数11962户，总人口40169人，其中女性19903人。2011年后，原运西乡的8个村和1个居委会划归邗江经济开发区托管，瓜洲镇实际管辖区的人口大幅度减少。2017年年底，全镇总户数5765户，总人口17327人，其中女性8516人。人口城镇化率49%。

民族结构 2017年，总人口中有少数民族84人，其中土家族4人、彝族2人、畲族2人、壮族2人、回族56人、满族10人、蒙古族2人、哈尼族1人、苗族5人。

镇区建设

街区沿革 清光绪二十一年（1895），瓜洲城坍入江中后，瓜洲街镇逐渐北移，仍然发挥着运河入江的枢纽作用。光绪二十五年（1899），长江水师瓜洲镇总兵署从城内迁建四里铺（原锦春园旧址）；中军游击营建在四里铺今化工厂内，建筑雄伟。

民国时期，瓜洲沿古运河建设，形成一条南北走向、全长2000米的长街，分江口街、关下街、陈家湾街、商会街、四里铺街及河东街，建筑多为低矮的平房，路面为砖石铺成。1919年，镇人建瓜洲至善堂，前五后七两进，两侧外包厢8间，东南角建有水阁凉亭，旧址位于今瓜洲胶木厂。1920年，镇人在四里铺建砖木结构楼房一座，80年代，此楼为邗江县实验小学的教师宿舍楼。1941年，镇人发起将四里铺同善社（今农机三厂食堂）改建为发电厂，瓜洲居民第一次用上电灯。

新中国成立初期，瓜洲街道保持旧貌。1958年年底第一次拓宽陈家湾至商会街街道，由7米拓宽至14米，拆迁民房近100间。1973年4月，随着瓜洲闸的兴建，镇区第二次拓宽街道，从商会街至北涵洞，由原来的7米拓宽至14米，拆迁民房200多间。1976年8月，瓜洲建设汽渡码头，拓宽影剧院至陈家湾道路，总长300米，由原14米拓宽至22米，浇制沥青路面。同时新建由陈家湾延伸到汽渡码头的道路，总长500米，宽22米，为沥青路面。1980年，建成汽渡码头至华东石油技校门口的水泥路，总长1236米，宽12.4米，定名为文化路。1984年10月，拓宽影剧院至化工总厂的道路，全长660米，由4.5米拓宽至7.5米，翌年低凹不平的旧街建成沥青路面，拆迁民房100多间。同年10月，建成洛家路，全长460米，宽22米，沥青路面，该路为镇区第一条东西向道路。1985年1月，对江口街进行翻建，从陈家湾至锅厂后门，全长700米。同年10月，开始建镇区第二条东西向道路通化路，全长720米，宽9米。1992年，新建南北向的幸福路和西康路，与通化路相接。1996年，汽渡码头迁至老码头上游1.8千米处现址，扬瓜路（现名润扬南路）向南延伸2千米。2003年，将洛家路向西延至军桥村，水泥路面长1400米，宽25米。

功能配套 50年代，瓜洲镇沿街建公社机关办公楼、铁工厂、剪刀厂、石灰厂、船舶修造厂、锚链厂等。1958年，在锦春园旧址兴建小学（1963年被命名为邗江县实验小学）。60年代，瓜洲又建起油石砂轮厂、胶木厂、宝石工艺厂、草席厂、瓜洲青龙闸，并开始建瓜洲闸。70年代，先后建成邗江化工总厂、邗江锻压机床厂、县农机三厂、印刷厂、造纸厂、拉丝厂及瓜洲百货大楼、新华书店大楼、邮电大楼、影剧院大楼等。1973年，为安置拆迁居民，新建繁荣新村第一居民住宅区，建有平房10幢，建筑面积2556平方米。至1978年，住宅区内有92户居民建房，总面积7343平方米。同期，房产管理所建3层公房楼1幢，建筑面积1051平方米，安置居民18户，并在陈家湾至汽渡码头道路西侧新建居民小区。80年代，工商企业不断发展，瓜洲又建成糖果厂、无纺布厂、绳缆厂、化工设备厂、服装厂、汽车修配厂、玻璃厂、陈家湾商场和瓜洲商场。1980年7月，瓜洲筹建自来水厂。1983年5月建成供水，取长江水为水源，日平

瓜洲市容　　徐振宇　摄

均供水量 2000 立方米。1984 年，道路两边有邮电大楼、瓜洲中学、医院和商住楼等。1992 年，整治月河，两岸砌石驳，添加石栏杆，建曲桥和凉亭，实施亮化工程，在幸福路与西康路道路两旁安置商住楼，在两路之间新建农贸市场。在西康路的西面建宝石居民小区。2003 年，在路旁兴建华盛苑和华润苑住宅区、润扬花苑拆迁安置小区，建成扬州市同创无纺布有限公司、英迈杰服饰公司、瓜洲中学、瓜洲医院等单位，扩大了镇区范围。2006 年以后，润扬南路的两边得到不断开发，至 2017 年先后建成润扬森林公园、芳甸别墅区、海浪谷、金阳光生活广场等项目。

经济发展

经济总量　古代瓜洲地处古运河入江口处，因水而生，因水而兴，是南北交通要地，也是商贾云集之地。20 世纪 60—70 年代，瓜洲是工业重镇，有县属企业多家。改革开放后，瓜洲的工业迎来新一轮发展，外资、内资、合资和民营企业不断兴起，商业、餐饮、物流等一批服务行业迅速崛起，经济总量大幅度增长。

1987 年工业总产值 6764 万元。2001 年，瓜洲、运西两乡镇合并后，瓜洲镇一、二、三产业齐头并进。2010 年，瓜洲镇地区生产总值 20.04 亿元，人均地区生产总值 4.88 万元，财政收入 1.39 亿元。2011 年，原运西乡区域托管给邗江经济开发区后，瓜洲经济规模有所下降，旅游、服务业支撑了瓜洲经济发展的半壁江山，2017 年瓜洲实现社会总产值 27.9 亿元，全镇地区生产总值 10.97 亿元（不含运西地区），人均地区生产总值 6.98 万元，财政收入 1.27 亿元。

第一产业 瓜洲地处扬州南端，土地平整，水网密布，适宜粮食作物种植。历史上以水稻、小麦、油菜和零星经济作物种植为主。1949 年后，瓜洲辖区多次变动，农业规模时大时小。1958 年，镇辖瓜洲大队为蔬菜基地。80 年代建成的运西千亩丰产方至今还作为全区粮食作物高产、降本、无公害生产以及机械化推广应用的试验示范基地，接受省、市、区多批人员参观学习和研讨。21 世纪初，瓜洲的农业在邗江区有着举足轻重的地位，镇农业技术推广站专业技术人员多，覆盖门类齐全，有“小农业局”之称。邗江区农林局批设多项试验示范和新技术推广项目落户瓜洲。2004 年，邗江区农业局和瓜洲镇农技站联合在建华村开展 3.33 公顷麦套稻种植实验获得成功。

随着新型农业的迅速发展，瓜洲农业逐步向休闲观光农业方向发展。2014 年 11 月，瓜洲村建成 100 余亩的“神园农庄葡萄大世界”采摘园，园内散养数百只土鸡。每年 6—9 月葡萄成熟期，吸引周边大批游客采摘、品尝，游客在采摘之余还能购买到农家散养的土鸡和土鸡蛋。该园年产值 100 多万元。2015 年，邗江区明基生态养殖场在军桥村落户。此养殖场建筑面积 6000 平方米，年蛋鸡存栏 6 万余只，年产值 1000 多万元，是一家科技含量高、自动化程度强、全智能化管理的养殖场。养殖场生产管理全部由中心机房控制，对每个生产厂房不间断监控，以保证产品的质量与安全。2016 年，瓜洲村从 93 户农户中流转出土地，利用长江、古运河等旅游资源和区域交通优势，打造现代农业农村休闲观光项目“葵园——绚彩乡村”。2017 年，瓜洲镇成功入选省级农业特色小镇。

瓜洲地处长江边，历史上渔业资源丰富，渔业是该镇渔民主要经济来源之一。为加强渔民的生态保护意识，致力维护长江生态多样性，改善生态环境，促进生态平衡，

葵园 徐振宇 摄

2017 年 6 月，镇组织陈家湾社区的渔民代表在镇扬汽渡参加 2017 年全国“放鱼日”江苏主会场（扬州）增殖放流活动，放流各类鱼、蟹苗 410.8 万尾。

第二产业 瓜洲镇工业历史悠久，唐大历十年（775）转运使刘晏在瓜洲沿江一线置厂造船。其时，冶铜业也很有名气，铸造的贡品江心镜名闻天下。明代熊汝金酿造的黄花露酒被列为朝廷贡酒。

瓜洲江滩生产芦苇，窝摺、芦席、芦帘等手工制作遍及镇乡。瓜洲镇漕运、盐运发达，每年运粮、运物、运盐船只过境百万艘，船用工具、锚链铸造由来已久。

20 世纪初，瓜洲依靠得天独厚的地理条件，吸引民族资本兴办实业，先后有布店、烟丝店、矿业公司中转站等。1956 年，震裕和、王源大两家锅厂合并为公私合营瓜洲锅厂，1963 年更名为地方国营瓜洲锅厂。鼎盛时期，瓜洲锅厂年产 70 万个铁锅、20 万个汤罐。

六七十年代，瓜洲工业产值列邗江全县各公社、镇第一，邗江县不少县属企业落户瓜洲，如邗江县化工厂、邗江县纸厂、邗江县农机具修造三厂、邗江县锚链厂、邗江县通用机械厂、邗江县电机厂、瓜洲米厂等。80 年代，镇办、村办、个体办企业异军突起，瓜洲镇工业形成机械制造、化工、造纸、珠宝、玩具、工艺、食品制造、金属制品、塑料制品、服装制作十大行业、数百种产品的规模。1987 年，瓜洲镇镇办企业 34 家，重点企业有邗江县宝石工艺厂、瓜洲无纺布厂、扬州旅游食品厂、军桥玻璃器具厂。

80 年代末、90 年代初期，瓜洲工业迅速发展，各企业注重产品质量，在市场上占据一定份额。1987 年，邗江县宝石工艺厂生产的“金龙”牌变色玛瑙珠串获江苏省第五届轻工业优秀新产品奖，“金龙”牌项链荣获江苏省工艺美术品百花奖。1989 年，邗江县化工总厂生产的“鲥鱼”氧化锌继氯化锌之后又获得化工部优质产品称号。同年，扬州旅游食品厂生产的金币巧克力被评为省优质产品。1990 年，扬州锻压机床厂生产的“星球”J21-80 开式高性能固定台压力机获机械工业部优质产品奖，J92K-25 数控冲模回转头压力机获省优质产品金牛奖、中国第二届机床工具博览会优秀展品春燕奖和国家科技攻关开发项目展品优秀奖。1993 年，瓜洲轻工机械厂生产的 MCS-120 煤泥水处理设备获全国星火计划成果展览会金奖等。1993 年，全镇工业实现销售收入 2.5 亿元，创汇 2400 万元。

1996—2000 年，瓜洲镇政府提出以产品结构为主线，实施规模经济、开放型经济、民营经济、特色经济新突破的“一主四方”经济发展战略，在全镇推行产权制度改革，对国有集体企业进行改制，大力推行私营、个体经济，同时因环境保护法的推行力度加大，污染源大的企业实施关停并转，邗江县化工总厂、邗江县造纸厂首批关停，其他国营、县属集体资本退出，镇、村企业全部改制到位。宝石化纤集团兼并了镇办塑包厂、胶木厂、绳缆厂、印刷福利厂、防水材料厂等企业。1996 年，宝石化纤集团创自营出口额 9974 万元，列邗江县第一；2000 年实现产值 3.49 亿元，创税收 2522 万元，成为邗江县重点民营企业。

2001 年 5 月，原运西乡与瓜洲镇合并，是年瓜洲镇有工业企业 132 家。2002 年，销售收入 500 万元以上的工业企业 18 家，占当年全镇工业产值的 75%。以江苏宝

英迈杰服饰有限公司及其生产的各式军帽　　徐振宇　摄

石化纤集团有限公司为龙头生产的长毛绒玩具和“PP”棉产品，以扬州锻压机床有限公司和扬州金运钣焊机械有限公司为龙头生产的压力机产品，以扬州市同创无纺布厂为主生产的无纺布、土工布产品，以扬州远洋船用电缆厂为主生产的电线电缆产品，以英迈杰、春涛服饰为主生产的衣帽产品，以江苏长荣化工设备有限公司为主生产的压力容器产品是全镇工业的拳头产品，形成“线、机、布”三大主流产业群。其中，电缆电线、民用制线企业 13 家，机械制造企业 65 家，无纺布、织造布、制衣、制帽企业 40 多家，销售收入在全镇工业总销售额中是“三分天下有其二”。2004 年，瓜洲镇在建华村规划 66.7 万平方米的工业集中区，投资 930 万美元的扬州卡巴度斯服饰有限公司率先落户。其后相继有 30 多家企业进入集中区，2010 年建华创业园销售额约 8.5 亿元。

2011 年 10 月，因邗江经济开发区园区项目延伸和市场需求，原合并给瓜洲镇的运西 8 个村、1 个社区约 30 平方千米的地域划归邗江经济开发区托管，80% 的企业随之同步划出。瓜洲镇被列为旅游乡镇，实施“退二进三”战略，瓜洲工业有所萎缩。2013 年，瓜洲镇实现工业产值 12.79 亿元。2017 年，工业列统企业实现工业总产值 2.51 亿元，利税额 3800 万元。建筑安装主营业务收入 1.78 亿元，房地产业主营业务收入 6133.5 万元。

第三产业 瓜洲历来为长江下游的重要渡口，也是南来北往水路物资运输的集散中心，众多商客云集于此经商，古镇集市繁荣，店铺星罗棋布，生产、生活所需商品琳琅满目。20 世纪 90 年代后，第三产业成为瓜洲镇经济发展新的增长点。1992 年，在瓜洲村西康路和幸福路之间建成瓜洲集贸市场，建筑面积 6700 平方米，设有 115 个摊位，场内经营家禽、水产、干杂货、蔬菜、肉类、豆制品等商品，市场周边有烟酒、什杂和服装、鞋、卤菜及炒货、水果等摊位，日均交易额 8 万 ~10 万元，最高可达 20 万元以上。1995 年，瓜洲镇在洛家路中段，建设小商品市场，面积 8000 多平方米，设摊和店面 63 个，日营业额 2 万元以上，主要经营服装、鞋帽、小玩具、小百货等。2014 年 4 月，为推进旅游发展做好服务，春江缘等 16 家餐饮单位联合成立瓜洲镇餐饮业协会，为到瓜洲旅游的游客提供品味正宗、货真价实的江鲜美味。2015 年 10 月，坐落于瓜洲镇洛家路中心地带，建筑面积近 3.04 万平方米的金阳光生活广场对外营业，形成集购物、文化、娱乐、休闲、商务、养生、餐饮于一体商业中心。2017 年，瓜洲集镇内有商铺 246 家、酒店 72 家、浴室 8 家、旅社 10 家、足疗房 14 家。2017 年，重点服务企业营业收 7389.7 万元，限额以上住宿、餐饮营业额 1.32 亿元。

2007—2017年瓜洲镇主要经济指标一览表

表2

年份	地区生产总值（亿元）	社会总产值（亿元）			人均地区生产总值（元）	财政收入（万元）
		一产	二产	三产		
2007	10.35	1.72	30.22	6.51	25307.5	6758.21
2008	12.98	1.84	42.94	8.22	31500.0	9305.31
2009	15.98	1.96	52.33	12.04	39000.6	10119.02
2010	20.04	2.09	65.22	14.91	48826.1	13889.98
2011	5.57	0.83	13.38	6.08	33949.9	16243.44
2012	6.41	0.89	14.19	7.23	37516.1	8436.92
2013	7.95	0.92	16.46	8.16	46180.6	11439.65
2014	8.90	0.94	17.56	9.07	51466.9	12997.00
2015	9.01	0.98	18.82	10.52	52782.7	5777.54
2016	9.95	0.98	11.27	12.94	63733.0	9056.25
2017	10.97	0.99	12.52	14.38	69791.8	12718.40

说明：2011年后地区生产总值、社会总产值、人均地区生产总值不含运西地区。2015年后财政收入不含已划归扬州国家高新技术产业开发区托管的原运西地区

社会事业

教育 明嘉靖二十六年（1547），在瓜洲镇泗桥东五贤祠内建五贤书院。清嘉庆年间（1796—1820），江防同知朱晖在瓜洲镇泗桥南侧建文明书院。嘉庆九年（1804），在佛感洲同善堂内建邗阳书院。嘉庆十九年（1814），巡检金开泰偕瓜洲社会人士在宝安寺内倡办瓜洲镇培英义塾。清同治年间（1862—1874），江都县义学唯瓜洲最盛。清光绪三十二年（1906）四月，江都县教育会在瓜洲镇设教育会事务所。是年，瓜洲士绅王礼堂在瓜洲火星庙内建开智小学堂。民国初年，开智小学更名为江都县立第三高等小学堂，1930年更名为瓜洲小学。1947年，创办私立意航小学。1949年，瓜洲小学和意航小学合并为联合小学。新中国成立后，联合小学更名为瓜洲镇小学。其后，镇内陆续创办军桥小学、东风小学、鞠庄小学、梅庄小学、大李小学。1958年，创建瓜洲中学。

1959年，创办瓜洲农业中学。1963年，瓜洲镇小学升格为邗江县实验小学。1966年，在瓜洲江滩创办邗江县抗大农业中等技术学校。1978年，在瓜洲江滩设立扬州华东石油技工学校。90年代末，由于学生逐年减少，全镇开始教育资源整合和布局调整。先后撤并街道、村办幼儿班，合并村办小学。2001年，运西乡并入瓜洲镇，原运西境内的运西中心小学更名为瓜洲镇中心小学，运西中学更名为瓜洲镇中心中学。民办光明幼儿园教学业务辅导由实验幼儿园负责。2011年，原运西乡划归邗江经济开发区（后升格为扬州国家高新技术产业开发区）托管，同时瓜洲镇中心小学、瓜洲镇中心中学、民办光明幼儿园划归邗江经济开发区管理。至2017年，瓜洲镇有邗江区实验幼儿园、邗江区实验小学、瓜洲初级中学、瓜洲中学、瓜洲镇成人教育中心校。其中，邗江区实验幼儿园为苏北农村第一家省级示范性实验幼儿园；邗江区实验小学是省级实验小学，先后获得国际生态学校、全国诗教先进单位、省模范学校、省教育科研先进集体、省基础教育课程改革先进集体、省和谐校园、省绿色学校、省现代教育技术实验学校、省义务教育现代化学校、省优秀少年科学院、省全民阅读促进工作先进集体等荣誉称号；瓜洲初级中学为省级示范初中；瓜洲中学为江苏省四星级高中，先后获得全国绿色学校创建活动先进学校、全国环境教育示范学校等国家级荣誉以及省一级图书馆、省文明单位、省体育先进单位、省普法先进单位、省诗教先进单位、省科技创新教育先进单位、省青少年奥林匹克体育俱乐部、教育电视台电视创新大赛省重点中学组团体冠军等近30项省级荣誉称号。瓜洲镇成人教育中心校是扬州市高水平实训基地、扬州市特色成人教育中心校、省级标准化社区教育中心。2016年，瓜洲镇被中国成人教育协会社区教育专业委员会授予“全国社区教育示范镇”称号。

百年名校——邗江区实验小学　　　　瓜洲镇文化站　提供

江苏省四星级高中——瓜洲中学　　徐振宇　摄

文化　瓜洲古为南北交通要津，自唐至清代中叶，漕运、盐运发达，各业繁荣。历代文人墨客、名家学者，如李白、张祜、白居易、王安石、苏轼、陆游、杨万里、文天祥、郑燮、袁牧、阮元等，均驻足过瓜洲，留下诗篇近万首。瓜洲当地诗文、书画人才济济，著述颇丰。据《瓜洲续志》记载，明代赵鹤著有《具区文集》《文山嵩扬忠愤录》，另编《维扬郡乘志要》存世。魏旭著有《濯江集》。清代蒋易工诗善画，著有《石闾集》。熊维熊工古文、诗词，著有《瓜渚贞烈志》，诗著有《绿雪轩》两卷。陈湘著有《梅花诗集》。王豫著有《种竹轩诗文集》《王氏清棻录》，辑《江苏诗征》。于树滋编著《瓜洲续志》，著有诗集《瓜洲伊娄河棹歌》《呻吟集》《遁叟璧水重游唱和集》。旧时，瓜洲各界研习书画不乏其人，现有姓氏可考或有作品存世的有 20 多人。尹淦、梁雄、秉正等均为明清时期书画家。

1940 年，瓜洲创建菊花诗社，存世 8 年，至 1948 年停办。1990 年 5 月，瓜洲镇诗文社成立，至 2017 年有会员 108 人。每年刊行《诗词创作交流》2 ~ 4 期。每两年刊《伊娄新潮》1 辑，至 2017 年已刊印 15 辑。2011 年，瓜洲镇被授予“江苏省诗词之乡”称号。2012 年 4 月，被中华诗词学会授予“中华诗词之乡”称号。

进入21世纪，境内文化活动场所遍布各社区、村部。文化活动形式多样，内容丰富多彩。镇先后成立舞龙队、老年健身队、古渡艺术团等群众组织。春节踩街、灯谜晚会是该镇的传统文化项目。并定期组织乡村旅游节、江鲜美食节、文化艺术节等。

体育　镇境居民历来重视体育运动。旧时多以强身自卫为目的，石担、石锁、拳术、刀剑等运动广为流传。新中国成立后，瓜洲镇于1951年建人民体育场，时有篮球运动和比赛活动。1956年，瓜洲体育运动委员会成立。群众性体育运动因地制宜得到开展，学校体育纳入教学计划，工厂、单位逐步开展业余体育锻炼。学校和规模较大的企业先后组建篮球队、乒乓球队和象棋队，经常开展邀请赛、友谊赛，或组队参加市、县比赛。改革开放后，群众性健身运动兴起。各社区、村积极开辟运动场所，增添运动器材。至2017年，境内有大小健身广场十多处，均安装较完备的健身器材。军桥村修建有4千米的健身步道。2004年9月，镇举办首届“远洋杯”体育运动会，运动项目涵盖田径、球类、棋牌和趣味运动等，至2017年共举办6届。2008年，瓜洲镇被江苏省体育局命名为体育强镇。

卫生　明清与民国时期，瓜洲药店多有中医坐堂待诊，明清时的常心池、徐复先、郑重光、陈元椿、高永椿、颜宝、刘允中，民国时的刘希伯、王植庭、江静波、曹棣轩等，均为瓜洲有一定名望的中医。1941年，瓜洲始有外地人到镇创办西医。1951年6月，瓜洲区设瓜洲卫生所。1953年，瓜洲区将社会医生组合起来，成立瓜洲联合诊所。1958年，瓜洲卫生所和联合诊所合并为公社卫生院。1970年10月，升格为瓜洲地区医院。1986年12月，晋级为邗江县中医院。1999年12月，邗江县乡镇医院体制改革，邗江县中医院（瓜洲卫生院）改为民营股份制医院。2011年，邗江县中医院收归国有，与承担基本公共卫生服务职能的瓜洲卫生服务中心合并成立瓜洲社区卫生服务中心。2012年12月，异地迁建的瓜洲社区卫生服务中心在鞠庄村建成并投入运营，服务项目有预防保健、全科医疗、内科、外科、妇产科、儿科、计划生育服务、眼科、耳鼻咽喉科、口腔科、康复医学、中医科、医学检验、医学影像等。2013年，创成省级社区卫生示范服务中心。至2017年，境内有全民医疗机构瓜洲社区卫生服务中心，民营诊所有薛东升诊所、陈志兵诊所，村、社区和瓜洲中学设卫生站，药品零售商店有益民药店、一家人药店、众成堂医药连锁店、苏羊医药连锁店，主营西药。瓜洲春风大药房除经营西药外还经营传统中药材、中药饮片。

瓜洲社区卫生服务中心　　　　徐振宇　摄

居民生活

收入　新中国成立前，镇区约有5%的居民从事商业活动，他们雇员开店，资本日积，生活比较富裕；约30%的居民资金短缺，小本经营，日进日出，略有结余；约65%的居民在家从事副业或出卖劳力，进工厂、店铺、作坊、堂馆，从工学艺，工资收入很低。新中国成立后，随着对资本主义工商业、手工业和农业的社会主义改造，经济社会不断发展，人们获得就业机会增多。中共十一届三中全会以后，工农商各业蓬勃发展，人民生活逐步提高。农村实行土地承包到户，农民农忙种地，农闲务工，收入大幅度增长。1988年，镇内农民人均纯收入794元。2000年，镇内农民人均纯收入4024元，是1988年的5.06倍。2008年，全镇通过全面小康镇验收。2017年，瓜洲镇农民人均纯收入28789元。

消费

饮食 90年代，饮食结构逐渐趋向多样化，肉类占比增加。西式面包、糕点及奶制品、水果等食物消费日益普及，酒、饮料消费不断增加，谷物、薯类餐用比例逐步减少。2000年后，随着人们生活水平的不断提高和保健知识的普及，居民饮食开始追求特色，讲究天然、健康，消费结构多样化，讲究营养搭配。饮食消费习惯也发生变化，除在家中的日常饭菜外，节假日约亲朋好友，早上到茶馆饮茶吃早点，中午、晚上到餐厅或大排档聚餐。由于人均收入的大幅度提高，饮食消费所占收入比例有较大幅度下降。

居住 旧时，镇民富户建两三进带天井四合房屋，柁梁站柱砖墙，屋顶为旺砖加盖小瓦。少数富户砌有较高的风火墙，有权势的富家门外还有影壁。60年代，居民建房多为砖砌平房。80年代后，越来越多的居民自建较高标准的住宅或购买商品房。90年代，不少居民开始建造楼房，部分富裕农民始建别墅式住宅。至2000年，全镇农户住房面积34.38万平方米，其中楼房面积26.96万平方米。农户人均住房面积51.44平方米。2017年，农民人均住房面积98平方米，全镇人均住房面积76平方米。

出行 晚清及民国初期，境内只有古运河内小轮船通航，由镇江途经瓜洲至扬州，陆地交通闭塞。官绅外出坐轿、骑马，农民进城、探亲多步行。20世纪20年代后，南

古渡花园小区　　徐振宇　摄

2012 年 11 月 26 日，瓜洲镇实现村村通公交　　徐振宇　摄

京至瓜洲开辟水路交通。1963 年，新建瓜洲至扬州东线砂石公路，客运汽车由瓜洲途经八里、大马桥、施家桥至扬州城。1978 年，开辟瓜洲至扬州的扬瓜公路（243 省道）西线，途经大李桥、团结桥、运西、蒋庄、冻青桥、中心桥、长河。同年，镇江至扬州的瓜洲汽渡码头建成通车。1995 年 1 月，市公交公司新辟 16 路公交线，16 路公交车由瓜洲途经运西、冻青桥、汉河、苏北医院，直至扬州瘦西湖。1996 年，新镇扬汽渡建成，出行更为方便、快捷。2005 年，扬瓜公路拓宽改造，更名为润扬南路。

新中国成立初期，境内居民出行多为步行，过河须摆渡，少数殷实人家亦有以自行车代步。80 年代后，交通消费支出增多，居民出行代步多用摩托车或乘坐公共汽车。2000 年后，部分家庭开始购置轿车，以乘坐出租车出行的居民与日俱增。2002 年，70 岁以上的户籍人员凭市政府发给的老年优待证可免费乘坐公交车。2012 年 11 月，实现村村通公交。2017 年，境内百户家庭拥有轿车 37 辆。

耐用消费品　90 年代，居民耐用消费品有彩电、冰箱、电风扇、高级组合音响、BP 机等。随着经济、科技发展，家用电器越来越普及，城乡差距越来越小。据 2017 年邗江统计资料显示，农村居民家庭平均每百户电冰箱 107 台、彩电 200 台、洗衣机 99 台、手机 271 部。

娱乐　80 年代，主要娱乐消费为看电影和租影碟、唱卡拉 OK。90 年代后，看演唱会、扬剧、体育比赛及健身、游泳、打保龄球和出行旅游等活动日益流行。进入 21 世纪，居民教育、文化、娱乐消费支出占全部消费支出的比重不断提高。至 2017 年达 3397 元，占农村居民可支配收入 20.7%。

社会保障

1987年后，瓜洲镇社会保障服务网络逐步建立，“双扶”（扶贫、扶优）、五保、福利生产、社会福利等全方位的社会保障工作逐年推进。至2000年，较为完善的社会保障体系初步形成。

养老保险　1992年年底，推行农村社会养老保险制度。1997年，事业单位养老保险开始办理。1998年，企业职工养老保险工作全面展开。2005年，镇域参加社会保险的农民达4620人（含运西乡），以后逐年增加。政府在拆迁安置过程中，为失地农民办理养老保险，做到应保尽保。至2010年，参加社保的农民人数12001人（含运西乡）。同时事业、企业城镇职工养老保险稳步推进。2015年，事业单位参保率100%，企业参保率95%。2017年，城乡居民养老保险参保率100%。

医疗保险　2003年12月起，邗江区推行新型农村合作医疗制度（以下简称为“新农合”）。2005年，镇域居民“新农合”参保率88%。2008年，全镇“新农合”参保户8800户，参保人数27213人，参保率98.4%。2010年，参保人数30599人，参保率100%。随着政府资金投入逐年增加，报销比例逐年提高，加上意外伤害保险、住院医疗保险、大病救助措施的落实，农民看不起病、因病致贫的问题得到较好解决。

五保供养与老年服务　1996年，镇政府在育才路南侧扬瓜路东侧征地0.67公顷（10亩），投资50万元，新建瓜洲敬老院。2003年，投入100万元，建900平方米公寓楼。2003年年底，供养社会五保老人42人、寄养老人15人（含运西乡）。2012—2013年，投入近200万元改扩建敬老院，创成邗江区首家省级三星级敬老院。同时，全镇建成1个省级社区居家养老服务中心、2个市级社区老年日间照料中心和1个市级老年关爱之家，实现多元化养老服务网络全覆盖。2017年，瓜洲敬老院供养社会五保老人22人、寄养老人2人。

最低生活保障　1997年9月，邗江县城乡最低生活保障暂行办法开始施行。当年标准为农民年人均800～1000元，城镇非农人口年人均1440元。1999年7月，城镇居民（含五保老人）最低生活保障标准提高到每人每月156元。对低保对象实行动态管理。2005年，镇域农村低保79户、194人，发放资金7.82万元；城镇低保25户、52人，发放资金11.57万元。2017年，有镇域农村五保人员55人，发放资金44.81万元；集镇“三无”人员3人，发放资金5.44万元；农村低保19户、40人，发放资金22.62万元；城镇低保19户、32人，发放资金20.41万元。

千年古渡

唐代中叶，位于长江中的瓜洲与长江北岸连为一体，从瓜洲江岸到扬子津之间新开辟的一条伊娄河与大运河相贯通，扬州的大运河入江口门由原来的扬子津向南推进到瓜洲渡，瓜洲渡开始与中国大运河的历史、扬州城市的历史紧密联系在一起。直至清末，这一千年古渡一直是中国运河南北漕运的重要枢纽，“粮运正道”，同时也是淮盐集散、货物转运的重要基地，有“七省通衢”之说。这一渡口在和平时期，发挥着长江上南北水上交通大动脉的重要作用。在战争时期，它又是南北相争的最重要的军事要津。清光绪二十一年（1895），由于长江中泓线的水势变化，瓜洲城全部坍江，瓜洲古渡的漕盐转运枢纽地位全部丧失，但随着长江对岸津浦铁路的开通以及镇江成为民国时期的江苏省会，瓜洲作为江北淮南和扬州与江南镇江沟通往来的交通中心地位依然存在，并一度成为长江上煤炭转运的中心。20世纪70年代，瓜洲与镇江之间开辟的汽车轮渡，成为长江沿线车流量和客流量最大的公路汽车渡口，同时也发挥着重要战备渡口的作用。2005年，润扬长江公路大桥建成，结束了镇江与扬州之间千年单纯依靠舟渡的历史，使得瓜洲成为两个城市水陆相连的重要节点，开启了扬镇一体化跨江发展的新时代。

瓜洲古渡

古渡变迁

扬子津与扬子桥　扬子津，又称扬子渡。在古扬州府城南 7.5 千米、古瓜洲城北 12.5 千米处，即今高旻寺所在地三汊河北扬子桥附近，唐朝以前为滨江津要，由此渡江抵京口（今镇江），江面宽达 20 千米。

据当代考古发现与研究证明，距今 6000—7000 年，长江在今扬州、镇江之间入海，

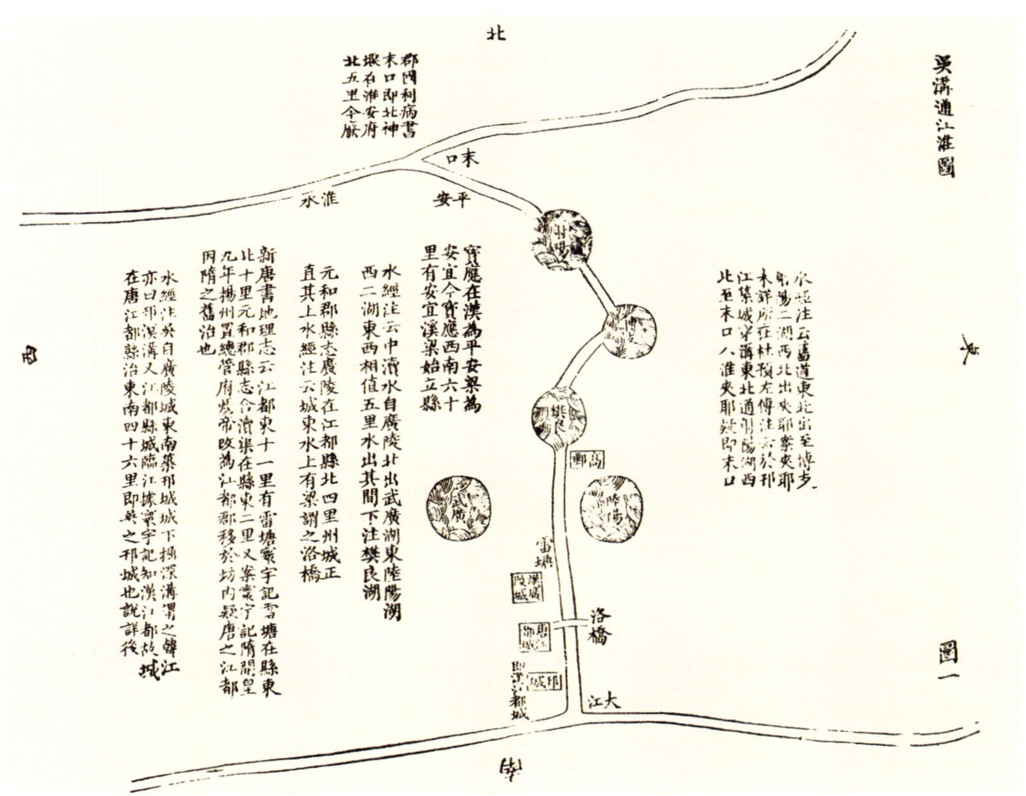

吴沟通江淮图（录自清《扬州水道记》卷一）

形成一个大喇叭河口，海浪直拍扬州北郊蜀冈。唐朝以前，扬镇之间的长江入海口有壮观的广陵潮，西汉辞赋家枚乘《七发》描写："将以八月之望，与诸侯远方交游兄弟，并往观涛乎广陵之曲江。""其始起也，洪淋淋焉，若白鹭之下翔。其少进也，浩浩溰溰，如素车白马帷盖之张。其波涌而云乱，扰扰焉如三军之腾装。""诚奋厥武，如振如怒；沌沌浑浑，状如奔马；混混庉庉，声如雷鼓。"由于长江每年约夹带 4 亿吨的泥沙入海，泥沙不断淤积，长江北岸不断向南推进。晋代，蜀冈以南形成了大片冲积平原，古邗沟入江口淤塞。于是不断疏浚河道，邗沟向南延伸直通长江，河口处即设济渡，因濒临扬子江，故名扬子津。南朝民歌《长干曲》有"逆浪故相邀，菱舟不怕摇。妾家扬子住，便弄广陵潮"。

由于泥沙沉积所形成的冲积平原土质疏松，邗沟新入江通道时开时淤。隋炀帝大业元年（605）："又发淮南民十余万开邗沟，自山阳（今江苏淮安）至扬子入江。"京杭大运河邗沟段即循邗沟故道达扬子津，当时瓜洲尚在江心，扬子津因此成为沟通大江南北的重要津渡，每年数千万石的漕粮和江淮物资经过扬子津直达邗沟，运抵关中。隋炀帝时在扬子津修建临江宫（又称扬子宫），扬子津商贾云集，市镇更加繁荣。从隋朝开始，扬子津以东的长江开始被称为扬子江。隋唐时扬子津渡口设有驿站，又称"扬子驿"。南来北往的行商大贾、文人骚客皆云集于此候渡或觅转车船，他们于迎来送往之间、羁旅暂泊之际，不乏名篇佳制。盛唐诗人丁仙芝、祖咏、孟浩然等都曾在此驻足流连，写下脍炙人口的诗篇。其中最值得一提的是李白的《横江词》，诗中写道："横江西望阻西秦，汉水东连扬子津。白浪如山那可渡，狂风愁杀峭帆人。"横江即当时采石矶对岸的横江浦渡口，因为扬子津也是江边著名津渡，所以李白在诗中会由风涛凶险的横江浦联想到扬子津。

扬子津成为长江北岸的重要津渡后，同时也成了军事战略要地。《隋书 · 杨素传》记载，隋灭陈统一中国后，南方士族豪强煽动叛乱。隋开皇十年（590），江南原陈朝故境纷纷反叛。其规模大者数万人，小者数千人，互相呼应。面对如此严峻的形势，隋文帝杨坚命杨素率军由扬子津渡江平叛。杨素首先于京口（今江苏镇江）击破叛军朱莫问，后步步为营，剿平江南匪患。隋大业九年（613），余杭人刘元进在江南起兵，并出兵攻打润州（今江苏镇江）。隋炀帝随即派吐万绪讨伐刘元进。吐万绪率军夜渡扬子津，击退刘元进的叛军。在隋朝建国的短短 30 多年时间内，两次大规模由扬子津渡江南下平叛，足见扬子津在军事上的重要地位。唐朝自武德年间（618—626）起，朝廷就不断在扬子津用兵，著名的有两次。一次是武德七年（624），李靖攻克扬子镇。另一次是至德二年（757）二月，永王李璘叛乱，李成式与河北招讨判官李铣合兵讨伐李璘。“铣兵数千”，驻扎在扬子。唐开元年间（713—741），扬子津渡口被泥沙淤塞，与12.5千米外的原长江中的瓜洲连成平陆，长江北岸已推进到瓜洲一线，扬子津从此失去长江渡口的功能。但南有伊娄河（瓜洲运河）与瓜洲渡相通，北有东西向仪扬河连接，当时官府漕运、江淮大地物产的交流、南来北往的旅客航运，仍要经过这里，因此它仍不失为水陆交通要冲。同时又兼管理驿政，故在此设置水陆相兼的驿站——扬子驿，以备南来北往的官员以及传递公文的信使在此换乘舟、舆、马。人们还在远离江岸的扬子津上修建桥梁，成为通往瓜洲渡口的重要通道，便更名为“扬子桥”。明代有“扬子桥镇市”，市场繁荣，盛于邻镇。明朝在瓜洲运河上立关征税，清朝沿袭，清同治后税关移设扬子桥三汊河。到20世纪30年代，扬子桥市场依旧兴旺。扬子桥古镇的地形是沿古运河湾道而立，沿河岸设单面街市，镇上商店林立，粮食、杂货、食品、棉布、茶馆、酒肆、钱庄，凡是人们生产生活必需的物品都有供应。由于扬子桥古镇是南北交通的一个重要水道，在陆路交通不发达的年代，沿着古镇的运河，南来北往的客货船只往来穿梭。自古以来，扬子桥周边地区都比较富庶。

随着历史的变迁，扬子桥古镇也和它的前身扬子津古渡一样消失了，今扬子津仅作为社区、街道及学校等名称存在。

伊娄运河风光　　武三胜　摄

伊娄运河 伊娄运河即中国大运河瓜洲运河，因河侧有伊娄山，又有伊汀，故得名伊娄河，已有1280多年的历史。

隋唐以前，长江北岸扬子津和南岸京口之间船只对渡有20多千米。由于沙滩渐长，隋代，长江的扬州北岸线已伸展到今扬州市南郊10千米的三汊河—施家桥—小江一线。包括瓜洲在内的不少沙洲将长江隔为两支，南边是大江，北边是夹江。到唐开元年间（713—741），瓜洲越积越大，竟然与北岸连在一起，原来隋代运河的出江口也被闭塞。这使得江南来的漕粮船抵达瓜洲后，不得不再陆运到扬子津，或从瓜洲沙尾（今仪征东）绕行，进入欧阳埭（今仪扬河）至扬子津进入大运河，如此迂回30千米路程，而且船只还常常为风浪江涛漂没。唐开元二十六年（738），润州刺史齐澣上奏朝廷[①]，建议改移漕路，把京口的港口向西移至京口埭（今镇江城西北江边），由京口埭出发，航行10千米直抵瓜洲，再从瓜洲开出一条12.5千米的伊娄河，直通扬子镇。玄宗皇帝批准了这个建议，在齐澣主持下，开凿出这条瓜洲至扬子镇之间的伊娄运河（也称瓜洲运河或扬州新河）。在伊娄河设置二斗门船闸，这是一种具有前后两个闸门的通航复闸，可接纳江潮和节制内河之水的进出。从此江南的松江、苏州、杭州等地的漕船直接从瓜洲入扬州，然后转运至中原的洛阳、长安等地。

伊娄河开通后，既避免在长江上长途绕行船只货物漂损，又省去水陆转运环节，每年节约运费数十万两。又“立伊娄埭，官收其入”。过去，江南运船至扬州斗门，“须留一月以上”，伊娄河的开通大大缩短江南漕船过江的距离，也方便船只在瓜洲休整补给，瓜洲也从此进入空前繁盛时期。作为京杭大运河与长江的交汇点，瓜洲运河上帆樯如织，商旅如云，每年过往船只达百万艘之多，所经过的各地商旅更是不计其数，瓜洲迅速发展为江边巨镇。

伊娄河的开通，对巩固唐朝政权功效极大。安史之乱以后，河北和河南部分地区的藩镇割据，连年征战，使得向中央政府的供应被切断。到中唐时期，只有长江流域和南方能定期向朝廷缴纳供赋，政府日益依靠通过运河北运的南粮和物资供养京师与国家军队。所以唐宪宗说：“天宝以后，戎事方殷，两河宿兵，户赋不加，军国费用，取资江淮。”韩愈说当时江淮上缴给国家的赋税占全国的十分之九。杜牧更直接说：“今天下以

① 因瓜洲原在江心，行政建置初为润州所辖。故瓜洲与长江北岸并联后，由润州刺史主持开伊娄运河。唐代宗时，淮南节度使张延赏请以江为界，瓜洲始划归扬州管辖。

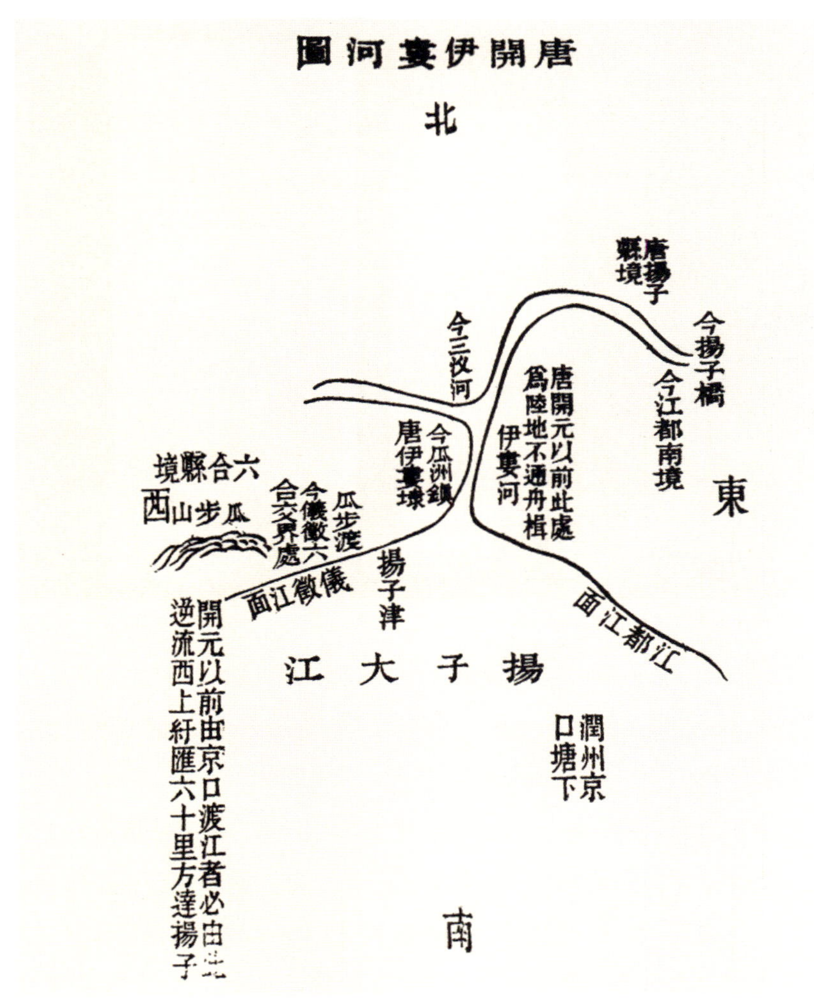

唐开伊娄河图（录自《扬州水道图说》）

江淮为国命。”瓜洲古运河作为南漕北输的咽喉，它的地位和作用是不言而喻的。后来的史家谈到伊娄河也给予了精当的评价：“安史之乱，唐室遂倚此道为命脉矣。”

齐浣主持开挖伊娄河的事一直被传为佳话。唐代大诗人李白《题瓜洲新河饯族叔舍人贲》中有“齐公凿新河，万古流不绝。丰功利生人，天地同朽灭”，“吴关倚此固，天险自兹设”的诗句，热情赞颂了齐浣开凿伊娄河的壮举。清朝学者杨棨也写诗赞叹：“伊娄河水通漕艘，京口渡江无风波。”

明清时期，伊娄河作为京杭大运河扬州段的重要入江通道，其战略地位更加重要。明永乐元年（1403），由于明王朝决定迁都北京，漕运量激增，明朝粮艘漕船基本上由

中国大运河遗产点瓜洲运河（伊娄运河）碑　　徐振宇　摄

镇江径渡瓜洲，然后经伊娄河北上。

1960 年里运河入江口改道六圩，1972 年继建成扬州闸后，瓜洲运河降为区域性河道。

伊娄河的开凿，使瓜洲成为南北交通的重镇，成就了瓜洲“七省通衢”之重要地位。瓜洲千年繁华的盐漕运输和商贸集散，都因其成为可能；鉴真东渡、杜十娘怒沉百宝箱、乾隆下江南等众多名人轶事和民间传说都因其而产生。它见证了瓜洲千年的繁荣发展，承载了千年的文化积淀。2014 年，在卡塔尔首都多哈召开的第 38 届世界遗产大会上，中国大运河项目成功入选世界文化遗产名录，成为中国第 46 个世界遗产项目。从三汊河至瓜洲古渡入江的伊娄运河，因此成为世界文化遗产中国大运河遗产点的一部分。

瓜洲古渡　唐代伊娄河开筑后，大运河通过伊娄河从瓜洲入江，长江北岸渡口改设于瓜洲，与南岸西津渡相对，瓜洲渡由此形成，瓜洲成为南北襟喉之处。

据清代徐松《宋会要辑稿·方域（一三）》记载，宋元时期，瓜洲渡是由官府直接管辖的官渡。“淳熙二年十二月二十日，诏自今扬州瓜洲渡、镇江府西津渡，并令本处巡检兼监渡，仍于衔内带入，依旧侍右使阙差注”。“六年正月二十六日，知镇江府司马伋言：镇江府沿江一带私渡颇多，除西津关瓜洲岸系官渡外……四月二日，淮南运判徐

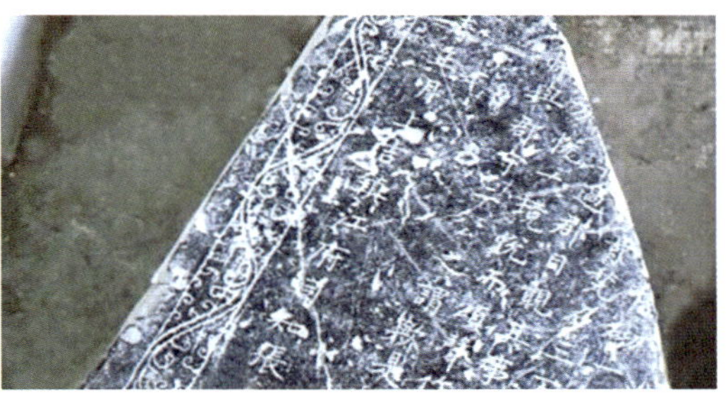

明代“瓜洲马头新建石堤记”残碑（CCTV9 频道纪录片《西津渡》第一集截图）

子寅言：扬州沿江官私渡共五十四处，内瓜洲渡系官监”。元代官府要求“路、县正官十日一次，分轮提调，亲诣渡口，点检禁约，民间小船不得私渡”。

瓜洲古渡的鼎盛辉煌时期在明清两代。明宣德至景泰年间（1426—1456），是瓜洲渡建设史上的一个重要时期。这一时期，巡抚侍郎周忱打造了两艘往来于瓜洲与镇江之间的巨舰，瓜洲士民还捐资重建了一道码头石堤。明礼部尚书胡濙写有《瓜洲西津渡重建马头石堤记》。2009 年春天，镇江市考古人员在对镇江西津渡码头进行考古作业时，出土了一块明代石碑，碑上刻有“瓜洲马头新建石堤记”。该石碑的出土，见证了瓜洲古渡的重要性以及官府对瓜洲渡码头建设的重视，说明瓜洲在明代是重要的水上枢纽。

镇江博物馆馆藏明代《瓜洲镇图》，成图年代大约在明万历二十二年（1594）至二十六年（1598）之间。图中显示，在大观楼及便益门外侧，有一方向南伸展成半岛型的陆地，并且其间自南向北分布有三组建筑，依次标为龙王庙、巡司、总铺。位于便益门外的半岛即明代瓜洲渡之所在，而其间分布的龙王庙、巡司、总铺，正是大型渡口常见的设施，集宗教、治安、驿传于一体。明代地图上的瓜洲渡口所标为“总铺”，表明瓜洲渡口的重要地位。嘉庆《瓜洲志》记载：“瓜洲渡，在便益门外江口，与镇江相对渡江处。”

清王朝对瓜洲渡的建设和保护尤为重视。康熙、乾隆两帝六下江南，督促江南河工海防的建设是其重要目的之一。清康熙年间（1662—1722）开始，长江江溜北徙，瓜洲处顶冲地位，江岸开始塌陷，康熙皇帝下旨责成修堤保护。清乾隆元年（1736），瓜洲城护城堤开始坍陷，乾隆皇帝屡下圣旨，忧心忡忡。清光绪二十一年（1895），瓜洲全城沦于大江。

二十世纪六七十年代，为建瓜洲水利枢纽工程，辟出一座新的小岛。1975 年瓜洲闸建成的时候，小岛也建成园林风景区——瓜洲古渡公园。

瓜洲古渡

徐振宇　摄

瓜洲义渡 瓜洲渡为大江南北要津，是唐至清两浙、瓯闽进京必经之地。繁盛时期，瓜洲港帆樯云集，商贾辐辏，京口以贩卖为生的人毕集瓜洲，旦至暮还，从不间断。但由于江阔水险，每遇灾害性天气，江上风高浪急，小船经不起狂风巨浪的折腾，顷刻间船覆人亡，落江遇难人的呼救之声惊天动地，惨不忍睹。

南宋乾道年间（1165—1173），朝廷命令建造三百料舟船5艘，每艘可载100人，专一济渡，不得别作他用。据元代至顺《镇江志》记载："宋乾道中，郡守蔡洸置巨艘五，以御风涛之患。"巨艘就是义渡渡船。元代，官府在瓜洲渡口增置渡船，每船差设艄公1名、水手9名，不许取要渡钱。路县正官十日一次，亲自到渡口点检禁约，民间小船不得私渡。明正统年间（1436—1449），工部右侍郎周忱（字恂如，江西吉水人）巡抚江南诸府，悯念两岸渡江行旅的艰难险阻，鸠工庀材，打造巨舰两艘，作为往来渡船。十余年间，未再发生舟沉人溺的事故。明正统九年（1444），瓜洲镇士民赵珣倡议重建一道码头石堤，并率先捐资白银300两，购集石料，得到镇民群起响应和巡抚周忱的赞同与嘉许。周忱还特准将他处工程的节余款项拨归瓜洲使用。扬州知府韩弘率僚佐以及江

复原的瓜镇义渡红船（摄于镇江西津渡救生会旧址） 曹云飞 摄

都县的官员各捐俸资，以济不足。这道码头石堤修好后，完密坚致，往来行旅得免徒跣泥淖之苦，无不欢悦。

从清康熙年间（1662—1722）开始，长江镇江、瓜洲段的主泓道发生北移，造成北冲南淤的自然灾害。江北岸的瓜洲城，在清道光十年（1830）以后，江流北徙，逐年愈坍愈甚，全城岌岌可危，江上民渡小船抵御不住疾风巨浪，极不安全。特别是太平天国战争结束后，清廷大批裁减的湘军、淮军的散兵游勇及无业人员流窜镇江充当“船民”，操业者良莠不齐，有的趁机在江上杀人越货，谋财害命，无恶不作。来往客商的生命财产安全受到严重威胁，民怨极大，官府亦束手无策，于是公益性的瓜镇义渡局应运而生。

清同治十年（1871），绅商魏昌寿、严宗廷、魏铭、经元善、沈瘦珊 5 人倡办瓜镇义渡，得到镇江与扬州两地官府的批准和赞助，如观察沈仲复、李叔彦，知府赵粹甫、两淮盐运使方子箴等接到呈文，立即点头认可，并带头捐奉，共捐银 3000 多两。苏松太道先后两次拨来规银、库平银各 1500 两。主管盐栈的薛世香捐银 6000 缗（每缗 1000 文）。地方绅商也伸出援手，捐银 3000 缗。两江总督曾国藩，两江总督张树声，中丞、

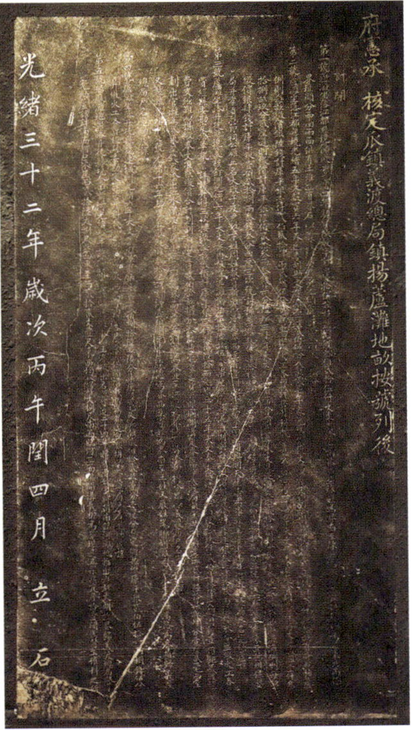

瓜镇义渡总局碑　　徐振宇　摄

两广总督张振轩等也凭借自己的声威在议裁中保全，使瓜镇义渡募捐得以顺利开展。常镇道宪、镇江府宪特意为义渡出示饬令玉成。倡办人魏昌寿用捐款建三处局屋和码头，总局设镇江西津坊小码头（今建筑尚存），分局设瓜洲七濠口和大口（后均坍入江中），还造义渡船（旧称“红船”，专作大江南北旅客安全摆渡之用，船身较长能经风浪）10艘，所有船尾均用白粉写上“瓜镇义渡第 × 号江船”字样，其中4艘泊镇江、4艘泊七濠口、2艘泊大口，义渡于同治十一年（1872）四月开渡。义渡船渡客不收渡资，很受旅客欢迎，渡口原来一些不安分者不驱自散。义渡明确“利济行人”的宗旨，实行“黎明开渡，上灯止渡，狂风断渡”，每逢农历十二月下旬，夜渡延至除夕。还公议八条规章制度，如要求船工勤慎干练，熟习长江水性，按时上下班，按指定泊位停靠，按序循环对渡，爱惜义渡船只及用具，不准私揽超载，拾到钱物须交公，顺道救生和出满勤者奖励等；要求司事永葆慈善之心，不领薪水，不支车马费，守职尽责，经营账目，笔笔清楚，日清月结；要求董事模范遵守府县颁发之饬令，不得越权将义渡船移作他用等。渡船规定载客人数，每船一般以20人为限，最多不超过30人。遇到风浪大作时，兼顾救生。义渡局的所有经费除镇江钱庄、杂货、丝绸、西药、洋行五业捐助外，不足部分由瓜洲盐商和粮商补贴。

瓜镇义渡局先后由于学源、于树深父子经管，于树滋协助运营。后因瓜洲坍江越来越厉害，钱庄、粮行、洋行、洋药、杂货等业外迁，盐厘又断源，仅靠以前用捐款购置的219间房的租金和11672亩滩地的芦柴（苇茎）收入弥补，经费入不敷出，义渡终成历史。据1936年统计，每年渡客50万人次。从同治十一年（1872）开办至1950年，瓜镇义渡局历时78年，近八十年间的义渡人次达数千万人。

瓜洲船闸（瓜洲水利枢纽） 瓜洲镇是临长江、运河而建的城镇，千百年来，人们利用建坝建闸防洪抗涝，同时也利用坝闸控水以利航运。伊娄河自开挖以来就在通江口门设埭（伊娄埭）和斗门（单闸），斗门为长江进入伊娄河的船闸，用以调节水位以利航运。平潮，可以过船；运河水位低，可引江水补给运河。北宋熙宁五年（1072），日本僧人成寻过瓜洲堰，记载以22头牛牵船过堰。北宋绍圣年间（1094—1098），瓜洲堰改为复闸。复闸相当于二级船闸，当时亦称澳闸。北宋宣和三年（1121），为节水不准随意启闸，多改闸为堰。宋徽宗时（1101—1125），修建瓜洲通江闸（瓜口闸）。因其时瓜洲入江水道分为三支，“如‘瓜’字形，东西二支通江（即东、西两港），一支阻堤（即坝）”。南宋淳熙年间（1174—1189），瓜洲有上、中二闸以及潮闸，共计3座。

明洪武三年（1370），瓜洲东、西两港兴建10座坝（软坝），用于漕运船只盘坝，替代了宋时的3座闸。明永乐元年（1403），陈瑄在瓜洲古运河临江处设置2座通江减水闸。

明正统八年（1443），因瓜洲坝东港设场贮木，使东港淤塞，后经疏浚复通，但未能解决重载粮船盘坝入运的艰难，明代河臣多次奏请瓜洲易坝为闸。明成化十二年（1476），瓜洲增建留潮、通江两闸。明嘉靖六年（1527），因留潮、通江两闸已废，漕运都御史高友玑于瓜洲西江嘴置瓜洲口闸。明隆庆六年（1572），兵部左侍郎兼都察院右佥都御史万恭提请建瓜洲闸。是年冬，建成两座闸，一为广惠闸，又名头闸；一名通惠闸，又名四闸，解决了舟船盘坝之劳。两座闸建成后，被誉为"成二百年未成之功，决五十年未决之论"。至此，"吴浙方舟之粟，直达于湾，高宝巨浸之流，建瓴而下，既免挑盘雇剥之苦，又无风波险流之虞"（顾炎武《天下郡国利病书》）。

瓜洲节制闸 瓜洲镇文化站 提供

清康熙五十四年（1715），江流主溜北移，瓜洲开始坍江，通惠闸坍入江中。清光绪四年（1878），拆除广惠闸。光绪二十一年（1895），瓜洲城全部坍入江中。此后，瓜洲运河均是敞口。为蓄水灌溉和通漕，瓜洲口门常筑坝拦水，大水时开坝排洪，如此年复一年处于堵坝拆坝之中。堵堵拆拆，劳民伤财，瓜洲地方多次要求建闸。

1970 年 1 月，江苏省革命委员会批准瓜洲闸工程技术设计及预算。瓜洲闸由节制闸、船闸、排涝闸、抽水站和鱼道等组成。1970 年 6 月，瓜洲节制闸在瓜洲古运河东侧新开的裁湾河段上建成，闸孔分 5 孔，中孔为通航孔，净宽 7 米，其余 4 孔各 4 米，闸总长 154.54 米。1973 年冬开始兴建瓜洲船闸（含抽水站），1975 年 10 月竣工通航。瓜洲船闸按 5 级航道设计，上下闸首净宽均为 10 米。上闸首顶真高 7 米，底板顶真高 7 米，底板真高 1 米；下闸首顶真高 7.3 米，底板真高负 2 米；闸室长 136.4 米，闸室宽 13.9 米，闸室顶真高 6 米，底板真高负 2 米。上下闸室孔径 10 米。上闸门为对开三角门，钢筋混凝土结构；下闸门为悬吊上卧门，钢制结构。一次可通过 1200 吨级船队。2001 年 11 月，对瓜洲水利枢纽进行除险加固，拆除老节制闸，新建瓜洲节制闸 3 孔，每孔 8 米，设计排涝流量 361 立方米 / 秒，自引流量 155 立方米 / 秒。同时对原船闸、排涝闸进行加固，对原抽水站进行更新改造，装置 16 台（套）立式流泵，提水能力达 21 立方米 / 秒，闸门起闭为无线电遥控。

水运枢纽

瓜洲漕运 瓜洲作为长江和运河的交汇点，自古就是漕运重地。作为漕运的中转站，古瓜洲港存世 1200 多年，直到瓜洲城坍入大江，才结束这段不平凡的历史。

漕运是中国历代王朝将征自田赋的部分粮食经水路解往京师或其他指定地点的运输方式。运送粮食的目的是供宫廷消费、百官俸禄、军饷支付和民食调剂。漕运航线是一条连接政治中心与经济重心区域的纽带，是王朝权力中心得以生存和运行的物资输送线及生命线。隋炀帝开凿大运河后，联结黄河、淮河、长江三大水系，形成沟通南北的漕运通道。自伊娄河开凿后，瓜洲便成为南北漕运正道。每年漕船数百万艘，浮江而至，从瓜洲转运各地；天南海北的贸易商贾，往还频繁。

唐代，朝廷逐渐把漕运重点放在南方，到唐开元年间（713—741），每年漕运量约230万石。齐浣开凿伊娄河，既缩短了漕运的航程，又保证了漕运的安全，漕运数量日增。安史之乱爆发，政府对南粮的依赖程度加大，漕运年总量最高达400万石。由于唐朝开始实行“转般法”（即分段运输法）、“分运法”（江南粮米运到瓜洲后，便立即卸下入瓜洲仓，然后由运河船再将瓜洲仓粮运至黄河边，再由黄河船、渭河船运至长安），船不停滞，节省了时间和人力，加快了漕运的周转。至此瓜洲港确立了它在漕运中不可替代的中转港地位。唐代宗之后，由于国力日渐衰弱，漕运总量开始减少，由瓜洲运口转运的粮食每年最多时不超过110万石。晚唐五代时期，群雄割据，漕运停止，瓜洲港口遭受破坏。

宋代沿用唐朝“转般法”，由于冗官制度日盛，加之国家多事，到北宋大中祥符初年（1008—1012），漕运量竟高达700万石，为历代少有。

南宋时，扬州成为拉锯战的战场，瓜洲的漕运作用一度中止。

漕运图　　〔清〕石涛　绘

元、明两朝定都北京，京城和边防仰食江南，尤其重视漕运。元代，瓜洲重新恢复它的漕运地位，对此《马可波罗行记》第 147 章《瓜洲城》有所记载。由于元代定都北京，北方运河部分淤塞，转运装卸，劳费甚巨，不得不同时使用海运。元至元十九年（1282）开始，朝廷开始实行海运，因此从瓜洲和真州运往北方的漕粮年最高不超过 90 万石。从至元二十四年（1287）开始，漕粮不再由瓜洲和真州中转，瓜洲、真州两港从漕运中转基地向日用品和盐业转运基地转变。

明初，瓜洲入江水道分为三支，为防河水下泄入江，遂筑坝，漕船到此需反复盘坝。明永乐十三年（1415），“会通河成，海运始废”。浙西漕粮 165 万余石，均自瓜洲坝运达于扬州。“永乐末，始令民运粮储于瓜洲，给军船脚价为兑运，于是有运粮军，岁一转输京师以为常”（《瓜洲续志》）。明宣德五年（1430），改漕粮“支运法”为“兑运法”。在瓜洲设置兑粮所，规定两浙、瓯闽漕粮，由民运至瓜洲仓交粮，兑与扬州卫所的官军领运，经淮、黄以济京师，由官方贴给脚费。于是漕运费用大省。明成化七年（1471），朝廷开始制定漕粮“长运法”，定例浙西漕粟 165 万余石，皆经由瓜洲北运，瓜洲成为漕船渡江入河的要津。明隆庆六年（1572），在河道上建通江闸 2 座，彻底解决了漕船的盘坝之苦。明后期由瓜洲港北上的漕粮每年都在 200 万石以上。

清朝建立后，漕运一如明制，选派督运大臣兼设粮储各官，显示朝廷对漕运的高度重视。清顺治二年（1645），每年运到京师的漕粟达 400 万石，途经瓜洲的有 324 万石。

清乾隆年间（1736—1795）英国使团画家笔下的大运河景色（选自《水蕴扬州》）

清咸丰三年（1853）后，太平天国占据长江中下游一带十多年，运河漕运中断。加之咸丰五年（1855）黄河改道，运河浅梗，河运日益困难。随着黄河泛滥的加剧，运河水系进一步被破坏，漕运逐渐减少。清光绪二十六年（1900），清政府下令漕粮改征银两。光绪二十七年（1901），清政府遂令停止漕运。

瓜洲盐运　盐运是国家税收极为重要的来源，从汉代开始，盐运及其销售就一直掌握在政府手中，由国家专卖。自西汉初年吴王刘濞在广陵煮海为盐，并将淮盐生产贸易规模化之后，盐业就一直是扬州最重要的经济支柱。隋炀帝沟通南北大运河，扬州成为盐运的集散中心。作为盐运枢纽，自隋唐起，瓜洲一直是“漕运正道，盐船入江之路”。唐代，朝廷在江北扬子津设立盐铁转运使巡盐。由于江岸线南移，扬子津已不在江边，伊娄河的开凿使瓜洲成为大运河的出江口，运盐船只一度在此靠泊、掣验、开江，瓜洲盐运很快兴盛起来，在盐运史上具有极其重要的地位。唐宝应年间（762—763）刘晏任盐铁转运使后，改进了榷盐法，盐利达“六百余万缗”。

宋代，由于瓜洲地绾南北，历来为兵家必争之地，考虑到港口分工的必要，加上真州（今仪征）港的白沙驿因江岸稳定，且地近上江，朝廷将盐运主要集散地由瓜洲迁徙到真州。

但长江的水流时有变化，岸线常见波动，淤积和坍塌经常会交替进行，位居长江北岸的仪征与瓜洲一线江岸尤其如此。漕运和盐运涉及历代王朝的经济命脉，因此在如何调

北桥掣盐图（录自嘉庆《两淮盐法志》）

整漕运与盐运之间的关系及港口的合理分工方面，历代统治者都非常重视。虽然仪征长期为盐运中心，但盐船出江之处亦时有淤废，故有时也得重新寻觅集散地。明初，因仪征运盐出江口淤淀，盐船通行困难，京师南京及上江食盐通行受阻，运盐船只重新于瓜洲出江，并在瓜洲运河的南水关下（即十坝外）专门筑一座大坝，谓之盐坝，南水关改称盐坝门，专门用来掣验盐引和开放盐船。此后仪征南坝至黄泥滩一带运盐河道疏浚完毕，从瓜洲出江的盐船重又回至仪征出江。瓜洲运河所筑十坝之外还有一座盐坝留存。

清初至嘉庆、道光年间（1796—1850），淮南盐都在仪征天池掣验开江。但后来黄泥滩日见淤涨，仪征运河淤浅，大型盐船难以通过，造成江口驳运费用过巨，加上江口老虎颈码头私盐猖獗，清政府弹压无方。清咸丰三年（1853）太平军攻占南京，直接威胁朝廷盐运，清廷被迫将淮南盐的江口行掣改在泰兴县口岸镇。因绕行口岸，盐栈甚感不便。

清同治三年（1864）清政府平定太平军之后，长江各口岸需盐量日增。同治四年（1865）四月，两江总督兼盐政曾国藩主张将淮盐总栈移至瓜洲，专门行销两淮盐引。总栈迁移瓜洲之前，曾国藩亲赴瓜洲查勘，同时筹款挑浚运盐河道，开挖新河，将出江口设在瓜洲城东的六濠口。该河从陈家湾起，经北水关绕至东门桥以东到出江口，“该处江路迂曲，下有平皋，外江大船可以抛锚驻泊”，新河全长6537丈（21790米）。又在运盐河之尾挖一个池塘，名“新河塘”，广数十亩，使从两淮盐场出来的盐船皆可泊入塘内。塘与大江中间筑一座大坝，取名“新河坝”，于坝上特建盐仓数座，以堆储来不及运出的盐。

執照

盐运执照（录自《运河名城·扬州》）

瓜洲古渡官方度量衡　　赵天　摄

淮盐总栈于同治四年（1865）六月十九日开业。曾国藩特挑选一名道台级的廉慎官员负责，督同六名（泰属场商三名、通属场商三名）值月栈商驻栈经理盐运业务，轮值办事。总栈每月用轮售的方法销卖盐引，其方法是：以22500引为一轮，包括泰（州）属盐场盐引15000引，通（州）属盐场盐引7500引。每引300千克，加损耗30千克，再加上外边包裹捆扎的包索14千克，合计344千克，每引分为8包，每包计43千克，超过此数即作私盐论处。盐栈每日过盐超过2000引，盐引年销量在27万～30万引之间。淮盐总栈移至瓜洲后，朝中大员曾国藩、马新贻、李鸿章等都曾到过瓜洲，瓜洲极一时之盛，名声大振。按清光绪十年（1884）《江都县续志·盐法考》中所云，盐引同治年间（1862—1847）每年所收税款及正课杂款为每引征银2两2分8厘左右。按此计算，瓜洲总栈每年所收税金如以27万引计算，折合平银为61.56万两，如以30万引计算，则为68.4万两。

设淮盐总栈于瓜洲是近代盐政和盐运史上的一件大事。当时太平军刚被平定，长江各口岸需盐量日增。经过长期战争，国库空虚，清政府对盐税的渴求有增无减，此时盐税收益虽不可与清代乾嘉时期（1736—1820）相比，但对国力严重衰退的清廷也是一笔不小的收益。

为确保盐栈能长期正常运作，盐政曾国藩亲自核定瓜洲设栈章程八条。瓜洲淮盐总栈属于官办性质，规避了“从前栈由商管”的一些弊端，但“所有课厘盐价三项”，“亦皆由商贩三面自行交易，官但督率稽查”。为保证运盐航路畅通，规定“新河口为淮盐运道，所有一切民、货船只概不准行走，亦不准停泊于济运桥一带，免致空、重盐船进出拥挤”。为保证盐价透明，规定“盐船运到瓜洲之新河口，应将随船驳票并商名、场分、盐色、引数报明总栈登簿挂号，由司盐簿司事每日开单呈送”并“榜示栈前，随到随卖，听江贩与场商凭色自相交易”。“通、泰两属遵奉核定盐价，悬牌晓示，如有于牌价之外暗增暗跌者，察出禀请严究”。另外，还规定“不得于额定之外再有加派，以免商累”，尤其强调“过掣查私”。因“瓜洲向为私盐出没之区，尤不可不认真搜查，应责成招商局派出查船委员，亲驻新河口，逐船严搜，以杜夹带”。

到同治九年（1870）五月，瓜洲盐栈西北岸被水冲陷数十丈[①]，五月上旬七日之内两次失火，皆在盐堆左右。江潮泛涨日甚一日，盐堆之低下者离江水不过二尺[②]余，形

① 1丈≈3.33米。

② 1尺≈0.33米。

势非常危急。为防止江水继续上涨，不得不把部分盐堆暂时运堆江船之上，一俟江潮退落，又将江船上的盐堆搬回，如此往返搬抬，抛撒严重；加之存堆日久，夏季迭遭风雨，时有卤耗和包索霉烂之事。因此过掣每觉不足，虽加耗也难以弥补。九月间，江岸突然塌去四十余丈，居民铺户共陷一百三十余家。十一月，瓜栈以西江岸节次坍塌，浦地极为危险。曾国藩为此批示："目前仍须由六濠口开江，必将该处堤岸坍塌处所设法修筑，力保已成之局，方可徐图未雨之谋"，"暂保瓜栈，筹挑仪河"。此时，瓜洲已半入江心。自瓜口镇署东首起至瓜栈以西新坍处所止，计长九百五十七丈，处处陡立，节节涡塘，自江滩向南十丈以内，水深一丈至六七丈不等，十丈以外，难于测量。栈西所坍深塘，周长五十二丈，系属回溜漩涡，保护较难。同治十一年（1872）八月，瓜栈门前照壁坍入江中，栈内地基多已开有裂缝，栈前江船亦少抛锚之地，瓜栈经屡次坍塌，处境岌岌可危，迁栈已势在必行。当时有三种打算：一种是重新迁回泰兴口岸，但遭到淮北场商和上江运商的反对，认为行程加大会增加运费；一种是坚持故地，但需筑坝数道，费用巨大，且难保不再坍塌；一种是再回仪征，重觅江岸作为栈地。最后一种得到多数人的支持，且最终得到同治皇帝首肯，遂选定仪征十二圩作为淮盐总栈新址。同治十二年（1873）十月十五日，仪征十二圩新淮盐总栈挂牌开业，瓜洲淮盐总栈营销八年后宣告歇业。

嘉庆《瓜洲志》："前代制盐渚上。冠盖络绎，商贾繁盛；居民殷阜，第宅蝉联，甲于扬郡。自移制真州，民乏恒产，工无恒业，街市寥落，宛同乡野，采风者不无盛衰之感焉。"

清末民国初期的瓜洲煤炭转运 清末，镇人沈鼎臣（省参议员）、沈干臣创办鼎泰和商号，专营煤炭，煤源来自湖北大冶。由于生意兴旺，商号占有半条江口街，人称"沈半街"。后因盐商随盐船返带煤炭，致使煤价低廉，鼎泰和商号生意日渐清淡，1912年倒闭。

辛亥革命后，北洋政府大总统徐世昌、黎元洪先后任中兴煤矿公司董事会会长，北洋政府代理国务总理朱启钤、国民政府财政次长钱新之先后任总经理。他们鉴于瓜洲交通位置的优越，巨资买下瓜洲原清代长江水师演武场（今瓜洲闸南端）作为煤炭转运站。当时有工作人员三四十人，搬运工2000多人。煤源来自山东枣庄、河北开滦、山西大同、河南焦作、湖北炭山湾、湖南宝庆。煤炭在瓜洲中转后，北销淮阴、里下河地区，南销杭州、上海、南京、芜湖等地。与此同时，和丰炭号（傅瑞堂创办）、马步记炭号（马步洲创办）、王裕丰炭行（王赞臣创办）也相继开业。一时间，瓜洲煤炭月销量达 2 万吨，运口常年有近百艘木船（总载量 20 ～ 60 吨）转运。

当时瓜洲五艘摆渡日夜不停，船号子、挑煤号子响彻古运河两岸上空，古运河里装煤卸煤的大驳船桅杆如林。船有两节的，也有三节的。两三节的船有很多优点：一是可组合成大船，抗风浪能力强；二是万一触礁可拆开，便于救护，不致全船覆没；三是枯潮期进河口可以单独航行，遇到大溜、水浅照样进出自由。为了避免撞船事故发生，保证古运河航道畅通，河里专门安排“河快”（管水上交通的差役）乘脚划敲锣指挥调度。前门上煤，后门下煤，一个挨一个。搬运工人都是按计件工资付酬，一担要挑足 80 千克，爬五六节大长跳板才能到顶。登上煤顶，可俯瞰瓜洲全景，由此可见当日挑煤工人的艰辛和煤炭转运量之巨。

随着津浦铁路建成通车，水运优势逐渐被陆运取代，瓜洲煤业转运随之衰落，加之江溜继续东趋，坍势未减，轮船南移，1933 年前后，炭号均倒闭，不少瓜洲人开始进入镇江市场。如和丰煤号老板傅瑞堂，在镇江与人合伙开设和兴煤号。马步记老板马步洲，在镇江荷花塘六号开设马步记煤号，并在浦口、龙潭、江阴、南通等地开设马步记栈房。瓜洲人曹朴安邀请刘鸿生、薛丕显、丁汉池等合股在马步记隔壁开设安丰煤炭股份有限公司。和丰煤号股东、瓜洲人吕锡候，在镇江大梗街开设元兴煤号。后来，和兴、马步记、安丰、元兴四家煤号联合投资成立华丰煤号。和兴、马步记、安丰、元兴和华丰被镇江煤业称誉为“五大家”。煤业南移镇江，宣告瓜洲这一“江北第一雄镇”完成了煤炭集散地的使命。

汽渡与润扬大桥

瓜洲汽渡 1978 年 7 月 1 日，镇江至扬州之间的长江汽车轮渡建成通航。汽渡瓜洲码头初位于古运河入江口西部，隔江与镇江鲶鱼套对渡，江面宽 4 千米，航距 5 千米。

镇扬汽渡瓜洲码头（2018 年）

初期，镇扬汽渡的功能主要定位为小型战备渡口，投入营运 8 车渡船和 14 车渡船各 2 艘，平均日航 58 个班次，单船渡轮往返一次需 50 分钟，日渡运汽车能力 150 辆。1989—1993 年，使用 14 车渡船 3 艘，18 车渡船 5 艘。随着车流量增加，古运河入江口航道已不适应大型车辆渡运。1996 年 8 月，汽渡瓜洲码头迁移至离瓜洲镇区 2 千米的长江沿线，码头待渡面积 2.65 万平方米，码头坡道宽 60 米。2003 年，日均车流量 8500 辆，最高日渡运车辆 11002 辆。汽渡使用可以承载汽车的滚装船作为工具，实行 24 小时通航，正常情况下 8 分钟即可完成过江；白天 6 分钟左右一班，夜间 8 ~ 12 分钟一班。从扬州和镇江都有多条公交线路到达汽渡码头，是长江沿线安全、快捷、优质、畅通的现代化渡口。至 2017 年，累计渡运车辆 5570 多万辆次，渡船安全航行 340 多万航次，是长江沿线车流量和客流量最大的公路汽车渡口。

2005 年润扬长江公路大桥开通后，轮渡的日渡量相对减少。2005 年 9 月，经江苏省人民政府

徐振宇　摄

批准，镇扬汽渡整建制划入江苏交通控股有限公司，两岸渡区 6 个码头泊位，启用 20 车的渡船 1 艘，28 车的渡船 9 艘。其后，由于区域物流业的不断发展，货运车辆不断增多，货主为了降低成本，纷纷选择经瓜洲汽渡过江。自 2015 年下半年起，瓜洲汽渡的过江车辆持续增加，其中货运车辆，特别是 40 吨以上的重载货车更是迅速增多。2016 年 11 月，江苏路渡 3010 号汽渡船在瓜洲汽渡投入运行，主甲板长 63 米，加上船头与船尾的跳板长度，实际船长 90 米，船宽 15.4 米，其最大载重量可达 720 吨。该汽渡船不仅是当时长江瓜洲、镇江段范围内最大的汽渡船，也是全省范围内体积最大、载重量最大的汽渡船。新汽渡船投入运营后，瓜洲汽渡的运载力从日均渡运 1 万辆左右提升至 1.2 万辆，有效地缓解瓜洲汽渡的运载力矛盾。2017 年 11 月，江苏路渡 3011 汽渡船在瓜洲汽渡码头交付使用。该船是全国第一艘采用直流组网电力推进系统的民用船舶。

作为扬州与镇江之间的渡口，每天都有不少百姓乘坐汽渡往返两地。为更好地服务经瓜洲汽渡过江的散客，2017 年 8 月 1 日，镇扬城际过渡区间车正式运行，由镇江江天集团和扬州汽运集团共同运营，对镇扬汽渡散客进行公交化接驳运输，实现两岸居民跨江出行无缝连接。运行票价 3 元 / 人次，运行线路为镇江金泉花园公交站—湾仔码头 10 路公交站—扬州森林公园 16 路公交站—瓜洲旅游集散中心。镇江首班 5:50，末班 18:50；扬州首班 6:10，末班 19:10。间隔时间平时 20 分钟一班，高峰时 10 ~ 15 分钟一班。2017 年，瓜洲汽渡渡船每天横穿长江航道往来 600 多个航次，高峰时每天运输的车辆达上万辆。

润扬长江公路大桥 清乾隆年间（1736—1795），扬州学派代表汪中在考察镇江与扬州渡口周边的形势后，在《京口建浮桥议》一文中提出在瓜洲、金山、镇江间建造浮桥的设想。“若南北造浮桥二道，交会于金山，行旅往来如在枕上，此百世之利也。”伟大的革命先行者孙中山在《建国方略》之“实业计划”中规划：“（镇江与扬州之间）至于商业发达之后，又需建桥梁于江上，且凿地道于江下，以便两岸货物来往。”当年，孙中山提出的长江开发计划，精心规划了两座长江大桥，一座是中游的武汉长江大桥，另一座是下游的镇扬长江大桥。

2000 年 10 月 20 日，国家重点工程润扬长江公路大桥开工建设，时任中共中央总书记、国家主席、中央军委主席江泽民出席大桥开工典礼，并为大桥奠基培土。2005 年 4 月 30 日，润扬长江公路大桥正式通车，时任全国人大常委会委员长吴邦国出席开通庆典仪式并剪彩。润扬长江公路大桥全长 35.66 千米，由北接线、北汊桥、世业洲互通高架桥、南汊桥、南接线及延伸部分组成。主桥长 7.21 千米，北引桥及北接线高架桥长 1.74 千米，北接线长 10.27 千米，南接线及延伸段长 16.44 千米。主线采用双向 6 车道高速公路标准，设计时速 100 千米 / 时，工程总投资 57.8 亿元。润扬长江公路大桥为当时国家重点工程，是继南京长江大桥、江阴长江大桥和南京长江二桥之后，在江苏省境内跨越长江南北的第四座大桥，博采了长江多座桥梁的精华。这座跨江大桥是当时中国第一座由悬索桥和斜拉桥组成的第一大跨径的组合型桥梁，其建设过程中攻克多项世界性技术难题，大桥建设创造了多项国内第一：大桥南汊悬索桥主跨 1490 米，为当时中国第一、世界第三大跨径悬索桥；悬索桥主塔高 227.21 米，为当时国内第一高塔；悬索桥主缆长 2600 米，为当时国内第一长缆；大桥钢箱梁总重 3.4 万吨，为当时国内桥梁第一重；钢桥面铺装面积达 7.14 万平方米，为当时国内第一大面积钢桥面铺装；悬索桥锚碇锚体浇铸混凝土近 6 万立方米，为当时国内第一大锚碇，综合体现当时中国公路桥梁建设的最高水平，无论是设计、施工都达到当时国际领先水平。

润扬长江公路大桥位于扬溧高速公路线上，是江苏省“四纵四横四联”公路[①]主骨架和跨长江公路通道规划的重要组成部分，连接京沪、沪宁、宁杭 3 条高速公路，并使这 3 条高速公路和 312 国道、同三（黑龙江同江至海南三亚）国道主干线、沪蓉（上海至成都）高速公路国道主干线互连互通，对完善国家及江苏省公路网络结构、改善镇江与扬州两市的交通运输条件，加强扬州、镇江两市经济文化联系，促进沿江地区经济发展，加快实施以上海浦东为龙头的长江三角洲经济带的开发战略具有重大意义，成为“长三角”地区又一重要的路网枢纽。润扬长江公路大桥的开通，结束了一江阻隔的历史，加速了扬镇一体化进程。而瓜洲作为连接扬州城市与镇江城市的桥头堡，也因此享有率先跨江发展融入苏南之地利。

---

① “四纵”：“纵一”为赣榆至太仓的沿海高速公路江苏段，“纵二”为新沂至无锡的京沪高速江苏段，“纵三”为连云港至南京的宁连高速公路，“纵四”为徐州至宜兴的高速公路。“四横”：“横一”为徐州至连云港的连徐高速公路，“横二”为徐州至盐城的盐徐高速公路，“横三”为南京至启东的宁启高速公路，“横四”为南京至上海的沪宁高速公路。“四联”：“联一”为盐城至广陵的宁靖盐高速公路盐靖段，“联二”为扬州至溧阳的扬溧高速公路，“联三”为溧水至太仓的宁太高速公路，“联四”为无锡至宜兴的锡宜高速公路。

大桥夕照 徐振宇 摄

烽火瓜洲

瓜洲是“渡江入河之要津”“防江控海咽喉要地”。凡南北交战之时，镇江和扬州之间虽隔江而生息联动，瓜洲作为扬州的长江门户，同时也是镇江江防体系的重要组成部分，成为扼守半壁江山的军事要塞，很多著名的兵事发生在瓜洲。特别是宋金对峙时期，瓜洲成了战争前线，宋军曾在此击败完颜亮所率领南侵的金兵。陆游《书愤》中以铁划银钩描写了“楼船夜雪瓜洲渡，铁马秋风大散关”。瓜洲俨然就是长江上的第二个“赤壁”。太平天国时期，瓜洲是太平军和清军攻防的重要战场。战争结束后，清政府于同治七年（1868）准长江沿岸分设岳州（湖南）、汉阳（湖北）、湖口（江西）、瓜洲（江苏）四镇总兵，加强抗击长江内来犯之敌。瓜洲总兵衙署管辖江阴、靖江、武进、江都等县的沿江驻防部队，江防巡防范围分别是：通江集至焦山、焦山至江阴、焦山至靖江、江阴至张家港的鹿苑港。辛亥革命后，江防仍“萧规曹随”。1929年，长江水上警察总局设在瓜洲，负责泰州口岸至南京燕子矶的巡防。抗日战争和解放战争期间，瓜洲是中共重要的地下交通线枢纽。

因太平天国时期瓜洲战事纷繁，故将太平天国时期战事单列分目。

瓜洲古渡

隋唐时期

隋将贺若弼瓜洲布阵平陈 隋开皇元年（581），杨坚称帝后，立即谋划平定江南、统一中国大计。他将吴州（今扬州）作为平定江南夺取建康（今南京）的桥头堡，任贺若弼为吴州总管，并嘱咐其在吴州做好平陈的准备。贺若弼向隋文帝报告平陈十策，选派来护儿深入江南刺探军情，大量购买陈军船只，把好的舰船隐藏起来，将破旧民船泊于夹江边。同时令沿江驻军频繁换防，每次交接都在瓜洲江边集结，遍树旗帜。如此反复，陈军习以为常，不再戒备。

就在隋军积极备战之际，江南陈后主（陈叔宝）花费巨资建造临春、结绮、望仙三座豪华楼阁，生活奢靡，不理朝政。前线送来隋军即将渡江的急报，陈后主以为王气在此，有长江天堑屏障，隋军岂能入兵。佞臣孔范迎合后主，还引古论今，互相麻痹，互相安慰。

开皇八年（588）三月，隋文帝下达讨伐陈朝的檄文。十月，任命晋王杨广为尚书令统筹各路兵马，高颎为元帅长史决断行军谋略，率九十总管、五十余万大军南征。开皇九年（589）正月初一，贺若弼利用大雾天气，乘陈人欢度新年之际，率军沿瓜洲一带江边迅速过江，于正月初六攻下京口（今镇江），俘虏南徐州（今镇江）刺史黄恪，夺得京口仓储，随即挥师西进建康。

贺若弼率军与陈军血战数日，牵制了陈军西援建康的行动计划。隋大将韩擒虎等部顺利进入建康，将陈叔宝从胭脂井中抓获。

杨素江南追剿陈朝残余势力 隋平陈后，江南世族豪门千方百计反抗隋的统治，甚至制造谣言，称“隋将徙迁江南士民入关”，激起民众对朝廷极大不满。隋开皇十年（590）十一月，婺州（今浙江金华）、越州（今浙江绍兴）、苏州、饶州（今江西鄱阳）、温州、泉州、杭州等地民众纷纷起兵，陈朝旧境大多皆反。隋文帝派遣杨素为行军总管，率军渡江追剿陈朝残余势力。

杨素受命率数万兵马屯扬子津（瓜洲一带），秘密派遣麦铁杖渡江搜集情报。麦铁杖在侦察过程中被李棱（江南义军首领）的部下抓获，李棱派士兵将麦铁杖押送给高智慧。行至庱亭，押送的士兵松开麦铁杖的双手，准备让他吃饭。麦铁杖乘机夺了士兵的武器，将押送士兵尽数杀光。杨素从麦铁杖数次渡江侦察报告得知江南叛军虚实，遂与水军从瓜洲渡江，击破朱莫问。晋陵（今常州）太守顾世兴与都督鲍迁前来应战，杨素活捉鲍迁，俘虏3000人。后杨素兵分两路，一路入山区，一路沿海岸，击破各地叛军。最后攻克泉州，江南兵乱得以平息。

隋朝吐、鱼二将平江南 隋大业九年（613），余杭刘元进起兵造反，一月之内发展至数万人，被吴郡朱燮、晋陵管崇起义军共推为主，称天子。隋炀帝派左屯卫大将吐万绪、光禄大夫鱼俱罗二将渡江进剿。

二将受命后，即率军屯于扬子桥，准备择日从瓜洲渡江。刘元进闻讯渡江，兵至瓜洲一带还未站稳脚，即被吐万绪、鱼俱罗二将打败。刘元进复结栅相拒，吐万绪“以骑突之，贼众遂溃，赴江水而死者数万”。朱燮、管崇率部屯兵毗陵（今武进），联营百余里，吐万绪乘胜追击，又将朱燮、管崇击败。义军溃散后又很快聚拢在一起，声势越发浩大，隋炀帝令吐万绪、鱼俱罗二将继续进军讨伐。吐万绪以将士疲惫为理由，请求休兵，待来春再战；鱼俱罗也认为盗贼不是一年半载可以平定的，不赞成急于求成。隋炀帝因二将拒令大怒，斩杀鱼俱罗，吐万绪郁愤发疾而卒。

隋炀帝遣江都郡丞王世充率淮南兵数万从瓜洲渡江南进，继续镇压义军。王世充兵至延陵，刘元进布阵抵抗，杀隋军千余人，王世充首战大败。刘元进设计继续挑战王世充，令士卒人手持茅草一束，因风纵火，追杀王世充。王世充立即率兵回头反击，义军大败。之后，刘远进与管崇相约合力反击，均被王世充击败，义军被俘三万余人，均被坑杀。

唐初李子通五过瓜洲战江南 李子通，东海丞县（今山东枣庄）人，隋末农民起义中的一位豪杰。

隋大业十四年（618），李渊受隋恭帝“禅让”，建立唐朝。隋将陈棱以江都降唐驻防扬子（今仪征）受任唐王朝扬州总管之职。李子通在海陵（今泰州）闻讯，率兵前来围攻陈棱，欲夺回江都城。陈棱势孤力薄，遂遣使送人质求救沈法兴（原吴郡郡守，以讨伐宇文化及为名起兵，后自称梁王）和杜伏威（隋末起义军首领，转战淮南，自称总管）。沈法兴派其子沈纶领兵数万与杜伏威部连营数十里，共救陈棱。李子通用会说吴语的江南人诈称是沈法兴部队，夜袭杜伏威部，打下江都城，陈棱只身而逃，投奔杜伏威。

李子通占据江都城后，转身攻打驻防扬子（今仪征）的沈纶。沈纶招架不住，逃到京口。李子通穷追不放，首次从瓜洲渡江追击沈法兴父子，占据京口。沈法兴不甘失败，派遣其仆射蒋元超前来复仇，被李子通乱箭射杀，沈法兴无力再战，逃往吴郡（今苏州）。李子通俘虏了沈法兴的府掾李百药，北渡入瓜洲，凯旋江都，搜捕陈棱残部，安抚百姓，远近归附者络绎不绝。丹阳的乐伯通，闻其声威，率众万余投奔到李子通麾下。时李子通势力强威，遂于唐武德二年（619）即位，国号为吴，年号明政。以江都为首都，以乐伯通为尚书左仆射，以李百药为内史侍郎，主掌文书，以尚书左丞殷芊为太常卿，主掌礼乐。

唐武德三年（620），杜伏威以辅公祏为统帅，以阚棱、王雄诞为副将，领兵数千，渡江攻下丹阳（今南京），继而进屯溧水。李子通闻讯立即率数万大军第三次从瓜洲渡江，寻辅公祏决战。辅公祏组织精甲千人的敢死队，手执长刀为前锋，又使千人跟踪其后，自率余众压阵，宣布后退者即斩。李子通列方阵迎战，辅公祏转胜为败，急忙收兵，坚壁不出。王雄诞率数百士兵乘夜出击，乘风势纵火，李子通大败，损失数千人。

李子通讨伐杜伏威之战失败后，即从京口第四次渡江从瓜洲回到江都城。此时，杜伏威步步逼近，李子通在江都粮食供应吃紧，自感难以固守江都，便弃城从瓜洲第五次渡江，欲驻京口，但战斗屡屡失败，便东走太湖，一路收拾流兵散勇，共得两万余众，势力又壮大起来。李子通乘势袭击沈法兴于吴郡，获得全胜，旋即率众臣迁都余杭（今杭州）。不久，再度为王雄诞所逼，举众降唐，后欲逃跑，被杀于蓝田。

安史之乱李成式瓜洲战永王 唐天宝十四年（755）冬，安史之乱发生。次年，唐玄宗逃往蜀中，中途下诏讨贼，令诸王分镇天下。玄宗第十六子李璘随父到扶风（今宝鸡市东部），玄宗委任他为山南东路、岭南、黔中、江南西路四道节度使，江陵大都督，镇守江陵。李璘至江陵后，见南方租赋、粮帛极丰，便萌生邪念，意欲称霸江左，进而夺取全国。谋士薛镠也希望他效司马睿南渡创建东晋之故事，再立千古奇功。李璘经不住众人闪煽动，乃下令招兵买马，招募勇士，任命文官武将，于唐肃宗至德元年（756）十二月二十五日，打起平定安史之乱的旗号，引数万之众东下。

唐肃宗李亨对永王李璘的行为颇为警觉，下诏命李璘立即停止进兵，且要他到蜀中向太上皇（玄宗）请罪。李璘乃遣大将季广琛、浑惟明、冯季康、高仙琦等人领甲仗五千先行进兵扬州，自己率大军随后进取江淮。

肃宗闻李璘拒不从命，命中官啖廷瑶、段乔福率众赴扬州迎战。同时任命侍御史高适为淮南节度使，并诏令淮南西道节度使来瑱、江东节度使韦陟共同讨伐永王叛乱。时扬州军政由李成式主持。李璘部众不日到了润州，杀了丹徒太守阎敬之，江淮为之震惊。李成式命裴茂率扬州仅有的3000名步兵，屯于瓜洲伊娄埭，会同李铣的百余骑兵，筑成沿江防线。两军对峙，鼓角相闻。

李成式在瓜洲江边虚张旗鼓。李璘及其子李偒站在润州城上，遥望北岸瓜洲旌旗招展，刀光闪闪，不敢挥师北渡瓜洲。大将季广琛率6000名兵将投奔瓜洲，瓜洲李成式兵力乃超过万人。傍晚李成式令军士手执火炬，在瓜洲江边来回游动，火光倒映江中，数目加倍。李璘误以为北军已开始渡江，急忙携儿女随从逃出润州城，待到次日天明，才知瓜洲官兵没有渡江，始又入城。他急命准备舟船从水上撤退。李璘之子李偒和高仙琦率众向晋陵（今江苏常州）东撤。

李成式得知李璘逃走，组织20余人的敢死队作先锋，日夜兼程，追赶李璘。李璘见追兵赶来，忙令其子李偒、大将高仙琦应战。李铣率大军将李璘部紧紧包围，交战数合，一箭射中李璘肩胛，李璘倒下马来。李璘在高仙琦保护下往鄱阳湖方向奔逃，途中为江西采访使皇甫先部所擒，随后被密杀于旅舍之中，其子李偒也在逃跑途中为乱兵所杀。

唐末田神功渡江灭刘展　唐肃宗上元元年（760），淮西节度使王仲昇以其副手宋州刺史刘展不好驾驭，视为心腹之患。他请监军邢延恩密奏肃宗李亨，下两道诏书，一道假意任命刘展为淮南东、江南西、浙西三道节度使，一道密令江淮都统李峘、淮南东道节度使邓景山在刘展赴任途中将其缚送京师。不料计为刘展识破，刘展大怒，自宋州率精兵7000人直扑广陵，江淮震动。李峘一面派邓景山带1万人马屯军徐城（今江苏泗洪）迎战刘展，一面自引兵从瓜洲渡江，与润州刺史韦儇、浙西节度使侯令仪共守京口。刘展命大将孙待封、张法雷先攻邓景山。刘展自率主力屯于白沙（今仪征），同时布防于瓜洲一线。李峘等人在京口开辟北固山为战场，加紧部署防务。他们依据北固山之险，沿江扦插木桩堵塞江口，防止刘展渡江登陆。刘展声东击西，军队驻扎在白沙，却在瓜洲设疑兵。入夜，驻防瓜洲的小股兵力点燃火把，亮如白昼，还不停地擂响战鼓，假造临战前的紧张气氛。李峘中计，以精锐守卫京口，刘展瞒天过海地率精锐部队自白沙渡江，袭取下蜀，由西向东进逼润州，势如破竹。李峘部队不战而溃，最后只剩下数十骑跟随他去投奔宣城节度使郑炅。刘展仅用三天时间连克扬州、润州、昇州（今江宁）三城。他乘胜追击，进军东南，攻陷湖州，向杭州进逼。

在李峘逃命之际，邓景山和邢延恩向平卢都知兵马使田神功求助。一面奏请皇上敕令田南下，一面遣使赴任城求救于田神功，并许愿，一旦刘展之乱弭平，淮南子女玉帛任其享用。田神功当即率5000人马出发。刘展亲率8000人之众北出扬州，直赴都梁山，迎阻田神功。不料首战失利，退至天长。田神功紧追不放，刘展只得边退边战，最后身边剩下一骑跟随，夺路南逃至润州，联络诸将，重整旗鼓。上元二年（761）正月，田神功占据扬州，邓景山、刑延恩也回到扬州，三人计议，乘胜分兵追击刘展：一路由杨惠元率1500兵马西击王晅；一路由范知新率4000人马驻白沙待命渡江；邓景山率1000人马从海陵奔袭常州；田神功与刑延恩率3000人马由瓜洲渡江至京口。

正月二十五日夜，田神功命范知新偷袭下蜀，翌日他自瓜洲率水师乘舟驶向对岸，将至金山，天不作美，大风骤起，舟楫漂散。田神功不得渡，还军瓜洲。

范知新因提前渡江，未遇风阻，天明时占据了下蜀。刘展领兵往下蜀拒敌。激战中，一支冷箭正中刘展左眼，刘应声倒下马，当即被杀。

田神功兵胜刘展之后，兵撤京口至瓜洲，回扬州。因有许愿在先，一路上田神功纵其部大肆抢掠，虏奸妇女，挖掘窖藏，扒坟盗墓。瓜、扬两地每个角落都被搜遍、挖遍，数以万计百姓惨遭杀害。其中胡商（即外国商人）被戮者数千人。

宋元时期

宋金皂角林之战　宋金和议后，金朝的中央集权得到加强，但贵族内部的斗争也迅速发展。南宋绍兴十九年（1149），完颜亮刺杀金熙宗完颜亶，即皇帝位。他有灭宋的打算，进行了多方面的准备。绍兴二十三年（1153），他把金都由上京会宁府（今黑龙江省阿城县的白城子）迁到燕京，称作中都。迁都不久，就在中原和华北地区大量增调壮丁与民间马匹，将大量金军向河南调集。

绍兴三十一年（1161）秋，完颜亮统率号称50万（一说30万）兵马，分四路南下。在主战派的压力下，宋高宗仓皇调集利州（今四川广元）都统吴拱驻守荆南，调荆湖制置使成闵驻守鄂州，命江淮浙西制置使刘锜驻扬州，守备淮东、淮西。刘锜把主力部署在淮东运河线，以3万兵力屯驻清河口（今江苏淮安市西南），迎击从清河口南下的敌人，准备在淮阴一带打阻击战。十月，金兵至清河准备渡淮，完颜亮因刘锜正在淮阴，即遣其万户萧琦，率10万骑自寿县直取扬州。朝廷令刘锜退军守江，同时，急遣侍卫步军司右军统制邵宏渊，率左右两军驰赴真州，以拒萧琦军。刘锜至邵伯埭（今江都邵伯镇）时，闻金兵破真州，乃急忙南驰，自扬州北门而入，与原守城之安抚使刘泽共守扬州。刘泽以扬州不可守，劝刘锜退守瓜洲，保卫江防。刘锜接受他的建议，一面组织大批船只，保护真州、扬州两地居民渡往江南，一面使人用石灰水在城内外大书“完颜亮死于此”的标语。完成部署后，于十月二十三日自扬州东门退军瓜洲。

刘锜至瓜洲后，遣统制官贾和仲、吴超在运河沿岸皂角林（扬子镇南）迎战金兵，派左军统领员琦及中军第四将王佐以百余步卒，设伏皂角林中，伺机接应。十月二十六日，金将萧琦闻刘锜退向瓜洲，尾追而来。金兵一面分兵拖住贾和仲、吴超二将，一面遣精锐绕过宋军正面防线，包抄刘锜。刘锜陷入重围，奋不顾身，策马迎敌。危急之际，左军统领员琦率部来援，杀散金兵。金兵顿时混乱，向皂角林内逃窜。王佐的伏兵突起，强弩并发，金兵前队应弦而倒，后队退至运河堤岸上，由于岸高路窄，又被宋军一阵厮杀。统领（驸马）高景山被斩，数百人被俘。

皂角林之战（录自《扬州典故与成语》）

刘锜在瓜洲4日，每日无不数战以拒金兵。为安定军心、民心，遣人到京口将妻小接至瓜洲，与瓜洲共存亡。刘锜一直带病赴任，紧张的战事使其病情加重，十月二十七日，刘锜奉诏回镇江治疗，临行，士兵将其抬上船，护送过江。刘锜离开瓜洲后，授权都统制李横与其侄刘汜驻守瓜洲。

皂角林之战使进犯长江的金兵受挫，也使宋军有了喘息、整顿之机。随后宋军在采石江面又击败金兵主力，取得有名的“采石大捷”。完颜亮自采石溃退以后，原拟回军扬州。但考虑到扬州城外墙上写有“完颜亮死于此”的标语，心中疑忌，便停驻瓜洲的龟山寺，后为部下所弑杀，金军回师。由此，南宋得到暂时的偏安。

“皂角林大捷”被史家列入绍兴十三战功之役。后人对皂角林一战很是称颂，杨万里《皂角林》诗云：“水漾霜风冷客襟，苔封战骨动人心。河边独树知何木，今古相传皂角林。”

宋末姜才血战扬子桥 元至元十一年（1274），右丞相伯颜领兵20万南下，至元十三年（1276）陷临安，俘谢太后、全太后、恭帝等北去。其间，大将阿术随伯颜东下，诸军进取临安时，阿术驻兵瓜洲。阿术从至元十二年（1275）四月至至元十三年（1276）九月撤离瓜洲，历时一年五个月，宋元争夺瓜洲战斗从未停息。

至元十二年（1275）四月二十一日，阿术奉命进取扬州，拟先取真州，再视情占据扬州。在真州郊区，真州知州苗再成、宗子赵孟锦顽强抵抗，斩获元军甚多。后苗再成、赵孟锦退回真州，闭城坚守。阿术无奈，于是丢下真州，东取扬州。阿术知扬州守将李庭芝、姜才厉害，不敢贸然径取。乃避实就虚，转掠瓜洲，夺取扬子桥，又派部将阿里别分兵进据湾头，形成对扬州的钳制之势。为断绝扬州粮道，阿术设立长栅加强封锁。姜才率部出击，在三里沟部署“三叠阵”，两军对战。正在酣战之际，阿术突然掉转马头，佯败而走，姜才不知是计，放马猛追，阿术突然回马围攻，宋军不支。李庭芝急派拨发官雷大震赴援，雷大震不幸阵亡。姜才只好沿河布阵，与元军隔河对峙。时隔一日，元将张弘范率十三骑横渡运河，冲击姜才阵地，姜才军坚守，岿然不动。张弘范佯退，诱宋军出战，姜才手下猛将回回又中奸计，被张弘范回马枪刺中坠于马下，姜才溃败。元军乘胜追杀宋军，宋军掉进河里而死者不计其数。慌乱中，流矢不幸射中姜才的肩膀，姜才大吼一声，忍痛拔箭，挥刀奋力向前，元军不敢紧逼。姜才收溃军入城，死守扬州。

阿术在扬子桥获得初胜后，又在扬州城外筑起长长的围墙，以此长期围困扬州宋军。四月二十七日，姜才与副将张林又率兵2万人乘夜攻打驻扎在扬子桥的元军。守栅元将万户史弼向阿术告急，阿术赶忙率总管管如德等从瓜洲领兵前来救援。次日晨，姜才在两岸布阵，阿术指挥骑兵渡江夹击宋军，宋军阵地坚不可摧。不久，阿术指挥步骑兵并进，宋军大败，张林被俘，姜才败回扬城，伤亡1万余人。

姜才瓜洲救两宫 元至元十三年（1276）春，元右丞相伯颜攻下南宋都城临安，擒南宋恭帝赵显及皇太后，并将其挟持到大都朝觐元主，路经瓜洲。李庭芝与姜才召集将士们涕泣立誓，一定要夺回两宫。于是，李庭芝散尽金帛犒劳将士，命姜才以4万兵马布阵于瓜洲交通要道，待机抢夺两宫。

一日晚，侦知太后和赵显皇帝已到瓜洲，姜才指挥将士们奋不顾身地勇往直前，与元军激战三个时辰，直到深夜，宋军穷追不舍。阿术唯恐两宫有失，便施展政治攻势，致书姜才，劝其明智退兵，并许诺任他为将，姜才表示宁死不降。时姜才见元军已挟持两宫远去，仍不放弃，一直追到浦子市（今浦口），未能抢到两宫，无奈收兵。真州知州苗再成谋划夺驾，也没有成功。

宋元扬子江大战 宋元时期，有三大战役：襄樊之战、崖山（广东新会）之战和焦山之战。

元至元十二年（1275）二月，元军占领建康，宋沿江制置使赵溍南逃。三月初一，京口知府洪起畏敌潜逃、马军总管石祖忠降元。其后，江阴、常州的宋军也降元。四月，阿术率军攻下瓜洲，在瓜洲大修城池，准备战具，立木栅于扬子桥，阻止淮东宋军南下，断绝漕运通道，宋军组织反击。五月，宋平江府（今苏州）都统刘师勇、殿帅张彦合力夺回常州。七月，焦山至瓜洲江上发生宋元大战。

时元军占有瓜洲和对岸的京口，元军统帅阿术集合行省诸翼万户兵船于瓜洲，右丞相阿塔海集合行枢密院诸翼万户兵船于西津渡（京口），万户张弘范以兵船千艘西掠珠金沙，分宋军之兵力。元军大批战船设在焦山至瓜洲江面上。宋军战船不下万艘，部署在焦山下，声势浩大，宋军统帅张世杰为激励战士们下必死决心，将每十条船锁为一组，没有统帅的命令不许自行启碇。阿术、阿塔海两人登上南岸石公山（即象山）眺望形势，看到宋船"舳舻连接、旌旗蔽江"，决计施用火攻战术破宋军。

战斗开始后，元军挑选强健善射的兵士千人乘上大船，由猛将董文炳及其子侄带领，充作前锋，直向焦山南麓，以为右翼。万户刘国杰一队作左翼，向宋船夹射。万户忽刺的船队居中，形成三面合击。阿术又派水军万户刘琛沿长江南岸东趋夹滩，绕至宋军后面，打击宋军。张弘范的船队则由瓜洲上游冲向焦山北面。宋军在被四面包围中毫不畏惧，奋起应战，船只靠近时，双方短兵相接，杀得难分难解。大战从早晨直杀到中午，喊声震天。这时，江风大起，元船上纷纷射出火箭，宋船篷桅立刻着火，烟焰弥天，被烧死、溺死的宋军将士不计其数，宋军大败。张世杰等率余船向东逸去，董文炳追至圌山，因船小不敢出海再追，俘获宋军的黄鹄、白鹞等船700余艘，俘虏宋军达万人。阿术一反过去杀尽俘虏的作风，全数释放。

经此一战，宋军元气大伤，失去了对元军的大规模作战能力。

明清时期

明代瓜洲盐夫抗倭寇 元明时代，日本处于南朝分裂时期，内战中许多溃兵败将流亡海上为盗。这些海盗常与中国沿海的奸商、猾吏、逃囚等勾结一起，打着倭奴旗号骚扰沿海边境，坑害边民，气焰嚣张，有恃无恐。据嘉庆《瓜洲志》载，明建文四年（1402）六月，通州人顾表为倭寇作引导，在许多要害处设营寨，掌握官兵虚实，为倭寇提供信息。漕运总督郑晓悬重赏捕杀他。为防范倭寇骚扰百姓，招募盐夫骁悍者为兵，增设泰州海防副使于瓜洲，还在诸海口增设瞭望台，遂破倭于通州。明嘉靖三十二年（1553），倭犯浙东，南京监察御史贺泾以镇江乃江淮咽喉，瓜洲、仪征又是漕运门户，奏请朝廷设总兵驻扎镇江，以利防御。朝廷遂设总兵官驻扎镇江，统辖淮扬。

嘉靖三十四年（1555）四月，倭寇从通州狼山、如皋、泰兴分三路向扬州进犯。一路循江至瓜洲北上，一路来自新港，一路由泰州而西行。时扬州每天数次闻警，先报倭寇至蔷薇港，又报至霍家桥。倭寇沿途纵火焚掠，百姓纷纷逃奔。遇渡口，众抢渡，妇女老弱不得渡，便沿河北逃，遇上北路的大批倭寇，被杀或溺死者数千人。嘉靖三十五年（1556）五月，倭寇窜至镇江，先劫掠圌山、金山，焚烧江上运粮漕船，然后弃舟登陆，侵犯瓜洲。时瓜洲无兵防守，一百多名盐工，自发用手中的扁担、抬杠奋勇砸向倭寇。在激烈的搏斗中，盐夫英勇顽强，倭寇被打得招架不住，狼狈而逃。事后，瓜洲官方向上司报捷，奏文中称这些盐夫为“脚兵”。

郑成功攻克瓜洲 明亡之后，郑成功以厦门、金门为根据地，纵横福建、广东沿海，继续抗清。

清顺治十五年（南明永历十二年，1658）七月，郑成功统率17万大军乘3000艘海船北上。另派左虎卫陈魁带领500名大力士，每人一身铁甲，头戴钢盔，只露两眼，手持一把砍马大刀，称为“铁人”，专门与清骑兵作战。大军经过舟山，驻舟山的前鲁王监国时期的兵部左侍郎张煌言要求参战，并被立为监军。船队行至羊山（今洋山）海面，遭遇飓风，船只及人员损失巨大，全军不得不回到舟山休整。

翌年春天，听闻吴三桂带领清军打入云南，永历帝逃往缅甸，郑成功决定迅速出兵。五月，郑成功、张煌言联军再度北上，此次顺利通过羊山，绕过崇明岛，进入长江口。船队到达焦山江面时，郑成功命令停泊下来，全体将士在船上休息一夜。六月十三日、十四日，率将士上山祭告天地祖宗，誓师作战。

着铁甲、铁盔的郑军（1662年）
阿尔布烈·赫波特（Albrecht Herport）绘

鉴于清军在焦山和金山之间江面上拦有铁链叫作“滚江龙”。在江心置大木船，船面上可以走人走马，安放炮火，叫作“浮营”，又叫“木城”，北固山前的谭家洲，有重兵防守。郑成功当即决定，先砍断“滚江龙”，再夺谭家洲，然后大兵齐进。

张亮率领的海船船体蒙上一层厚棉絮，扬帆直下，冲向“滚江龙”，清军“木城”的炮弹（实际是铁砂子）打在软绵绵的船体上，毫无作用。船上熟谙水性的水手潜入水底，用斧猛砍铁索，“滚江龙”被斩断。张煌言率舟山海船17艘一马当先，后面海船分作两队，一队直扑谭家洲，一队驶向瓜洲。谭家洲的清军指挥都司罗明昇被登岸的郑军杀死，2000名清兵（一说500名）全部溃散，谭家洲顷刻间被郑军夺下。

瓜洲城防守将左云龙带兵1万人，拼命抵

挡。登岸的郑军猛将周全斌、韩英两面夹击左云龙。左云龙坐骑中枪，从马上颠下，被周全斌乘势砍杀身亡，其后，捉获协助左云龙守瓜洲的操江都御史朱衣祚。韩英和周全斌占领瓜洲城。

瓜洲攻克后，郑成功以援剿左镇刘猷守瓜洲，全军改攻镇江，海师大获全胜。

但郑成功未能把瓜洲周围巩固起来，又因屡胜而骄，滋生轻敌思想，遭到清崇明总兵梁化凤偷袭，惨败于金陵城下。郑成功无奈只得退守福建，瓜洲也随之放弃。

鸦片战争扬子江战役中的瓜洲　清道光二十年（1840），英国发动鸦片战争。道光二十二年（1842），英军组织73艘舰船、海陆军约12000人溯长江而上，占领镇江，封锁运河口，切断中国南北漕运交通，并向南京进发，逼迫清政府签订《南京条约》，迫使中方接受他们条件，这场战役史称“扬子江战役”。

初，清政府对英军进入长江估计不足，误判英军的进攻目标是沿海北上，因此基本忽视长江江防。7月初，两江总督牛鉴还要求沿江各地不要作无谓的抵抗，把沿江大炮埋起来，“勿与英夷构怨”。7月10日，英军越过江阴鹅鼻嘴。7月17日，英军先行舰队驶入镇江与扬州之间的江面，“布朗底”号、“摩底士底”号、“戴窦”号、“加略普”号、“基尔德斯”号、“伯劳弗”号、“司塔林”号、“皇后”号、“复仇神”号将京杭大运河的南北入江口全部封锁，同时派军舰在江面上追逐中国沙船，将沙船全部扣留押往镇江金山稍西的运河南口支港中停泊。当日，英国政府全权代表璞鼎查率汽船“复仇神”号及“皇后”号驶至瓜洲，封锁运河口，清军瓜洲营留守曾广楹带兵堵御，遭到英舰炮击，瓜洲土城被轰坍一角，两名清军受伤，清军遂放弃瓜洲城向扬州方向撤退，居民“避炮十里”，整个瓜洲城随之迁徙一空，这座空城遂被英军占领。璞鼎查见瓜洲运河口有一支300艘商船的船队下行受阻，遂派“复仇神”号将其赶往镇江运河支港中。7月18日夜，英军炮轰烧毁瓜洲至仪征江面上所有盐船（“老河影事件”），火光延绵百余里。7月19日，英军驾驶舢板船闯入瓜洲运河口内，行至三汊河，因有清军防堵，随即折回由闸关，横阻运道，不准民船往来。英军的到来，引起扬州的恐慌，扬州盐商派出颜崇礼登上英舰协商扬州赎城，以向英军交纳50万两赎城费的代价换来英军不向仪扬内犯的承诺。

7月23日，朝廷要求组织江北防御，两淮盐运使但明伦督办扬州与沿江的防守任务，从瓜洲运河口沿运河一线以及在扬州各通江河口要隘，均派驻部队。扬州营参将继伦带兵驻扎在三汊河，河标、漕标兵丁在三江口分段设伏。8月3—4日，英军20余艘

伊娄河畔出土的振武将军土炮（现藏于史可法纪念馆） 曹云飞 摄

船陆续上驶，瓜洲、三江口及仪征仍然有炮舰留守拦截，部分英军乘舢板船载炮至瓜洲口内八里铺探水，意在窥伺扬州，让扬州方面始终绷着神经。在英舰停泊镇江江面期间，船民深夜游水爬上敌舰船，抓到俘虏，五花大绑抛入大江，英军心惊胆战，每到夜晚便都躲进船舱里不敢出来。爱国诗人陆嵩赋诗吟赞："风凄敌垒胡笳切，云压长江巨舰驰。何幸摸桩能杀敌，当时只恨少人知。"

8 月 21 日，瓜洲口英军突添一艘三桅大船，英军及其东印度雇佣军二三百人列阵上岸，越过运河线上的八里铺，逼近扬州城外要塞三汊河。扬州守军从三汊河边的高旻寺塔上瞭望到敌情后，一起敲锣示警，各洲义勇闻声响应，从四面向三汊河方向包围过来。英军见扬州兵勇声势甚众，四面都是呐喊声，不敢应战，仓皇撤回瓜洲江口，驾着船开往南岸镇江停泊，从此一直未敢再向北窥伺。扬州知府晏曙东、江防同知雷体乾等随即乘胜率领兵勇，收复瓜洲。

8 月 29 日，《南京条约》签订，随后英军舰队陆续下驶。10 月 4 日，英军全部退出圌山关，大江南北运道肃清，原先各通江河道水口，如三汊河等处沉堵大船木石锚链全部起除，南北舟楫往来通行无阻，回空粮船陆续南下从瓜洲口驶进江面，在外避难市民逐渐返回扬州，扬州城"廛市喧闹，光景渐与旧时无异"。从 7 月 17 日英军封锁瓜洲运河口开始到 10 月 4 日英军退出圌山关，江北的防守共经历了约两个半月的时间。

太平天国时期

清咸丰三年（1853）3 月 19 日，太平军攻克南京，并定都于此，改南京为天京。太平天国建立后，便马不停蹄地派天官副丞相林凤祥、地官正丞相李开芳率大军一路取镇江、克瓜洲，4 月 1 日占领扬州。不日，太平军主力奉命北伐。夏官副丞相曾立昌留守扬州，殿左十三检点黎振晖留守瓜洲。不久，黎振晖他调，吴如孝代之。太平军从咸丰三年 3 月 31 日占领瓜洲至咸丰七年（1857）12 月 27 日的四年八个月，指挥太平军与清军抗衡的将领先后换了 6 人，他们是黎振晖、吴如孝、尹谦吉、罗大纲、谢锦章和覃熙章。

抗清援扬战事 清咸丰三年（1853）5 月 8 日，太平军主力部队离开扬州后，曾立昌率余部紧守扬州，清军江北大营乘机将周围的 18000 名清兵迅速拢来，对扬州进行四面包围。扬州南门外至三汊河由清军江南大营援将总兵瞿腾龙、侍卫德兴阿率步骑兵驻守，高旻寺一带由都司毛三元驻守。瞿腾龙指挥的南门外一带步骑兵有 18000 余人，团练兵勇若干。同时，清军还在三汊河沉船 5 艘，堵死运河，断绝来自天京、镇江和瓜洲对扬州太平军的支援。此时，扬州太平军处境十分困难，“火药匮，则剥古砖，烧淡芭菰助轰击”，瓜洲太平军守将吴如孝多次组织援扬战斗。8 月 5 日，吴如孝调集数百艘师船，“驶入运河，直抵三汊河，为河内木桩、沉船所阻，将士们就在河西岸登陆”，搭桥结筏，分段渡河，双方激战。太平军组织 5 次冲锋，均被清军击退。8 月 12 日黎明，吴如孝又率数百艘师船进泊三汊河，将士两三千人，由运河东西两岸向北一直打到扬子桥，逼近扬州南门，终被清军拦截，退回瓜洲。

11 月底，东王杨秀清由天京、两湖及江西抽调大批太平军部队，以赖汉英为统帅，组建援扬大军。赖汉英兵分两路救扬州：一路由他亲自率领攻克仪征，解决清军江北大营外围势力对援扬的影响；另一路由瓜洲守将尹谦吉率万人进逼三汊河，牵制扬州南门外清军。12 月 24 日，赖汉英西路军从仪征打到东、西石人头一带，与运河东岸的尹谦吉隔河相望，相互配合打击清军。12 月 26 日，赖汉英击溃东路清军后，率援军由东门进入扬州城。三更后，太平军全部撤出扬州，启南门出走瓜洲、仪征，东岸清军惊魂未定，诸帅惧不出。事后，清廷将江北大营总指挥琦善与众头目全部革职。

清军围攻瓜洲 太平军撤出扬州后，瓜洲便成了太平军在江北的主体要塞。清军为拔除这座要塞，调集江北大营溃散部队，以运河两岸为基地安扎营垒。总兵李志和率 1100 余名兵勇驻守仪征，直隶提督、帮办军务陈金绶移营三汊河东岸桂花庄，总兵多隆阿移营养生堂，瞿腾龙、德兴阿驻守三汊河西岸，琦善扎营秦家桥西南（即扬州通往仪征之路），控扼瓜洲、仪征水路之要。

面对强敌，瓜洲太平军迅速收缩外围部队，集中兵力准备长期与清军作艰苦斗争。清咸丰四年（1854）1 月 30 日至 2 月 8 日，先后将原驻在施家桥、南花园庄、冻青铺、东石人头、西石人头和四里铺、仪征的部队撤回瓜洲。同时，吴如孝决定把瓜洲纳入镇江防御体系，对京口沿岸加强兵力配置，与瓜洲构成南北犄角。在江心金山寺筑台设炮，欲跨长江之险，使南北联成一气。罗大纲发动瓜洲军民日夜修筑城堡，开凿壕堑，在城外增筑二垒，建成上瓜洲与下瓜洲，与原来城垒三足鼎立。加固增高砖墙，又有土城、木城相为犄角，四面挑挖壕沟，引江水以贯注，河内亦钉桩木，河口内驻泊船队，水陆严防，与金山水师互为援应，控扼天京下游江路要冲及漕运航道枢纽，牵制江北大营主力，支持天京与镇江防御战局，进而威胁苏南及北方腹地。在战术上，罗大纲采取以守为攻、以逸待劳、恃险拒敌的战术，死死拖住江北大营。

同年 1 月 28 日（除夕），太平军抓住时机，悄悄地循江而出，东掠上下段、佛感洲、连成洲，西掠八里铺诸处，获取一批给养。3 月 3 日，瞿腾龙、德兴阿、鞠殿华联合进犯瓜洲，太平军坚守不出，瞿腾龙等劳而无获，只好退回驻地。而“腾龙以少卒断后，索饮于路”，太平军间谍“佯款之，阴驰告贼急至”，瞿腾龙力斗不得出，被瓜洲太平军毙杀，江北清军大伤元气，战局转趋消极。11 月 29 日，镇江、瓜洲两地太平军联合行动，又在土桥击毙清军千总崔万云、把总梁成通和仪征知县都紧森等。12 月中旬，太平军潜出双桥、吴家楼一带征集粮食，托明阿、慧成组织清军骑兵追击，太平军在民房里与清兵对抗，在百姓掩护下，成功撤回瓜洲。琦善向咸丰帝报：“镇江与瓜洲切近江心，又有金山贼营对设大炮，联成一气，声息相通。战舰纵多，亦难扼断。现值江水涨发，瓜洲贼筑壕三道，引江灌注，倍常宽深。臣连督陆路官兵进攻。东岸之贼一见官兵，即闭垒施炮；西岸之贼阻水为固，均不出战。稍近贼壕，炮子雨至。现值狂风积潦，未易得手。惟有设法绕越，相机攻剿。”

孟庄清军“阵亡官兵忠义冢记”碑
瓜洲文化站　提供

瓜洲战局逆转　清咸丰五年（1855），镇江太平军守将吴如孝又抽调瓜洲将士南渡援助镇江。瓜洲兵力减少，守将谢锦章手中缺乏机动兵力出击清军，南北守城更加困难。在水路，瓜洲太平军水师无法得到来自镇江、天京的物资援助。清军在镇江焦山、瓜洲土桥设水师营，将太平军金山、瓜洲水师夹在中间，动弹不得。4 月清军又调泊承升带拖罾 10 只抵泊焦山下，太平军瓜洲水师常受到两面夹击的威胁。4 月 22 日，清军焦山水师进攻太平军金山水师，瓜洲太平军乘木排驶援，焦山水师指挥周士法转驶打援，用炮轰击木排，夺获 4 艘。同日，清水师又在天京江面突破截江防线，取得胜利。之后，杨秀清试图设法接济瓜洲，于 8 月 23—26 日，组织车轮船 30 余艘下援，船队驶经六合，又遭遇清水勇拦阻，运船遭受损失，增援未能成功。在陆路，清军江北大营移营围逼瓜洲。7 月，清军先是构筑东从新桥至江边，西从土桥至乌塔沟的长围，接着又构筑以八里铺为中心，向西延伸至土桥，向东延伸至新桥的长 40 多里（约 20 千米）的土围，对瓜洲形成三面包围之势，企图以深沟高墙阻挡瓜洲太平军出击，并以水师封锁金山至瓜洲的江面，隔断瓜洲与镇江之间太平军的往来及相互支援。

太平军由于兵员不足，粮秣困难，被迫收缩战线，当时瓜洲已无城险可守，太平军以仅存的东水关一角为基础，构筑土城，并建木城、砖城。

瓜洲太平军大捷　瓜洲、镇江战局日趋恶化，引起天京高度重视。东王杨秀清多次组织援军、粮食和作战物资东进，试图突破重围，扭转战局。但是，江南大营在向荣、吉尔杭阿指挥下，清军奋力阻挠，使得救援瓜洲、镇江意图屡遭挫折。杨秀清看到瓜洲、镇江救援迫在眉睫，决定集结重兵，实施大规模战略机动，解困瓜洲、镇江。

1856 年 1 月 29 日，太平军东援部队从天京出发，一路打到镇江，激战 50 天，于 3 月 19 日最终打败吉尔杭阿，摧毁清营 16 座，打开天京、镇江间的通道，镇江之围立解。援军在镇江金山、金鸡岭、九华山脚下等处集结休整，待机渡江解瓜洲之围。

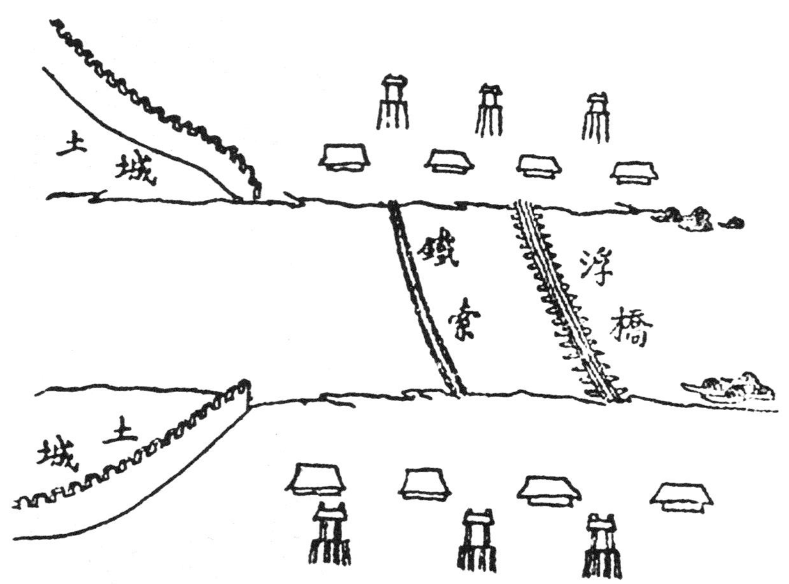

夹江为营图（录自《江苏省志·江苏人民革命斗争纪略》）

4 月 2 日，清军江北大营帮办军务雷以缄过生日，各营将吏都赴雷营祝寿。秦日纲获得情报，立即实施大兵突袭。当晚，援军大批船只在夜幕下，从高资至金山一带渡江，顺利到达北岸，并与瓜洲太平军会合。4 月 3 日，太平军兵分两路攻击江北大营：西路太平军猛攻濒江据点土桥，与 500 多名清兵交战，近 300 名清兵被击毙。4 月 4 日，西路太平军乘胜由朴树湾、冻青铺、东石人头、西石人头等处涉水渡河，分扑散至徐家集、新集、薛家楼一带的清军。东路太平军从瓜洲北进，猛攻运河东岸八里铺附近清军，在桂花村截清军后路，43 座清营被"鼓噪一空"。至此，秦日纲兵团两天内破清营 120 座，扭转了江北战局。

太平军弃守瓜洲　秦日纲率太平军突破江北大营之役，使清军江北大营全线崩溃，改善了太平军在瓜洲、镇江的防御态势。但太平军此役不重歼敌，也不在争夺地盘，而在于铲平长围，赶跑清军，获取粮食，转运后方，未予清军江北大营各部以重创。江北大营的几名主要统帅虽然受到清廷的严厉处置，但其营原有的建制和部队还在，继任统帅德兴阿很快再建江北大营，恢复战前态势。瓜洲太平军从此进入最艰难的岁月。

秦日纲援军撤离瓜洲后，石达开令谢锦章率瓜洲主力南渡，与守将吴如孝共守镇江，覃熙章受命继续坚守瓜洲。清咸丰七年（1857）3 月 12 日、14 日、15 日，德兴阿连续三天侵扰瓜洲，致使太平军黄姓检点、李姓将军被俘杀。之后，德兴阿又于 4 月

江北督师（录自《鸿雪因缘图记三集》）

13—22 日连续 10 天，督师马步兵各队或间日一攻，或一日数攻。陈国泰则率水师“逐夜驾船傍岸，向巢轰打，毁其楼堞，耗其火药，冀乘衰竭，以便深入”。麦熟季节，德兴阿“通饬水陆各营，逐日警备，但遇晴天，即分路进攻贼垒，仍一面拨队于附近江田护视，俾民间赶速割运，不任为贼所得”。因瓜洲缺粮，5 月 23 日，吴如孝令高资太平军派出 20 余艘粮船从江路接济，被清军水师所截。6 月 9 日，覃熙章命东路太平军由江边绕道，进袭佛感洲、兴隆桥一带，试图抢割三麦，又遭巡护清军伏击，抢割行动未能如愿。6 月 18 日，镇江太平军援瓜洲太平军粮船从高资再次出江，再遭清水师拦截，13 艘粮船全被焚烧。覃熙章看到瓜洲城里老百姓饥饿难忍，便动员居民妇孺出城就食。

10 月 23 日、24 日、26 日、27 日，清军连续四次进攻瓜洲太平军，又派陆师潜行，护送水炮台至四里铺滥轰。11 月下旬，瓜洲太平军粮食已“不敷一月之食”，覃熙章仍率军严守要塞。12 月 24 日，太平军粮尽援绝，深夜出小队至土桥一线游击筹粮。12 月 27 日，覃熙章下令突围，因清军分兵追击，损失惨重。从瓜洲大口突围的太平军大小船只数十艘，被陈国泰土桥水师击沉多艘，小口驶出的数十艘船又遭水师陈世忠堵击，亦多损毁。新河口、龙王庙太平军沿江撤转，清军焦山水师泊承升率水师在瓜洲登陆追击。清副将英贵搜索芦丛，太平军总制萧礼方、胡有庆遭俘被立杀。瓜洲太平军南渡镇江后，会合镇江将士，转回天京，瓜洲弃守。

民国时期

瓜洲地下交通线 1941年年底，中共江苏省委根据党中央关于在敌占区做好“隐蔽精干、长期埋伏、积蓄力量、以待时机”的指示和上海租界的情况，决定将省委领导机关和上海各系统的领导骨干转移到苏北抗日民主根据地，以确保地下党领导机关的安全，并可以在中共中央华中局及新四军军部的直接领导下，利用相持阶段这个时机，总结工作经验，整顿思想作风，更好地领导江苏与上海的地下斗争。为此，从抗日民主根据地的淮南到日伪统治下的上海，建立了一条地下交通线。

开始启用过两条通往淮南根据地的地下交通线：一条由上海乘火车到南京，后改乘内河小轮到九里埂下船，再步行约30千米，在一个小山村住宿一夜，第二天再由竹镇派人护送经汊涧、义庄至根据地；另一条由上海乘火车到南京，渡江后再乘津浦路火车到嘉山，或管店、明光，下车步行至根据地。这两条线虽然很方便，但都要经过南京。南京是汪伪政府的“首都”和交通枢纽，也是日军驻屯的重镇，关卡严密，不但不易应付突发事变，而且频繁使用会引起敌人的注目，出过多次险情，极不安全。后来又尝试从上海到浦口，经来安张家渡进入根据地，但伪军盘查很严。

1942年11月间，在仪扬县委书记李代耕（新中国成立后曾任水电部部长）、县长魏然（新中国成立后曾任浙江省军区正军职顾问）、区长兼游击队长姚一青（新中国成立后曾任华东电业管理局组织处处长）的积极支持下，瓜洲地下交通线终于开辟。这条地下交通线是从上海乘火车到镇江下车，渡江到瓜洲，在镇郊鞠家沟头改乘小船到乌塔沟或朴树湾（今朴席），再步行到根据地的刘家集或新集、龙河集，再到顾家圩子。瓜洲线具有三大优势：一是路程最短，好认、方便、易行，不需住宿；二是沿途经过的镇江和瓜洲都不是敌伪军驻守重镇，商旅来往较多，便于掩护；三是石极宸等慑于新四军威力，对新四军人员采取“睁一只眼、闭一只眼”的态度。这条地下交通线开辟后，是4

个多月时间里用得最多、最安全的一条交通线。

经瓜洲地下交通线先后护送到根据地的重要领导有：张承宗（上海地下党领导成员、新中国成立后曾任上海市副市长）、韦悫（江淮大学校长、新中国成立初曾任上海市副市长）、徐雪寒（上海金融企业地下党领导、新中国成立初曾任华东贸易部部长）、张执一（中共上海特别市副市长、新中国成立后曾任中央统战部副部长）、张琪（上海地下党工委书记、新中国成立初曾任上海市总工会副主席）、陆志仁（上海地下党职委书记）、张本（上海地下党学委书记）。

在瓜洲地下交通线上，发生过很多有趣的故事。据戚原（地下交通员，后任上海石化总公司党委书记）回忆，有一次，他带陆志仁、韩宏绰几位同志经瓜洲进入解放区，在途经九里集（敌我交界线附近）时忽然遇到伪军。他立即带领同志们撤退，但又为2米宽的小河所阻。戚原当机立断，叫陆志仁等跳过河去。当时体质瘦弱的陆志仁和女同志等竟然都一跃而过。工委陈公祺用化学墨水把一份名单抄写在一本《三国演义》上，交王逸民带回根据地。王逸民就随手夹在腋下去上火车，不料日本宪兵把这本书夺过去逐页反复翻看。王逸民这时神色自若，让他去翻看。日军问：“你带这本书干什么？”王逸民从容回答火车上随便看看。日军骂了他一顿并随手将书扔去。王逸民不慌不忙地把书捡来，从容不迫地向火车走去。由于他临危不惧，才得化险为夷。另据刘衡嘉回忆，有一次组织上给他一个特殊任务，是暗地里保护高级知识分子韦悫一家5人到淮南民主根据地。刘衡嘉到上海先同组织上交代的徐雪寒接上头，对外说韦悫是大商人，徐雪寒是他的账房先生，由徐雪寒随身护送，刘衡嘉在暗中保护。从上海上火车，同坐一节车厢。到镇江，刘衡嘉先出站，后与韦悫一家同坐黄包车到轮船码头。经瓜洲时，同在镇上吃了饭。一路上刘衡嘉一直不同他们搭讪，装着互不相识。到新民集，姚一青带了游击队接到他们，并护送进根据地。刘衡嘉换上了军装，一直到在中心区东旺庙吃饭时，韦悫一家非常惊讶地认出刘衡嘉，才知道内中的奥妙。

1943年春节后不久，根据中共中央指示，江苏省委改为中共中央华中局，正式成立城市工作部（对外称新四军调查研究室），由刘晓、刘长胜任正副部长，张承宗为秘书，瓜洲地下交通线的任务除护送领导干部来往外，主要负责城市工作部与上海地下党各系统的联络。1945年8月，日本投降，根据党中央指示上海地下党领导机关迁回上海，就地领导群众斗争，瓜洲地下交通线也随着抗日战争的胜利而完成其使命，历史又翻开新的一页。

链接：瓜洲地下交通线故事

刘荣富盗日军物资送新四军　刘荣富，睢宁人，瓜洲荣记油号老板，抗日战争期间瓜洲自卫团（12 人组成）团长。他利用自卫团团长身份，多次巧妙地盗走路过瓜洲日军船上的军需物资，然后让自卫团团丁护送出杨家桥关卡，交给山里来的游击队，运回根据地。刘荣富的家还是新四军军政干部的歇脚点。老五团的黄团长等几位干部及上海地下党“杨小姐”“罗司令”都去过，来往瓜洲由刘荣富负责安全。

1938 年秋的一天下午 4 点左右，4 艘满载汽油的日军船只路过瓜洲，在商会码头上岸找翻译打听扬州是否安全。刘荣富谎称沿途有中国军队，明天走会更安全。押船的 16 个日军听了，果然将汽艇停在瓜洲过宿，叫刘团长慰劳他们。不一会“维持会”的人把他们带到离码头 1 千米远的江口用酒肉款待他们，刘荣富乘隙要团丁在高鞠庄找来十几个“大力士”，上船盗火油。搬运工人抬上抬下很迅速，当最后一桶刚抬进门槛时，日军已出现在瓜洲商会会长田墨卿家门口，离刘家仅有两家之隔，周围邻居见此无不吓出一身冷汗，幸未被酒醉饭饱的日军发现。类此盗取日本军用品的事刘荣富做过多次，除火油外，还有武器、松香、硫黄、煤炭等物资。瓜洲人说，刘荣富开的是“架子行”，做的是无本买卖，店里的货都是偷的日本人的。

刘坤虎口运枪　1945 年冬，蒋介石挑起内战，妄图抢夺全国人民用鲜血换来的胜利果实。弹丸之地的瓜洲驻扎着国民党准陆军 57 师，一时满街都是穿黄军装的士兵。一位名叫刘坤的“商人”，突然从商会街聚宝茶社出来，斜对门钜丰油店的老板柏秉忠见了立即笑嘻嘻将来人引进店堂后面的内室，经过一阵耳语，柏秉忠叫人找来一条江划，刘坤又回到聚宝茶社，待七八个军人餐毕，示意他们将贴有“国民党 ×× 军部”封签的木箱，一只只从隔壁接官厅巷子抬上船，并立即起锚沿古运河向北开去。原来，这刘坤是新四军东南情报站站长。柏秉忠是情报员，家住镇江，在瓜洲以经商为掩护，其弟柏敏诚系新四军军部侦察参谋。刘坤就让柏秉忠以钜丰油店老板名义，担任情报和军用物资的转运工作。木箱里的枪支是上海地下党冒着很大风险搞来的。为了沿途安全，特意贴上“国民党 ×× 军部”的封条，当然押运军人也是地下工作者化装的，以模糊一些人的视线，达到借官威警宵小。从上海到镇江，再渡江到瓜洲，各个环节都考虑得非常周密。如从上海托运，是由在上海铁路局运包房工作的地下工作者唐正斌（其弟唐路 13 岁就从事地下工作，也在瓜洲执行过任务）负责，货到镇江先由在镇江火车站工作的地下工作者洪亮事先到库房核验，确认木箱无翻动痕迹，才通知刘坤提货，所以平安到达瓜洲。

船一路顺风，不料到三汊河时，从扬子镇上窜出一个警察，端着枪疾步跑到摆渡码头上大喊大叫，要船靠过去检查，连喊几声，没人理睬。敌人不死心，竟用枪逼摆渡过河。此时装枪支的船已靠高旻寺北岸，警察还是穷追不舍。面对警察的嚣张气焰，刘坤眼明手快，手举枪响，警察瞬间吓得抱头鼠窜，一溜烟不见踪影。

三汊河此时出现少有的宁静，只见一位名叫王庆元，推着小车的壮汉出现在岸边，忙上前向站在船头的刘坤伸出四个指头，刘坤会意，立即点头称是，同时也伸出四个指头对上暗号。这推小车的壮汉，是悦来集一名支持革命的群众。武器很快绑上独轮车，在刘坤等人的护送下安全到达解放区。

——资料来源于《江苏人民革命斗争史》

人民解放军解放瓜洲　1948 年 4 月，国民党工兵部队 1 个营在瓜洲筑防御工事，于河东、河西垒土圩，在江口置大型碉堡 1 座，妄图封锁长江。在镇北四里铺一带建碉堡群，控制运河。是年 12 月，国民党第 4 军第 59 师进驻瓜洲，师部设关下街孙家。师长林方策，其 175 团（实际只有 3 个连）及 176 团之第二营驻防瓜洲一线。在镇郊四周设关卡，置铁丝网，埋设地雷，并在瓜洲河口凿沉铁驳船数艘作为水上障碍。

1949 年 1 月初，慑于人民解放军的强大攻势，驻苏北的国民党军队准备撤往江南。1 月 24 日，国民党江都县政府下达撤退命令，一般档案就地焚毁，重要档案及能移动之公物，全部转移镇江。江都县警察局局长房秉文率全部警员撤往瓜洲，警察局暂设瓜洲江边的大王庙内，警员缩编为 3 个警察队、1 个刑警队。2 月，国民党军封锁长江，禁止通航，并冻结停泊在镇江江岸沿线河汊内的一切木排。2 月中旬起，房秉文以江都县警察局局长身份兼国民党江苏省保安司令部视导室瓜洲组组长，每天率刑警队在瓜洲圩外巡逻，检查扬州方向来人（特别是商人），探听扬州城内外以及瓜洲附近解放军的情况，并到国民党59师司令部某参谋家、县政府及瓜洲军署询问军事动态，随时以电话报告省保安司令部，或书面直接送镇江。

4月20日，李宗仁拒绝在国共和平谈判协定上签字，渡江战役序幕即行展开。是日晚，解放军苏北军区警备7旅第19团进攻瓜洲东线虹桥国民党据点。解放军第20团在虹桥西北王巷、陈庄一线阻击虹桥逃敌和瓜洲援军，一夜枪炮声不断。4月21日上午，虹桥守敌溃逃。国民党驻防瓜洲的第4军第59师175团见大势已去，于当日上午9时许，慌忙抢船南逃镇江，并掳走江北所有船只和船工，押至镇江龙门口。傍晚时分，解放军第20团挺进瓜洲镇郊，群众在芦柴滩内找到一艘小船，22日凌晨，瓜洲江口船民张道成、张道余等4人，乘大雾将7位解放军侦察员安全送至江南。

4月23日清晨，解放军解放六圩后，全速向瓜洲进军，驻瓜洲国民党部队最后一个排慌忙乘船南逃。解放军赶到瓜洲江口时，国民党军船已离岸出江，双方交火一阵，均无伤亡。4月24日，解放军大部队进入瓜洲，瓜洲镇里从商会街（今迎江路）至江口街两旁站满了举着红旗、扭着秧歌、打着腰鼓、放着鞭炮的欢迎人群。接着，群众帮助解放军找来几十艘民船，使解放军得以顺利渡江。与此同时，瓜洲商会在江口街、关下街、陈家湾、商会街、四里铺、河东街等地组织成立治安组织，负责各街治安保卫工作。商店很快恢复营业，逃至各地的避难群众也陆续返回家园。

六圩、瓜洲一战，也是扬州全境解放的最后一战。

江河都会

自唐开元二十六年（738）伊娄河开凿后，瓜洲成为南北襟喉之处。至唐末，渐有城垒。南宋乾道四年（1168），始筑城，号簸箕城。明代，正式筑瓜洲城。瓜洲在元代设置行省，明代设同知署，清代设巡检行署、漕运府、都督府等。瓜洲南临长江黄金水道，东临古运河，水陆交通发达，作为南北交通枢纽，人流、物流旺盛，地方富庶，城内大型建筑、私宅花园、庵庙、楼、亭、厅、堂等多达数十处。位于古城上的大观楼曾是长江沿线名楼之一，锦春园成为乾隆皇帝南巡时的行宫。瓜洲历来有“江淮第一雄镇”之称。《瓜洲续志》称：“瓜洲虽非邑城，而全城富庶，实为漕运是赖。”清末瓜洲城全数坍江，古城消失。民国初年，在四里铺重建瓜洲镇，形成江口街、青石街等一批老街，老街至今仍保留着一批清末民国时期的历史建筑以及乾隆御碑等历史遗存，伊娄运河被列为世界文化遗产——中国大运河的遗产点，高旻寺被列为国家重点保护寺院。

瓜洲古渡

瓜洲古城

瓜洲在晋代以前还是长江里面的一座沙洲，郦道元《水经注》云："中渎水首受江于广陵郡之江都县（今扬州市），县城临江，汉以后江中涨有沙碛，形如瓜，故名瓜洲。"唐代，瓜洲开始与长江北岸的陆地相连。唐开元二十六年（738），齐浣开凿伊娄河。伊娄河的开凿，使京杭运河的出江通道大大缩短，使漕运、盐运更加便捷。沈括云："日夜灌输京师，居天下十之七者，率于江都先之，而瓜洲实为巨镇。控制京口及焦山、海门，尤邑之隘塞也。""（瓜洲）接连扬子江口，民居其上。自唐开元以后，渐为南北襟喉之处。"从唐代中叶起，瓜洲即"居民商贾，骈集辐辏"，"第宅蝉联，甲于扬郡"。

南宋乾道四年（1168），为了军事需要，开始在瓜洲筑城置堡，名"簸箕城"，后屡经兵燹，城墙遂倾圮。明朝焦山以下无沙洲，江面最阔。圌山以下即是大海。明中叶，凡东南风作，倭寇乘风犯境，抢物伤人。瓜洲虽有城，但破败无以抵御。为防倭寇入侵，城内顾、马、关、姚、殷、魏、刘、熊八大族公议集资修城。明嘉靖三十三年（1554），都御使郑晓、知府伍廷芳筑瓜洲城。明清时期瓜洲聚城人口逾十万人之多。

清康熙末年，长江江流北移，北岸的瓜洲成为顶冲点，江岸开始不断坍塌，到清光绪二十一年（1895），瓜洲全城最终全部坍入江中，昔日繁华街市，连同众多名园佳景，一同付诸江流。

城池格局 据《嘉庆重修扬州府志》和嘉庆《瓜洲志》所记：瓜洲城东西跨坝，周长一千五百四十三丈九尺（约5146米），高二丈一尺（约7米），厚一丈零五（约3.5米），东南西北有4座城门。明嘉靖四十一年（1562），江防沈崧乔、郡守沈栋重修，增开便益门，又名通惠门。水门和水窦各3座，还设立警铺、雉堞、敌台等。因瓜洲为防江控海要地，后来在东门外又筑柳城，俗称"鬼脸城"，亦称"鬼柳城"，以防倭寇。城垣高坚，寇不敢犯，居民大安。嘉庆《瓜洲志》："瓜洲内外共十四坊。其第九坊有民房数十间在城上，故称九坊城。”万历时，江防同知邱如嵩于城南女墙建楼五楹，称“大观楼”。清康熙元年（1662），江防同知刘藻重建，其城历久未修。清乾隆五十七年（1792），复建土城于盐坝关之右，开聚宝门，谓之小南门，使瓜洲城更趋完善。大观楼在便益门与大南门之间。

瓜洲鎮圖說

瓜洲鎮在府城南四十五里與江南鎮江對直二十里大江由播家萬里東趍溟渤勢如建瓴金焦則鎮之綰轂也江面舊為江濱鄉瓜洲村蓋隋之前楊子鎮尚稱縣瀕江至唐始積沙二十五里與瓜洲相連開元中潤州刺史齊澣穿伊婁河四十五里達楊子縣立埭即今建河舊有石城二面後廢嘉靖末数罹倭患乃議築今城周廻幾里幾百幾十步南北城門各一座閘壩凡十座縣官運道所關最號險要且也江海哨聚之侶駕巖舸而狎驚濤其来麕集其去烏散山在職江防者得其人則為鎖鑰之區失其人則為萑苻之藪也

明代瓜洲镇图（原图收藏于镇江市博物馆）　　镇江市博物馆　提供

军政衙署　古代瓜洲不仅是水运交通枢纽，也是军事重镇。虽然是镇城，朝廷也常常在这里设置重要行政或军事衙署，甚至派朝廷重臣驻守。《元史》记载：“元置行省于瓜洲，遂断（南宋）淮东援道。分军三道进窥临安，而宋以亡。”明朝设立江防同知署、工部分司署、管河通判署、瓜洲闸官署、瓜洲税课司署。清朝设立瓜洲巡检司署、漕运府、操江都御史行台、都督府、瓜洲协镇署（即提督署）、瓜洲营守备署、瓜洲河营下营守备署、游击署、千总百总署等，还有砖厂公馆、瓜洲坝公馆、瓜洲仓、瓜洲火药局等。

街道市面　瓜洲城鼎盛时有东门大街、西门大街、镇庙大街、南门大街、青石街、北门大街、越河街 7 条大街，10 多条里巷，有尤家碾、猪市、驴市等场所以及操练和检阅军队的校场等。

太平天国战争结束后，瓜洲出现短暂繁荣。清同治四年（1865），两江总督曾国藩

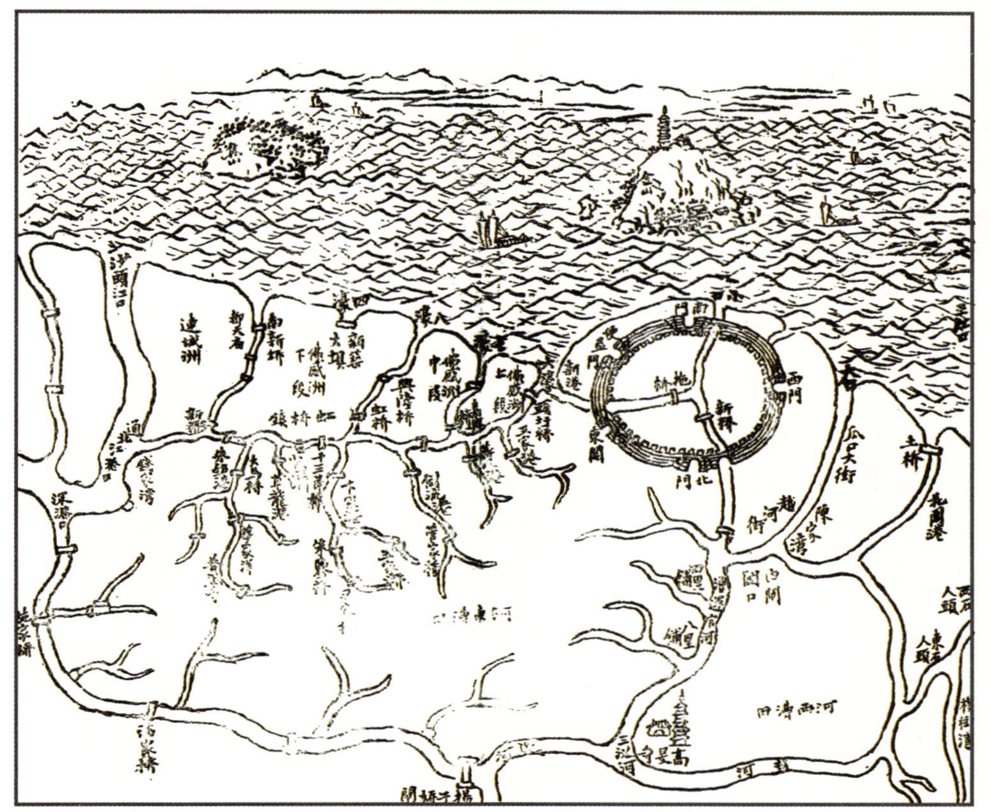

明清时期瓜洲全境图（录自《瓜洲续志》）

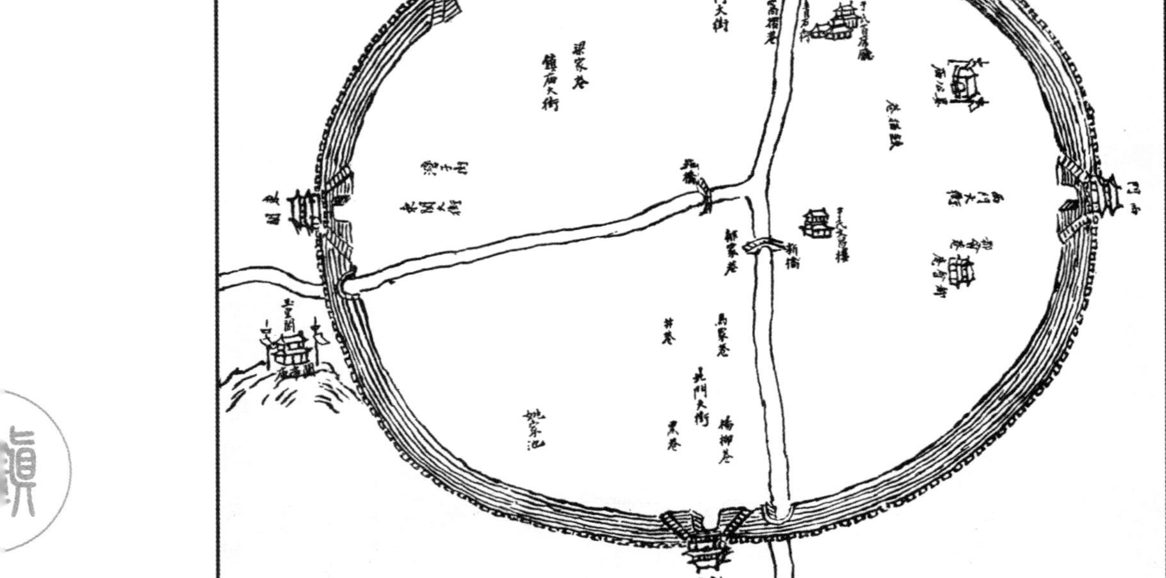

明清时期瓜洲全城图（录自《瓜洲续志》）

奏请移设淮盐总栈于城东的六濠口，开浚新河，停泊盐艘，镇市因此繁盛。同时，与六濠口毗连的七濠口市面也振兴。“上江米舶、宁波钓船以及洋商互市，皆汇集于此。市繁人众，呈请移驻瓜洲巡检司以资弹压，设立捐税局所以征厘课，并设义渡分局以便往来行旅。”（《瓜洲续志》）

大口市，在城西南长江入河西岸。清同治年间（1862—1874）平定太平天国后，瓜洲城池保留下来的只有东门近北一角及北水关，几无市场，因于大口西岸建屋兴市。湘、鄂、皖运盐船放空装煤，即于大口上栈堆储，销售南北各地。“炭行既多，佐以米麦，渐能成市。”

陈家湾市，在城西北运河西岸，当大口兴市时，陈家湾地与毗连，房屋栉比，市面亦兴。居民皆汇聚于此。凡新政，如商会、学堂等，亦皆设立。

水系桥闸　瓜洲城位于长江北岸，漕运官河（即古运河）在扬州的南面形成三汊河，向南通向瓜洲，向西通向仪征。通向瓜洲城的河道在瓜洲城北面的四里铺附近分为两支：一支是主河道，流向西南方向，在大口入长江；另一支是副河道，向东南流入瓜洲城内，在城内分为向南和向东两条河，穿过城墙，流入长江。瓜洲城内也有一些小河，与江水相连接。

由于河网纵横，在瓜洲城内外，大小桥梁不计其数，《瓜洲续志》记载的有名的桥梁就有三四十座之多。济运桥，在由闸南，清乾隆三十年（1765）漕运总督杨锡绂建。镇河桥，在北水关外，清光绪初年，南北两岸建设长江水师总兵游击公署，造此桥以通往来。玉石桥，雨后晶洁如玉。铜钉桥，在棘林寺前，天下雨桥上即现铜钉，天晴铜钉即消失，昔人云："雨洒铜钉旧石桥。"

为了拦截长江洪涝和运河蓄水，以便漕运和农田灌溉，瓜洲较大型的闸就有十多座。其中由闸，又名广惠闸，在运河水道之上，官府在此设关收税，征收的税款作为修理运河岸基的工费，由瓜洲江防同知管理，呈报工部核销。伊娄运河的水位高出长江水位数尺，为限制运河水使其不泄于长江而有利于漕运，明朝前中期，分别在瓜洲镇运河东、西两岸筑起10座大坝，坝下各有港口连通长江。

名宅名园

明清时期，瓜洲城内私宅、园林、庵庙、楼、亭、厅、堂等多达数十处。私宅、园林，往往多是名胜之处。

唐丞相王播宅院 《瓜洲续志》卷十载："江都地图有王播宅，在江中瓜洲上。"王播有《游瓜洲故居感旧》，同期李德裕有《奉送相公十八丈镇扬州》（一作《和王相公播游故居感旧》），许浑有《和淮南王相公与宾僚同游瓜洲别业题旧书斋》。

明朝按察司副使赵鹤私宅 副使之父建此宅时，有白鹤盘旋梁上，久之不去，因以"来鹤"名堂。

另有瓜洲名士蒋易的石闾书屋、王豫的种竹轩、卞萃文的揖峰亭、季云崖的双峰阁、卞卧云的双峰草堂、茅秀芝的双溪书屋、赵敏斋的静远堂、蒋临溪的水阁二溪舫、尹啸江的别墅半角山房、陈瑰的别业抱江庐等名胜。

明代，瓜洲城居住了大量富商，他们财力雄厚，在城中有富丽堂皇的宅邸和私园，在郊外也建有园林。著名的园林有明代于氏且园，清代的吴园（锦春园）、稽园、卞家园。

于园（于氏南园） 是瓜洲于氏的宅园，位于瓜洲城内南门附近。明嘉靖二十年（1541）于氏先祖于通海迁居瓜洲，于通海少有大志，早先贩鸡畜，后得到富商称奇，借机积累起雄厚家产。到三世嫡长孙于道章时，于园已建得有模有样。明天启七年（1627），萧士玮在《南归日录》对于园有这样的记述：“……结构甚巧。丽江分其流入园内，与潮汐相盈缩，流水活活，大有幽致。假山虽匠意经营，殊寡天然之趣。”于园的风貌可见一斑。明崇祯年间（1628—1644），扬州遭遇高杰之乱，于园逐渐毁坏。清顺治年间（1644—1661）的谈迁在《北游录·后纪程》中记载：“入瓜洲城北门，度文昌桥，登南城大观楼……下楼左出南门……因市饮，从故道阑入于氏南园。楼台虽圮，树石如故，娑罗花尤奇。……高杰之乱而园坏，田园俱易主。”

閶蟲園竹枝詞云天池西畔好亭臺寂寂雙扉傍水隈叢
桂小山零落盡主人何日始歸來詩註謂河帥也
卞家園　林洪山詩註云在城內臺榭泉石極一時勝覽
淸林昇詩云卞園瓜步數名家高挂春帆水一涯樓外柳
條靑似染池中蓮葉勝於花尊罍重疊穿林出泉石高低
引徑斜不問主人題竹去萬年枝上有啼鴉
按荻汀錄云林昇字洪山莆田人慨負奇略曾三入臺灣
庭說順淸公率土內附四十載之閩疆矢口而定洪山三
寸舌也大府上其功上大悅即授揚州刺郡加二十一級
賜正一品袍帽洵異數也郡志失載故附錄於此以俟考

瓜洲續志　卷十　園　九

且園　在北門外四里舖東岸廣豐莊于氏別墅道光後圮
明如皐冒襄崇禎辛巳正月南獄省親日記二十三日風
愈熾同遊于氏且園攜樽消悶聯輿二里許地連平野環
碧水而帶層山梅蕚初吐積雪盈徑篠簬對堂繞廊至屋
裏靑山閣上則余三日前夢到處也異哉遊屐未來夢魂
先至婆娑久之小飲歸來復飄六出作遊園詩二首
石尤風滯阻江關共訪名園恣往還淸淺浮烟籠翠篠橫
斜顧影送香鬟步迴雪徑山逾峭笑指寒林雲自閒大地
風波增旅思暫來探勝且開顏　前宵一枕溪山宅今日
遊來是舊觀石上精魂曾寄笑眼前幻影竟無端鏡波綠

織春羅帶古嶽靑銜白玉冠鴻爪偶留仍是夢那堪風雪
又江干
山陰張岱遊于園記于園在瓜洲步五里舖富人于五所
園也非顯者剌則門鑰不得出葆生叔同知瓜洲攜余往
主人處處款之園中無他奇奇在磥石前堂石坡高二丈
上植果子松數顆緣坡植牡丹芍藥人不得上以實奇後
廳臨大池池中奇峯絕壑陡上陡下人走池底仰視蓮花
反在天上以空奇臥房檻外一壑旋下如螺螄纏以幽陰
深邃奇再後一水閣長如艇子跨小河四圍灌木鬖鬖禽
鳥啾唧如深山茂林坐其中頹然碧窈瓜洲諸園亭俱以
假山顯胎於石娠於螺石之手男女於琢磨搜剔之主人

瓜洲續志　卷十　園　十

至于園可無憾矣
淸王士禎瓜洲于園詩于家園子俛江濱巧石迴廊結構
新竹木已殘魚鳥盡一池春水綠憐人　風寒江上草萋
迷閒踏春泥過澗西一樹冬靑靑不改映門猶自照淸溪
鎭人季永銓九日集于園詩南鄰北郭動高秋忽漫黃花
插滿頭臺閣那應巢翡翠林塘猶得坐箜篌六朝史筆空
茅屋十載書癡老敝裘縱飲題糕狂欲絕龍山何處續風
流
墓

《瓜洲续志》对且园的记载

且园（于氏北园） 瓜洲于氏在城内建有宅园（于氏南园），后又在城北郊五里铺建且园。“且”字在甲骨文、钟鼎文中与“祖”相通。取名“且园”，是因这座园林带有纪念祖先之意，地点也靠近祖坟。明崇祯十年（1637），张岱到瓜洲拜访仲叔张联芳（字葓生，时任扬州知府同知，分驻瓜洲），游览了且园。他在《陶庵梦忆》中对于园叠石有具体描绘（参见本志“艺文杂记·美文·于园”）。明朝如皋人冒襄（冒辟疆）于崇祯十四年（1641）正月《南岳省亲日记》写道：“二十三日，风愈炽，同游于氏且园，携樽消闷。联舆二里许，地连平野，环碧水而带层山，梅萼初吐，积雪盈径。由良对堂绕廊至屋里青山阁上，则余三日前梦到处也。异哉！游屐未来，梦魂先至。婆娑久之，小饮归来，复飘六出，作《游园》诗二首：‘……共访名园恣往还。清浅浮烟笼翠筱，横斜顾影送香鬟。步回雪径山逾峭，笑指寒林云自闲。大地风波增旅思，暂来探胜且开颜。’‘前宵一枕溪山宅，今日游来是旧观。石上精魂曾寄笑，眼前幻影竟无端。镜波绿织春罗带，古岳青衔白玉冠。鸿爪偶留仍是梦，那堪风雪又江干。’”清顺治十七年（1660），王士祯在扬州任推官，公职之余游览许多园林，于氏南园当时已毁坏，他的《瓜洲于园》显然是指于氏北园，诗中写道：“于家园子俯江滨，巧石回廊结构新。竹木已残鱼鸟尽，一池春水绿怜人。风寒江上草萋迷，闲踏春泥过涧西。一树冬青青不改，映门犹自照青溪。”

吴园（锦春园）《瓜洲续志》云：“（园）在瓜洲城西北运河西岸陈家湾北，歙人奉宸苑卿衔吴家龙别墅。”清乾隆十六年（1751），乾隆皇帝南巡驻跸于此，传说因忌吴园

锦春园（录自《南巡盛典》）

与“无缘”谐音，遂赐名锦春园。吴氏父子是家资雄厚的盐商，他们萃集江南园林理景和建筑形式、技巧之大成，以徽州传统建筑工艺建造。乾隆二十二年（1757）又赐“竹净松蕤”匾。乾隆四十年（1775）赐“镜水云岑标道趣，轻荑嫩花绘春光”“镜里林花舒艳丽，云边楼阁隐神仙”两联。乾隆四十九年（1784）赐“兰亭墨拓”一卷。《扬州画舫录》卷七载：“园临水次，园门外甃石为岸。中建御书楼，楼前为东暖房，后有梅花厅、渔台、水阁、江城阁、桂花厅，皆绕池四面。楼左建宫门，中为前正房、后正房、后照房。”乾隆朝文华殿大学士兼吏部尚书和漕运总督高晋等纂写《南巡盛典》就有瓜洲“锦春园图”。图中描绘，锦春园圃门东向，开在临运河一面。园分东西两部，东部是锦春园造园艺术的精华，西部则是为迎驾而建造的“座落”，亦即行宫，分为前中后三进。清人钱泳《履园丛话》在记录“瓜洲锦春园”时说：“锦春园在瓜洲城北，北临运河，余往来南北五十余年，必由是园经过。”并盛赞锦春园“园甚宽广，中有一池，水甚清浅，皆种荷花，登楼一望，云树苍茫，帆樯满目”的绝佳景色。乾隆二十七年（1762），乾隆皇帝有《壬午三月晦日锦春园即景》，诗曰：“名园瓜步傍江滨，彩艒凌江到及晨。梅朵落同蓂荚尽，麦芒润逼菜花新。鸟言似惜芳菲意，石态全含浅淡皴。绿柳红桃流水阔，锦春即景恰婪

锦春园遗址古井栏、石鼓、石雕花瓶（现已失窃）
高惠年　提供

春。”这首诗，点明锦春园是一座皇帝眼中的名园，描述了园内外暮春时节的花木景象，同时以“石态全含浅淡皴”来表述他对园中叠石自然且生动如画的欣赏。当时学者杭世骏有《瓜步游锦春园五首》，其二为：“修廊窈窕短亭孤，丹壑玲珑涧不枯。一上莎桥抬眼望，万花环处赤阑扶。”也盛赞了锦春园中廊亭山水和桥栏花木。这些诗文使后人在回想焚毁于咸丰兵火中的这座名园时，多了一些描摹的线索。

清咸丰年间（1851—1861），锦春园毁于战火。清光绪年间（1875—1908），长江水师于园址改建总兵公署，兴工掘地时发现御笔诗碑，建亭供奉。清末又成为瓜洲镇台衙门所在地。1954年，国家为发展地方教育事业，在锦春园旧址新建瓜洲镇小学，后更名为邗江县实验小学。

楼亭馆阁

江淮胜概楼　明正统十三年（1448），工部侍郎周忱建。楼五楹，枕于石堤，上辟窗户，中置几榻，登楼可纵目一览山川之胜，故名“山川胜概楼”。

大观楼　在瓜洲镇南城上。明万历间（1573—1620），江防同知邱如嵩建。清康熙元年（1662），江防同知刘藻重建。其楼为厅三楹，厅前作小卷三楹。凡名流题咏均汇置于壁。王士祯时为扬州推官，领袖两淮文坛，有《重建瓜洲大观楼记》，称重建之楼“宏丽高明倍于畴昔”，“登斯楼也，俯江流，望南徐，北指广陵，西眺建康，山川秀丽如可揽撷，五州之势，若指诸掌，不亦可乐而忘忧乎”。丹阳诗人鲍皋登大观楼诗云：“江防楼橹势全归，胜概筹边未足希。雁背雨斜群嶂断，云东海静只帆飞。风流司李携凉瑟，谈笑中丞想袷衣。咫尺南徐屏障里，岚霏应湿故园薇。”

频申楼　以眺望最胜。

江影楼　丹徒法重正别业。

云起楼　太史王文治别墅。楼俯大江，北固山、金山、焦山收于几案间，据一洲胜概。一名“如此江山阁”。

揽胜楼　在城西南，地势高，凭览江山，擅登临之胜。

彤云阁　即龟山寺玉皇阁。宋时，完颜亮及侍寝妃等5人，在此为部将所杀。清乾隆四十二年（1777），王汉标重建。其孙王豫有《彤云阁记》。阁在东门外龟山上。阁高四五丈，地高十余丈，屋宇数十间。“豫尝游江上而望之，其西则金山之缥缈，东则焦山之苍茫，南则蒜山、北固、五州、八公、九子之嶙峋峭拔……光景形势自见回环掩映之致。”“瓜埠固无山，而观览京口山水，则固非无登高纵目、把酒赋诗之地，耸然起于霄汉间，与蒜山屹对、倾百里耳目之观、收群山水于座上者，独不有所谓彤云阁者乎。”

枕霞阁　在西城上。

临江亭　崔仰诗云“落潮鸣下岸，飞雨暗中峰”。

江风山月亭　元扬州路总管熊汉卿别墅，镇南王曾避暑于此。亭极壮丽，面南，京口诸山皆屏围幛列，江山浮玉如物置几案间。明嘉靖年间（1522—1566）仍可见。至清康熙年间（1662—1722），园亭仅存故址。

曲江亭　直对焦山。阮元谓即枚乘《七发》“观涛曲江”处，出资嘱王豫建之。

附：大观楼复建计划

《红楼梦》中的“风雪大观楼”，描写的是瓜洲古镇的大观楼。瓜洲大观楼始建于明万历年间（1573—1620），清顺治十六年（1659）六月，毁于郑成功攻克瓜洲时的兵火。清康熙元年（1662）由江防同知刘藻重建，后几经损毁和复建，最终因长江水道变化，于清道光二十三年（1843）随瓜洲古城坍入长江中。

根据“实现扬州总体规划战略意图、凸现长江与古运河汇集特性、带动运河南部旅游产业升级、展示扬州滨江门户崭新形象”的原则，2011 年，瓜

大观楼复建设计效果图　　瓜洲国际旅游度假区管委会　提供

洲镇委托上海同济大学规划设计院帮助重建大观楼选址，前期提出四套选址方案：方案一为江口岛，方案二为老汽渡北侧锅厂，方案三为扬州锻压机床厂，方案四为老汽渡南侧江口南街。方案三、方案四拆迁量太大，且方案三选择的地址与历史上的大观楼有偏离，调研会上将方案一、二作为优选方案。围绕方案的深化评估，瓜洲镇专门约请市水利部门相关领导赴长江水利委员会征求意见。相关专家明确提出，江口岛地处长江江堤以外，不得进行建筑施工，方案一在政策层面上难以操作。所以，大观楼的选址方案二（老汽渡北侧锅厂位置）为优选方案。该位置地处长江、运河交汇处，景观效果较好，且对周边区域带动能力强，有利于景区建设的拉动和提升。

2012 年，大观楼项目规划设计方案编制工作启动，最初设计方案由东南大学建筑设计研究院全国著名古建筑专家朱光亚教授牵头制定，该方案确定大观楼共 5 层，高度约 80 米，建筑面积 1 万平方米。后邀请张锦秋院士编制新的大观楼设计方案，确定大观楼为明 5 层、暗 9 层的空间格局，高度为 70.5 米，建筑面积 12710 平方米。两个方案中的大观楼高度均比滕王阁（57.2 米）、黄鹤楼（52.6 米）、岳阳楼（32 米）三大长江名楼还要高，建成后将会成为“长江第一楼”，可充分显示大观楼宏伟壮观的气势，登楼远眺，可观江河壮景、可览大桥雄姿、可赏三山（镇江的金山、北固山、焦山）全貌。

寺庙庵祠　瓜洲繁盛时期，境内寺庙、庵堂、祭祠多达 50 多座。

化城寺　在城南江口，旧名“息浪庵”。清康熙四十二年（1703）赐额化城寺，并赐诗、联、宝物多件。清道光年间（1821—1850），僧静开因江流逼寺，移建四里铺，寺侧有七宝林石刻“江北第一雄镇”六字。

玉皇阁　在城东门外，相传即龟山寺故址。阁耸峙临江，北固诸山拱揖襟抱。阁右为柳营，平沙硕曼，春日郊游者多在此饮酒。

謦隅先生祠　在城北扬子桥，祀寓贤黄晞。北宋江都令罗适建。

五贤祠　在城内泗桥东，即五贤书院。祀董仲舒、胡瑗、王居正、李衡、文天祥、史可法。

慈善堂所　明清时代，瓜洲慈善事业发达。普济堂，在北门城外，清雍正二年（1724）建。育婴堂，在城东，清乾隆九年（1744）建。救生局，在城南，乾隆五十九年（1794）建。瓜镇义渡局分局设瓜洲大口及七濠口。同善堂，创始于乾隆四十六年（1781），先后设立讲约会、养正会、惜字会、恤嫠会、施棺会、掩骼会等。接婴堂，在同善堂侧，清光绪年间（1875—1908），里人刘礼耕、钟宝书、王纪华、张守业、陈汝锡募建，所收婴孩皆送郡城育婴堂留养。暂栖医所，光绪十九年（1893），里人尹汉台、王祝三、钟玉森、张勤夫公议捐建，作为患病的过路旅客、雇工及仆人临时医治之所。

学塾书院 瓜洲名宿还先后开办许多书院教化子弟，培养人才。先后有五贤书院、文明书院、培英义塾、邗阳书院等。邗阳书院，由洲耆张文悌、陈文忠、朱锜、蒋堂倡率同建，收教贫家子弟。巡抚汪志伊将其所著《节韵幼仪》《九容广注》颁发书院。卞萃文、王豫叙而刻之，以示启迪。阮元巡抚浙江时听说后，书额以赠。侍读钟淮再次捐助膏火礼聘，李直哉、钱子奇、吴兰谿主讲培植人才，一时称盛。

附：历史上的瓜洲十景

嘉庆《瓜洲志》载有瓜洲十景：石桥踏月、天池夜雨、江楼阅武、漕舰乘风、东城柳岸、桃坞早莺、芦汀新雁、雪水钓艇、金山塔灯、银岭晴岚。清康熙年间（1662—1722），熊维熊作有《追和瓜洲十景诗》，并以小序说明十景由来。

追和瓜洲十景诗

熊维熊

关中来公向兵备维扬，间过渚上，乐风土之腴秀，撷其名胜，作十景诗。余生长于斯，不及睹昔时之景物，而往迹所传，犹多未泯，因即其所题各志数语，以存梗概，并系以短章。大约皆当年繁盛之习，固不敢撰空示异，若东野《齐谐》之志怪，庶几后之君子得以娱乐而咏歌之。

石桥踏月

淮泗迢迢千里，至瓜渚而止，其入关也，东西划然中分，镇人作石梁以利渡，形势高旷。当月华丽空，纤云净洗，凭栏一望，则江南诸山，灿然若几案上物。水光泛泛，城轮矗其外，人家隐其中，不啻若琉璃世界。居人把臂登眺，每徘徊不能去。

月照长河夜色幽，石梁中跨景全收。
联翩游屐情难厌，城上还知几换筹。

天池夜雨

天池为城中注水之区，广阔深渺；两岸楼阁参差，文窗绮户相映照。或夏霖暴泻，秋雨迷离，则滴沥镗鞳之声，若瓦缶，若敲钟，若群马奔腾，一纵莫遏。凡得之静夜为多，幽人闻之，悄然而悲，复悠然而喜。

细雨冥濛入夜多，天池频起数层波。
绿窗犹自歌相续，红豆声声听不讹。

江楼阅武

凡骢马使者出巡历扬郡，必檄取水师较武于大观楼。于时炮火雷惊，朱旗云绕，角胜争先，俨同劲敌。军中特置倭舫，终用火攻献捷，直指以次颁赏。是日观者若堵。

艨艟上下斗长风，簇簇旌旗晓日笼。
铁甲两边光照水，大观楼上献军功。

漕舰乘风

东南运艘，必自京口北渡，每风恬波静，则升旗促发。恐中流危险，赁小船前导，鱼贯而来，帆影衔接，迅若驰驶。江干凝睇，每竟日忘倦。

绕郭依山影不重，中流一串浪波封。
天家输挽声灵濯，水底蛟龙解护从。

东城柳岸

旧柳堤在张祠旁，祠祀郡丞张公，有德于瓜人者也。祠久颓废，而柳营恰近故址。春时依依，江上万绿拖烟，恐隋堤不是过。瞻眺所及，近则甘露、北固，远则象岭、狮峰，群然环向，又何必蔓草荒坟，徒增叹慨。

柳岸新来作柳营，丝丝照眼绿烟轻。
张公祠宇倾颓尽，此地空留万古情。

桃坞早莺

桃坞处瓜之西港，方广十余里，方春时盛开，灿如锦城。复有黄鸟，载好其音，若相招致。游屐杂沓，相与藉草飞觞者无虚日，最为瓜渚胜境。

桃李芳菲锦不如，鸟声娇怯啭初舒。
半开油幕春风暖，一阵椒兰出笋舆。

芦汀新雁

江自焦岩而上多芦汀，值白露初零，咏伊人一方之诗，凄其欲绝。北来新雁，多停息其间，终夜嗷嗷，与涛声相酬答。居人习以为常，在尘俗气中，耳目为之俱废。得此弥望青苍，始觉天宇寥廓，别是一景象。

秋水方盈未着霜，蒹葭汀上气苍茫。
登楼忽见初来雁，嘹呖一声天宇凉。

雪水钓艇

钓不必定在江，江未必常得雪。境与时会，幽渺淡寂，惟小艇垂纶，隐隐其或上或下、载沉载浮，光相荡也。柳州所云“千山鸟飞”“万径人踪”，此诗中之景，而凝寒积素之间，忽若鸥眠鹭宿，两两三三，聚散不常，又景中诗矣。

花飞絮舞白纷纷，弥望空濛气不分。
万顷波中飘一叶，何人垂钓意偏殷。

金山塔灯

自江北面南望，正与金山相对。山虽根底于南，而神情意态，若为本洲辟一生面。中流突起，浮图半入云表，岁时燻塔燃灯，周折盘旋，渐高渐繁，在山中不具见也。自瓜遥瞩，如火树银花，炯炯达旦。

孤峰突兀古来奇，一塔凌虚四望迷。
入夜层层光渐满，却疑天半列星垂。

银岭晴岚

南徐胜地供人游赏者，莫如三山，而瓜渚清切又于银岭乎先之。烟云变幻，青绿万状，盖天地之气，涵毓发露，不必处处为然也。居渚上者，诗坛酒社之余，相与缓步城闉，适积雪初升、峰腰岚断，不觉鼓掌称奇。归而吮笔，赋诗以纪一时所见，尤为快绝。

洪涛拍拍隔江南，无数青山水际涵。
银岭遥看何处是，朝来多半化烟岚。

古城坍江 唐代中叶，江中的瓜洲始与北岸并连。唐宋以后，长江北岸继续向南淤大，瓜洲与京口（镇江）的距离越来越近。元末明初，长江主泓道向南偏移。至明隆庆年间（1567—1572），仪征沿江一带时报坍江，此状一直延续到万历中期，从仪征青山至旧江口（今仪征十二圩）涨出礼祀洲，始有转变。随后，在仪征、瓜洲之间又涨出不少沙洲，与礼祀洲合并为北新洲，从而使顶冲点和坍岸地下移至瓜洲。加之黄、淮水入长江流量增大，焦山以下附近主流线渐渐向东南移动，金山附近长江主流线向北摆动，镇江蒜山至象山之间涨出一片滩地，金山靠近北岸，上段世业洲长江主流从右汊逐渐转向左汊，瓜洲开始坍塌。清代瓜洲坍江达 15 次之多，直至清光绪二十一年（1895），古城全部坍入江中。

附：宋代至清代瓜洲坍江纪录

南宋绍兴十四年（1144），受江潮水势冲激，泥沙随江水走泄。

明正统九年（1444）七月，中夜风雨大作，泥沙走失，江潮泛滥，淹没资产、田禾。

明成化元年（1465）九月，瓜洲一带河岸坝堰闸座坍塌损坏。

成化九年（1473），瓜洲江河堤岸冲缺数处。

明隆庆三年（1569）七月，江潮卒涌，平地高丈余，沿江泥沙走失，溺死居民无数。

清康熙五十年（1711），江潮猛烈冲刷，瓜洲东门外坍塌至息浪庵，势甚危。

康熙五十四年（1715），江潮大溜北徙，瓜洲四闸以下，运河南岸花园港地方坍塌 102 丈，以致屯船无所，瓜洲息浪庵码头也坍塌十分之六。次年，总河赵世显奏准，于息浪庵前建筑护城堤，埽工长 301 丈；花园港越堤长 130 丈，瓜洲城自北水关起，至西北城拐角止，建石工长 301 丈；沿江一带护城堤岸一道共 207 丈，花园港建筑埽工长 400 丈，筑护滩堤一道长 180 丈。以上各段，均于当年竣工。

清雍正六年（1728），江溜北趋，直逼瓜洲，江岸逐渐塌卸，逼进城垣，河臣嵇曾筠于瓜洲沿江抛填碎石，增筑埽工长 336.5 丈，保固江岸，始复平稳。

清乾隆元年（1736），五、六月大雨，坍塌处所甚多，埽工坍卸入江 80 余丈，是为埽工坍卸之始。次年，支银 2529 两，修缮，三年冬报工竣。

乾隆二十九年（1764）七月，河水涨到 1.5 丈，瓜洲回澜坝一带，江滩坍陷入江 90 余丈，距瓜洲城十一二丈及三四丈不等，原有之护岸埽工坍塌成坑，难以施工。

乾隆三十五年（1770）八月，旧子堰接连查子港，风浪冲掣，坍去 80 余丈。

乾隆四十一年（1776）六月初十，江潮突涨，瓜洲城外查子港迤下，殷家庄接连回澜坝江岸坍塌入江，长 100 余丈，宽 40 余丈。西南城墙塌去 40 余丈，是城垣坍塌卸之始，遂将城垣改进，让地与江，自西城根起，斜

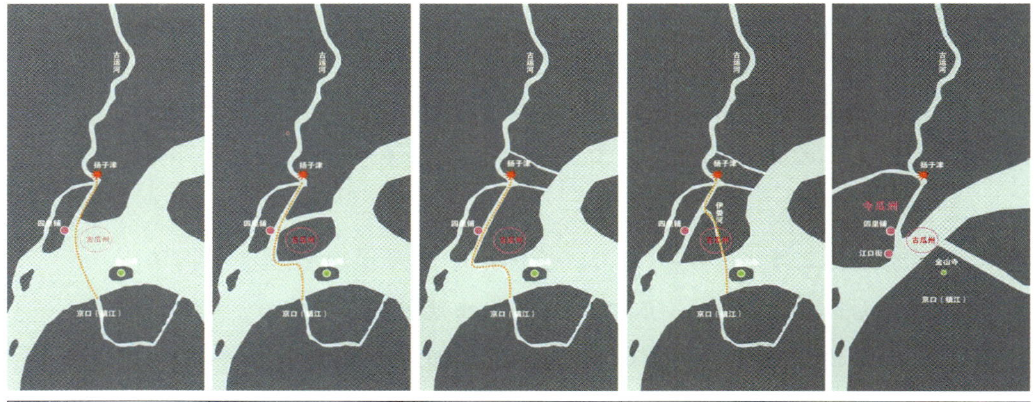

南朝宋永初元年（420）	唐武德元年（618）	唐神龙元年（705）	唐开元二十五年（737）	清光绪二十一年（1895）
扬子津渡口与京口渡口成为维系江南江淮粮食货物运输的重要渡口	随泥沙淤积，扬子与京口间形成沙渚，形如瓜，故称“瓜洲”	沙涨北移，瓜洲与北岸相连，扬子津渡口淤塞，致使京口与扬州往来舟船绕行六十余里	润州刺史齐浣开凿伊娄河，同时建有伊娄埭和斗门。埭防止河水流泻入江，斗门启闭抗蓄洪潮、江潮，即为后来的水坝和船闸	光绪年间（1875—1908），瓜洲不断受江水冲击，最终坍入大江。 作为漕运的中转站和盐运出江口，瓜洲港存在和经历了长达 1200 多年的时间

瓜洲演变示意图　　　　东南大学设计院　制图

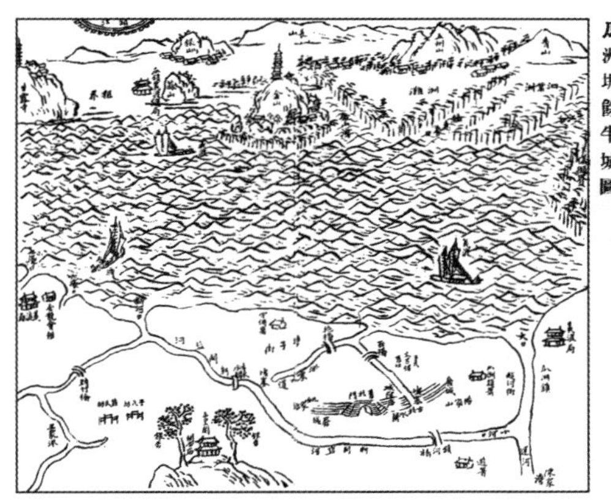

瓜洲坍余半城图和全坍地图（选自《瓜洲续志》）

至南城根止，计长 110 余丈，自外至内宽 50~60 丈。

乾隆四十五年（1780），江潮冲激，瓜洲西南城圮者又百丈，南水关、千佛庵俱陷。移邵伯镇铁牛于小南门镇之。

乾隆四十七年（1782），小南门沦于江，筑土城。

乾隆五十七年（1792）五、六月，江潮复冲，花园港地忽崩坍，居民屋舍淹没数十家。瓜洲回澜堤迤下，江岸接续坍塌 100 余丈，土城塌卸 14 丈，铁牛亦没于江。议再将城垣收进五六十丈，补还土城，并于沿江一带修做纤路，以济江浙重运粮船。

清道光七年（1827）六月，江潮盛涨，瓜洲回澜坝迤下之段坍塌，切近城垣。

道光十年（1830）后，江流北趋愈烈，逐步愈坍愈甚，聚宝门、南门、西门、便益门相连坍入大江，全城岌岌可危，居民纷纷移至城北四里铺地方。

道光二十三年（1843），瓜洲城南门塌陷，其近南城垣民居河道入江，瓜洲运道中废 20 余丈。

清同治四年（1865），始开瓜洲新河，通盐舟，达六濠口。

清光绪十五年（1889），佛感洲二圩地方，坍江百余丈，挑筑西南大堤长 900 余丈。

光绪二十一年（1895），北门城及东水关遭江流冲击，坍塌不止，无法保存，于是全城皆沦于大江。

瓜洲老街

民国初年，在原瓜洲城西北的四里铺兴建瓜洲镇，江滨渡口仍系南北交通枢纽。1949 年前，瓜洲全镇有江口、关下、陈家湾、商会、高桥、四里铺、河东 7 条街，街与街之间有的有券门或泰山石相隔。今瓜洲老建筑主要集中在江口街、青龙巷。

江口街　古名大口市，在瓜洲镇南，临江。古运河入江口门有二：一从陈家湾南行出江为大口；一从陈家湾经二摆渡向东新挖盐河出江为小口，后因岁久淤塞，今为锻压机床厂厂区鱼塘，昔日是“输盐要道”。此街繁华始于清代同治平定太平天国后，“湘鄂皖运盐船放空装煤于此，佐以米麦渐能成市”。1976 年，因在锅厂隔壁建汽渡，街被隔断。江口街原路面为青石板路，后破损严重，2007 年，瓜洲镇对路面进行整修，保留中央青条石车道，两边用青砖铺面。江口街是瓜洲古建筑保存相对较好的一条古街。沿街曾经商铺林立，繁华盛极一时。除了店铺多外，寺庙也多，有江神庙、大王庙、城隍庙（原在河东街，今瓜洲闸内）、火星庙、至善堂、三茅宫，因而江口街庙会也很多，有财神会、都天会、三茅会、盂兰会、城隍会、江神会、大王会、火星会等。俗话说“瓜洲

江口街　　　　徐振宇　摄

出会人抬人”，可见江口老街的人气之旺。

关下街　位于陈家湾南，江口街北。古代此河段建有由关闸，货船经此征税。后这里逐渐形成一条街市，故名关下街。1973 年，因建瓜洲闸，关下街临古运河沿线房屋拆迁，未拆迁部分划归江口街。

陈家湾　位于瓜洲镇区中段，南与关下街相连，北与商会街盐仓巷比邻，是瓜洲镇上文化底蕴较丰富的一条古街。嘉庆《瓜洲志》记载：“陈家湾，在由关。右临河，先为陈姓所居，今成市。”陈家湾昔日是全镇经济贸易中心，这条约 300 米长的小街上，有店铺近 200 家，其中大店、名店 20 多家。抗日战争时期，裕盛和烟庄向新四军将士慷慨捐献 100 万元伪币；振兴昌南货店、久大五洋纱布店多次向根据地的“利华公司”运送战备物资，并掩护进出根据地的抗日战士。刘源记瓷器店被南京地下党选为交通点，钜丰油号被新四军军部参二科作为情报站，潘复盛客栈还接待过中共长江工委书记彭炎（化名林逸樵）。沿街商户有十多位男女青年参加江南新四军。邮政局还瞒过日伪军搜查，将大量纱布安全投递到根据地。抗美援朝期间，陈家湾商户还积极参加“捐献飞机大炮运动”，王裕兴的范煦和、公记药店的祝增和、肖裕兴的李华浪、左景源的左学章等，第一批报名参加志愿军。改革开放后，不少昔日的商号为现代化建设输送栋梁之材。宝大油号股东田树屏一家就培养出田中、田春茂、田方、田洁 4 位教授和田桂芳、田春申、田华、田阳 4 位高级工程师，为陈家湾赢得殊荣。

商会街　在四里铺街南、陈家湾街北。因民国初年在这里设有商会而得名。商会旧址在今中国农业银行瓜洲分理处。商会街后成为迎江路的一部分。

高桥街　位于陈家湾西，因通古高桥得名。抗战前这里一片荒野，行人稀少。抗战时期，成了进出根据地的秘密通道，开始有小船营运，一度是粮食、耕畜集散地，直到解放初还有粮行、牛行，故更名米市街。后因扬瓜路通车，此街遂成民居，后更名为繁荣新村。

四里铺街　位于商会街北，因距古江边四里得名。清道光十年（1830）后，瓜洲城聚宝门、南门、西门、便益门相继坍入江中，全城岌岌可危，居民纷纷迁居于此。清同治四年（1865），瓜洲因设盐栈，凡大船在此停泊起驳，由 1 名驻栈委员带兵勇 4 名在此维持秩序。后盐栈移至十二圩，街市冷落。“文化大革命”前后，先后易名为和平街、红旗街。1982 年恢复原名。四里铺街曾经是一条古色古香的老街。在今农机厂附近，昔日有一座砖砌券门，进入券门是砖石路面，路两旁是鳞次栉比的店铺：香店、菩萨店、裱画店、刻字店、镶牙店、裁缝店、皮匠店、染坊、丝坊、糖坊、碾坊、茶水炉、柴草行等。乾隆皇帝南巡时曾驻跸坐落此街的锦春园，并多次题额、题诗。当时著名才子杭世骏也留下"凤泊鸾停瞻御墨，锦春园字恰当头"的佳句。长江水师在此设立镇台衙门（即总兵官署）和游击衙门，门前有高大的白果树与石狮。民国初年的渤海舰队司令吴意航、国会议员王子衡、江苏省议员刘长弼都出生于四里铺。

因古纤道不准建房，当日临河店铺稀稀拉拉，但聪明的商家利用临河边的旷地经营起鸡鸭业、木材业、锅业、粮食业。当时木材业有倪鸿记、曾裕记、胜利、乾泰、盛记、同鑫等，各家木材堆得像小山一样，有力地推动了瓜洲造船业和建筑业的发展。锅业有同和祥与广裕和两家，分别属安徽省财政厅厅长刘子卿和汉口一家资金雄厚的广成和商号老板。粮食业数义昌，不仅在镇江设有分号，还与上海复成公、沪丰，无锡协茂义、义德，常州福成、大生源、成馀等大商号有业务往来，凭义昌本票可向对方预提8万千克粮款，这在周边市县也是极为少有的。

乾隆御笔诗碑、新庵记碑及雕花古井栏等是四里铺悠久历史的见证。四里铺古街上还留过文化部副部长周扬、省民间文艺家协会主席马春阳、著名作家白桦等当代文化名人的足迹。

河东街 因在古运河之东，故名河东街。清雍正八年（1730）因闸无法蓄水，在附近青莲庵至尤家墩开挖月河一道，故又叫月河街。昔日街市集中在大摆渡口（陈家湾对岸）、二摆渡口（火星庙对岸）。后原街因建瓜洲闸，于1973年全部拆迁，街市也不复存在。

古迹遗存

高旻寺及行宫 高旻寺位于瓜洲西北三汊河西岸。高旻寺是扬州八大名刹之一，它与四川成都的文殊院、新都的宝光寺、镇江的金山寺共为长江流域禅宗四大道场，并与宁波天童寺、镇江金山寺、常州天宁寺并称佛教禅宗四大丛林，在国内负有盛名，影响远及东南亚。1983 年，高旻寺被列为国家重点保护寺院。

清顺治八年（1651），吴惟华任漕运总督，念淮扬黎庶频遭水患，发善心购买土地，召集工匠，准备材料，于是年春兴工，创建天中宝塔，塔高七层，历时四年而功成。吴惟华笃信佛教，建天中塔的初衷是要锁住三汊河的风水，解除淮扬水患。天中塔建好后，又在塔的左边建庙宇三进，名曰塔庙，召僧侍奉香火。天中塔是高旻寺的主体建筑和重要标志。三汊河自建天中塔后，被称为宝塔湾，简称“塔湾”。

清康熙三十八年（1699），康熙第三次南巡至扬州，见天中塔岁久倾圮，欲略加修葺，为皇太后祈福。两淮盐商得到消息，在江宁织造曹寅、苏州织造李煦倡导下，争相捐金，修缮天中塔并扩建塔庙。从此，建大山门、御牌坊、无梁殿、大殿、御书楼（又名五云楼）、禅堂、法堂、方丈、僧寮、客舍、幽轩、斋堂，层楼杰阁，参差耸峙河干。高旻寺的地位高出扬州各大寺庙。

康熙四十二年（1703）起，在高旻寺西修建行宫。行宫花费巨大，宫室奢靡华贵，诗人张符骧《竹西词》写道：“三汊河干筑帝家，金钱滥用比泥沙”“想到繁华无尽处，宫灯巧衬梵灯红”。是年，康熙第四次南巡，亲临降香，见旧刹式廓鼎新，庄严宏敞，兼以翚飞杰阁，凭高远眺，旻天清凉，玄气高朗，因书额赐之“高旻寺”。次年，又御制《高旻寺碑记》，“又颁大内供奉脱纱药师如来泥金佛像一尊，供于大殿，名曰‘金佛

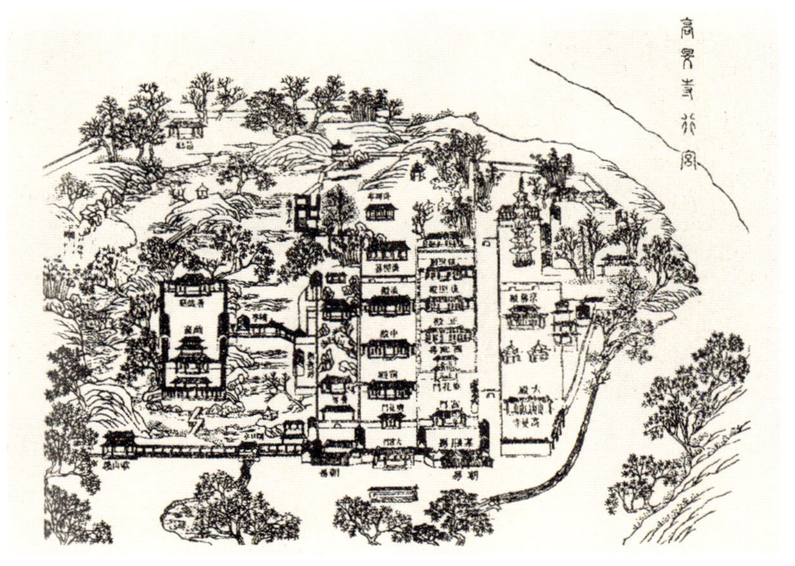

康熙、乾隆南巡驻跸高旻寺行宫图（录自《南巡盛典》）

殿’。诏三峰派下纪荫和尚住持开法，坐香打七，昼夜行持。历年恩赐御书、法物等件甚多”。康熙第五、六两次南巡均驻跸高旻寺行宫。乾隆六次南巡，每次都驻跸高旻寺行宫。

清代高旻寺和行宫的范围，较今高旻寺占地面积稍大，行宫建筑约占整个高旻寺的 4/5，寺院建筑仅占 1/5。行宫大宫门居中，高旻寺在行宫东侧，较行宫围墙东南角后缩数丈，处于从属地位。高旻寺大门在寺院东南角，东向临河而开。进门右折，寺内主体建筑为大殿五楹。殿后左右各建御碑亭一座。再后为金佛殿，专为供奉康熙所赐的内府金佛而建，又称京佛殿。以上建筑四周围以高墙，为前院。围墙北开左右二门，通后院。后院内为天中塔和藏经楼、念佛堂等建筑。前院和后院的东廊房外，又分别围成前后两个院落，僧寮客舍大多建于院内。行宫在高旻寺之西，有高大的围墙与寺院隔开，夹巷的前段和后段各有大门及过道，分别与寺院的前后两院相通。行宫内又分东西两院，东院建宫室，西院为花园。宫室四周复有围墙，而以大宫门居其中。大宫门对面有大影壁。入大宫门，院内宫室又以围墙分为三路：中路入垂花门，建有前殿、中殿、后殿三座。东路最前为朝房和茶膳房，次为书房，书房向北，入东垂花门，门内依次建有正殿、后照殿、照房。西路最前亦为朝房和茶膳房，次为书房，向北入西垂花门，有一小建筑群，自成院落，是为三机房。三机房后建有卧碑亭一座。宫室西出西套房，即临水池，池上有岛，岛上建戏台，为皇帝和随从们看戏娱乐的地方。岛的东、南、西三

高旻寺行宫　　徐振宇　摄

面均有桥通岸上。以东面一桥较大，桥上建有桥亭。在池的四周植奇花异木，叠假山怪石，建有万字亭、箭厅、石板房、歇山楼等建筑，构成一个清幽别致的花园。

高旻寺和行宫的主要建筑大体完成于清康熙四十年到四十六年（1701—1707）。清雍正十二年（1734）奉旨有一次规模较大的修缮。乾隆历次南巡前，也都有所维修和扩建，但历次修建都未改变原有的格局与基础。变动较大的是池中岛上的建筑。清乾隆八年（1743）纂修的《江都县志》所绘高旻寺图，岛上有疏篱、垂柳、竹林、茅舍，尚无戏台。

清乾隆、嘉庆年间（1736—1820），是高旻寺的中兴鼎盛时期。清道光以后，高旻寺逐渐式微。道光二十四年（1844），天中塔再次倒塌。此后未能重建，高旻禅寺自此衰微。清咸丰三年至六年（1853—1856），高旻寺和行宫全部毁于兵火，旧时宫室几乎荡然无存。清同治年间（1862—1874）到清光绪初年，相继在寺僧严光（名明）和尚等人的主持下，募建殿堂并增建御书楼，恢复庙宇。寺内存至近代的主要殿宇及亭台僧舍，多数都是这一时期建筑的。光绪中叶，在月朗和尚的主持下，继续有所增拓，建造御云楼等建筑，使高旻寺重新具备相当的规模。1919 年，来果禅师任高旻寺住持，至 1953 年圆寂，前后 30 多年，对中兴高旻寺做出了突出贡献。修建了宝塔、大殿、禅堂、延寿堂、如意寮五大建筑，同时重整法纲，以至于“当时宗门气象尽在高旻”，其名声甚至远达海外，所订高旻寺规约也成为禅宗各大丛林的范本。

高旻寺和尚说法　　邗江区史志办　提供

“文化大革命”期间，高旻寺佛像全部被毁，文物、法器抄没一空，僧众被逐出寺门，寺院任意改建，大雄宝殿于1975年拆除。1983年，高旻禅寺被国务院批准列为汉族地区重点寺庙，后重建。1984年5月，德林继任高旻寺第四十七代方丈，他以重建祖庭为己任，扶刹竿于既倒，兴伽蓝于废墟。1990年，新建禅堂1座，高18米，呈不等边八面体近圆结构，建筑面积365平方米，外观雄伟，内室宽敞，集古今建筑特色于一炉，系香港陈鸿琛居士投资50万元兴建。缅甸洞缪观音寺住持惟静法师赠送坐式、卧式玉佛各一尊。1996年6月，大雄宝殿全部完工，采用皇家宫殿的建造方式，长40米，宽33米，高30米，面积1320平方米，殿亭的基座为花岗岩的须弥座，较为厚重。殿宇气势宏大，雕梁画栋，金钩彩绘。大殿内中为佛祖，手持莲花，佛像身后为八十八佛，旁站弟子两人，年轻的为目结连尊者，被称为神通第一；年老的为须菩提尊者，被称为智慧第一。三尊像皆泥塑装金，金光灿烂。东西两厢的十八罗汉则用彩塑，造型生动，极富个性，似佛非佛，似僧非僧，有文有武，有老有少，人物的喜怒哀乐和他们的性格特征被刻画得细腻传神，富有浓郁的生活气息，完全是世俗化的佛像。90年代复建的天中塔，为仿清风格，钢筋混凝土结构，木质斗拱与屋面梁架有八面九级，高88米，塔身镶嵌石刻法华经1部。全塔供72尊玉佛。其后又陆续修建天王殿、方丈室、法堂、如意寮、延寿堂、西花园等。

高旻寺大门

徐振宇　摄

高旻寺“钟之巅”

徐振宇 摄

高旻寺是临水寺，建筑活泼轻灵，构成曲折幽深的空间，幽雅而又含蓄，实际上是佛教建筑形态的民居化、花园化。禅堂、念佛堂、藏经楼、西楼、水阁凉亭、寮房各抱地势，高低错落，自得天趣。一楼一阁都造得奇，隐得巧，天光岚影恰到好处，梵音晨钟点到人心。寺外运河水泊，涟漪平缓，微波荡漾，殿宇倒映湖中，衬以白云蓝天，嘉木葱茏恬静、明洁灵秀。

乾隆御诗碑　清乾隆二十七年（1762），乾隆第三次南巡，途经瓜洲城，游览城西北私家园林吴园，盛赞其景，赐名“锦春园”，作《锦春园即景》诗一首，园主勒石建亭供奉，碑文为：“名园瓜步倚江滨，彩艒凌江到及晨。梅朵落同蓂荚尽，麦芒润逼菜花新。鸟言似惜芳菲意，石态全含浅淡皴。绿柳红桃流水阔，锦春即景恰婪春。”石碑落款处有“壬午三月晦日锦春园即景作御笔”字样。后因战火，园亭俱毁。新中国成立后，在锦春园旧址建瓜洲小学，学生们将这块御碑当作乒乓球桌，经常在上面打乒乓球。90年代初，瓜洲宝石工艺厂厂长周立根出资在厂区中央的空地上，专门修砌一处古色古香的宅院，院子中央筑一座六角“御碑亭”，将御碑镶嵌于墙壁中，用水泥砂石等材料修复右上角缺口，并用红漆涂染其字。御诗碑高0.98米，宽2.25米，厚0.33米，右上角缺损。碑边线阴刻，饰以八龙戏珠图案。诗文行书阴刻，竖排14行，70字。有御印2方。此碑是研究乾隆南巡的重要物证之一。1986年，邗江县人民政府公布此碑为县级文物保护单位。

清军“阵亡官兵忠义冢”碑　原位于梅庄村孟庄组西侧，后移至润扬森林公园，为

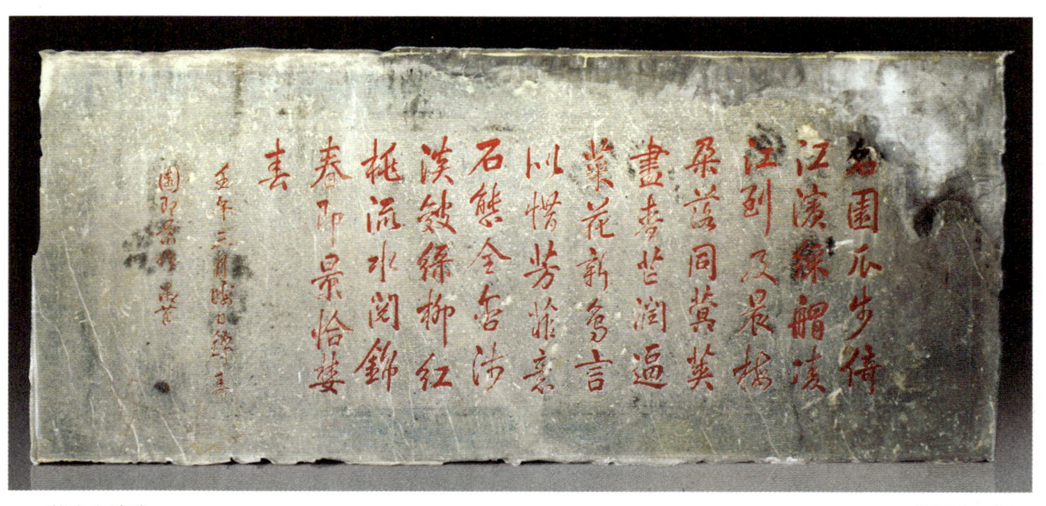

乾隆御诗碑　　　　徐振宇　摄

县级文物保护单位。清咸丰六年（1856）四月，太平军秦日纲率陈玉成、李秀成部在镇江大败清军后渡江北上，连破清军江北大营土桥、虹桥、朴树湾、三汊河等营垒，并第二次攻克扬州。在土桥一役中，清军全军覆没，295人毙命，葬于梅庄村孟庄组，并立“忠义冢碑”。碑高1.56米，宽0.77米，正面刻“陕西汉中陕安二镇阵亡官兵忠义冢记”，背面刻“阵亡官兵姓名与官职”。碑文从清政府立场，记录了清咸丰六年太平军攻破江北大营的史实，具有一定的史料价值。

孙氏烟商建筑群　位于江口街中段。建于清晚期，民国增修，面积2300平方米。原房主为孙氏，从事旱烟、货栈、酱园等方面的经营。房屋坐西朝东，共有两条轴线。北轴线为前后两进，明三暗四布局。第一进为面阔四楹、进深五檩，第二进为面阔四楹、进深七檩。大门开在第一进偏南第二间，为砖刻门楼，门楼雕刻部分被水泥涂刷。南轴线为前后三进，第一进为面阔三楹、进深五檩，后面有腰门通后进；第二进为面阔三楹、进深七檩，明间内置廊，隔扇门；第三进面阔三楹、进深五檩，三面为披廊，在北侧有门通火巷。火巷东面出口处置门。在第一轴线隔江口街的东侧还有面阔三楹、进深五檩的房屋1处。整个建筑群房屋架构布局完整，保存较为完好。孙氏烟商建筑群规模宏大，代表了扬州沿江地区民居建筑风格。2012年，该建筑群被列入市文物保护单位。

吴氏浴室　位于陈家湾街47号，建于民国时期。原名润泉浴室，为瓜洲镇军桥人吴广宽所开，费资5000多大洋。吴广宽时为英美烟草公司大班，见识广，资金雄厚，

陈家湾附近的老邮局（原吴氏浴室）　　徐振宇　摄

他在浴室斜对面古运河边，用石料砌了一座抽水机房，屋顶置储水池，供公共浴池和两间包厢浴盆用水。后因与地方势力结怨，对方造谣润泉浴室“汤神把澡客吃掉了”，气得吴广宽一病不起，浴室被拆，移作他用。新中国成立后为瓜洲邮局用房。房屋坐东朝西，平面较为特殊，呈平行四边形。房屋为面阔五楹、进深七檩。中间三间房间较为规整，两侧房间较小，并呈直角梯形。大门东向，开在偏南靠中间。室内实木天花板，天窗呈漏斗形，做法较为别致。山墙为防火墙，屋面小瓦，墙壁为青砖错缝墙，用石灰糯米汁为黏合剂。房屋整体保存较好，为基本完好房，现为瓜洲电信所房产。吴氏浴室是民国时期瓜洲镇老字号浴室，具有一定的历史价值。

江口街民居

江口街 5 号、6 号民居 清代建筑。原房屋坐西朝东，前后两进，临街的前一进已拆除。现房屋为面阔三楹、进深七檩，南北两侧为厢房，其中北侧为披厢。后门做工考究，有砖砌门垛，大门两侧有方形抱鼓石，原大门上蒙有铁皮，并有鼓钉组合图案，现已脱落。该房屋为一般损坏房屋，现有两户居民居住。

江口街 34 号关氏住宅 清代建筑。关氏曾经营古董生意。房屋坐西（北）朝东（南），大门东向。房屋前后两进，第一进房屋为面阔三楹、进深七檩，第二进房屋也

江口街孙家大宅门 徐振宇 摄

为面阔三楹、进深七檩，并保存六扇隔扇门。在两进房屋中间有一道隔墙，中开门。在墙两侧各布置有厢房，西侧为两厢四间，东侧为两厢两间，厢房底部为砖砌槛墙，上部为板壁及对开窗户。屋面为小瓦，墙体为乱砖砌筑，山墙上砌有三阶防火墙，外墙局部粉刷。天井内私搭附房严重，房屋状况基本完好，局部装修已改。现为公房。

江口街67号民居 民国建筑。房屋坐西朝东，大门西向，门两侧为砖砌门垛。房屋为两层楼，面阔三楹、进深五檩，在后边偏南处外带一间，设置楼梯。外墙为青砖错缝墙，用砖规整。大门做工考究，木门外蒙铁皮，上面用钉组成五蝠（福）盘寿图案。房屋基本完好，屋面小瓦已改大瓦，局部墙体粉刷。现为私房。

青龙巷民居

青龙巷姜记粮行 位于青龙巷39号。原房主为姜姓老板，经营粮行。原房屋为前后两进，前店后宅格局。

青龙巷　　徐振宇 摄

房屋坐西朝东，大门为装卸方便的铺闼门。房屋面阔三楹、进深七檩，前面带有较为宽敞的敞棚轩。在西侧已拆除一檩。外墙为乱砖砌筑，两侧山墙上有三阶防火墙。房屋结构保存较好，室内局部装修已改，现为私房。

青龙巷37号民居　民国建筑。房屋为小二楼，大门西南向，上有门罩。房屋面阔三楹，二楼为五檩屋架；一层朝南一侧增加副阶，在东南侧有三架梁厢房一间。屋面为小瓦，外墙为乱砖砌筑，后被粉刷。室内局部装修已改。现有两户居民居住使用。该民居是瓜洲老街区民国时期保存较好的两层楼民居，具有一定的代表性。

青龙巷41号民居　民国建筑。原房主张氏，从事粮食经营。房屋坐西朝东，面阔三楹、进深七檩，南北两侧为厢房。屋面小瓦，外墙为乱砖砌筑。房屋状况基本完好，局部装修已改动。现为私房。

青龙巷43号民居　民国建筑。原房主赵氏，从事粮食经营。房屋坐西朝东，面阔三楹、进深七檩，南北两侧为厢房，屋面小瓦，外墙为乱砖砌筑，迎面外墙水泥粉刷。房屋状况基本完好，局部装修已改。现为私房。

青龙巷44号高氏民居　民国建筑。坐北朝南，砖砌门楼。房屋东西向布局，东西建筑均为面阔三楹、进深七檩。屋面小瓦，外墙为乱砖砌筑，西山墙为防火墙。房屋状况基本完好。现为私房。

四里铺街高氏民居　位于四里铺街79号、81号，民国建筑。原房主为高万泰，经营杂货生意。房屋坐东朝西，大门原为铺闼门。房屋前后两进，第一进面阔四楹、进深五檩，第二进面阔四楹、进深七檩，两侧为披厢各两间。屋面为小瓦，墙壁为乱砖砌筑，山墙为防火墙。房屋状况基本完好。现有4户居民居住。

链接：锦春园的复本——北京蒨园

乾隆皇帝初次南巡，对锦春园的精巧雅健、高贵富丽的风格留下深刻印象，回銮后马上决定仿锦春园修建一处皇家园林，它就是北京长春园内的蒨园。蒨园是最具江南风格的园林，不论是外围环境的水云清旷，还是内部结构的轩亭窈然，都与瓜洲锦春园的理景手法貌合神契，为此前御苑中所未见。

蒨园对锦春园的写仿，包括对其外围自然环境、地形、地貌、场所精神的认同感。据《日下旧司考》:“澹怀堂迤西，滨河水石之间为蒨园。”滨河水石之间正是蒨园园林环境的形象表述。依照计成《园冶》关于园林用地的分类，蒨园、锦春园的选址属“江湖地”，所谓“江干湖畔，深柳疏芦之际，略成小筑，足征大观也”。

南长湖之于蒨园，犹如古运河之于锦春园，锦春园沿河临水筑园的传统被全面继承并加以发展。为适应长春园的具体环境，蒨园依循南长湖东西铺陈，由此出现东西向的朗润斋、湛景楼主轴线。

蒨园临湖一面无围墙限制，建筑或依水，或浮波，从容安排，布局更为亲切自然，内外空间的交融较之锦春园有过之而无不及。锦春园借景奇绝，登楼即可撷取江天浮玉、百舸争流的壮阔景面；蒨园则因地制宜，湛景楼、标胜亭、韵天琴、菱香沜等主要建筑前后左右皆有开朗的视野，特别是西、北两面，长湖丰草，柳荫夹岸，春日桃花盛开，燕山群峰岚霭变态，在充分体现类似锦春园空间内外流动、“名园依绿水”的场所精神之时，不失雄秀苍莽的北国皇家园林本色。

江天楼阁　　袁江　绘

旅游开发

瓜洲是运河与长江交汇处的唯一千年古镇，中国历史上很多故事和传奇发生在这里，它是中国历史文化长河中的一处重要地标。尽管古老的瓜洲城坍入长江，但那条千年漕运的通道、皇帝南巡经行的运河还在，如今已成为世界文化遗产的一部分。从20世纪60年代末兴建瓜洲水利枢纽开始，这里营建的纪念性瓜洲古渡公园就成为无数人流连的场域，接待了众多的海内外宾客。进入21世纪后，江苏省作出沿江开发的战略决策，随着润扬长江公路大桥的建设，扬州市城市总体规划将城市定位为从运河时代迈向长江时代，瓜洲成为扬州运河文化轴的南部节点以及南部滨江旅游的重点区域。2008年后，瓜洲按照国际旅游度假区标准进行打造。度假区总体定位为中国大运河遗产游的引领者、国家级文化旅游示范区、江苏休闲度假的新地标、扬州旅游新的增长极。依托古镇古渡历史文化资源，以大江大河生态资源为基础条件，瓜洲先后开发润扬森林公园、芳甸别墅区、太阳岛高尔夫、途居扬州国际露营地、海浪谷水上乐园、金阳光瓜洲生活广场、观音岛直升机航空游艇基地等一批特色休闲度假重点项目。至2017年，瓜洲先后创成“省级旅游度假区”“省级生态旅游示范区”等旅游品牌。中国瓜洲音乐节已成为全国知名的户外音乐节品牌，全国露营大会（江苏扬州站）也成为国内有影响的旅游节庆活动。

瓜洲古渡

旅游规划

2008 年，扬州瓜洲国际旅游度假区（时名“瓜洲古镇国际旅游度假区”）总体规划通过扬州市规划委员会审批。扬州瓜洲国际旅游度假区占地面积 12 平方千米，东至瓜

扬州瓜洲国际旅游度假区规划效果图

洲—八里界和长江岸线，南至长江，西至仪瓜界，北至沿江高等级公路。度假区以“一核心三组团”作为总体思路，即以建设大型文旅综合体项目为核心，构建古渡文化组团、田园人居组团和时尚度假组团。以此丰富度假区旅游产品，提升旅游项目质态，力争把瓜洲建设成兼具古典气质与现代功能的滨江风情休闲度假区。

空间布局　根据“一核心三组团”的思路，度假区的空间布局呈全面开花态势。中北部区域（扬溧高速瓜洲出入口附近地带），该区域占地面积45.33公顷（680亩），计划建成大型文化旅游综合体。东部区域（润扬南路以东地带），利用瓜洲深厚的文化底蕴，依托该区域的世界文化遗产河段——伊娄运河进行运河两岸综合环境提升，开发打造江口古街和瓜洲古渡，建设张若虚纪念馆，复建大观楼景区，打造古渡文化组团；西部区域（扬溧高速以西地带），利用区域水网田园密布的生态优势，完善和丰富军桥村健身漫道、东大营水乡生态园与古渡春等生态庄园，以及瓜洲北部区域的绚彩乡村葵园等项目，进一步引进高品质乡村旅游综合体项目，打造田园人居组团；南部区域（翠屏路以南地带），提升途居扬州国际露营地、太阳岛高尔夫、芳甸别墅、观音岛直升机航空游艇基地等项目的运营质态，集中打造成时尚度假组团。

旅游体系　“游”有六大主体产品：润扬森林公园、观音岛直升机航空游艇基地、瓜洲古渡、太阳岛国际高尔夫俱乐部、大观楼景区、温泉度假村；两大辅助产品：军桥健身漫道、绚彩乡村葵园。

“住”有四类产品：互动型的房车与露营帐篷、特色型的木屋与树屋、体验型特色民宿、星级标准的温泉度假酒店，客房总数约1200间。

“吃”和“购”主要集中在瓜洲全生活广场和各大旅游景区。游客可品尝特色美食，购买有地方特点的旅游纪念品。

“娱”主要集中在太阳岛高尔夫俱乐部、观音岛直升机航空游艇基地、扬州途居国际露营地和葵园内的配套娱乐项目、大型文旅综合体项目等。

开发时序　扬州瓜洲国际旅游度假区开发计划分三期进行。一期重点项目为瓜洲古渡改造、运河两岸综合环境提升，以及大型文旅综合体、诗词文化博物馆、高端民宿和乡村民宿等项目建设；二期重点为温泉度假酒店、河东外排泵站以南的水利风景区、老扬州锻压机床厂文化创意园区等项目建设；三期重点为古镇核心区开发、大观楼景区和康体养老等项目建设。

景区景点

瓜洲古渡风景区

为调节古运河水位，1969年10月，在瓜洲镇古运河东侧新开的裁湾河段兴建节制闸，1970年6月竣工。1973年3月，结合瓜洲抽水站工程，在节制闸西侧同时兴建瓜洲船闸，1975年建成。节制闸和船闸组合成一座中型水利枢纽工程，在排涝、抗旱、水运、换水排污等方面发挥了巨大作用。

由于瓜洲古城的坍没，瓜洲古渡随之消失。为满足人们寻幽访古的需求，瓜洲闸管理处利用闸区四面环水、面江临河的地理特点，围绕古渡主题着力开展项目建设。在闸区8万多平方米的区域内开展绿化、美化工程，栽种40多个大类、7万多棵树木，其中尤以两棵楠木树最为珍贵。逐步添建花房、鱼池、假山、曲桥、喷泉、银岭塔、含江口牌楼、观潮亭，复建“瓜洲古渡”“锦春园”等历史遗迹，根据杜十娘的故事兴建沉箱亭，设有古渡宾馆、南苑餐厅、游泳池等旅游服务设施。到80年代初期，瓜洲古渡风景区基本建成。景区里树木郁郁葱葱，林荫夹道，楼台亭榭，参差有致。2001年，增建历代名人咏瓜洲百首诗墙。

80年代至90年代，古渡风景区共接待5大洲93个国家和地区的34批、2400多位外宾（其中包括7位总统、89位部长），以及全国各地数十万名游客的参观。2002年，瓜洲古渡风景区被水利部确认为国家级水利风景区。2011年，瓜洲水利枢纽作为大运河申报世界文化遗产中一座重要的水利设施，被列入省级重点新发现文物点。

锦春园　1980年，闸区管理处在景区专辟一个园子，冠以“锦春”之名，以存历史上“锦春园”故实。园四周砌有镂空花墙，园门前植龙柏、垂柳，园内花圃栽有牡丹、芍药、紫薇、琼花、天竺等花卉苗木，藤架、喷泉、竹坞点缀其间。

银岭塔　建于1980年，实为水塔，高31米，共7级，耸立于影映池东南隅。塔身修长，外观鹅黄，建筑风格简洁、明快。历史上“瓜洲十景”中有“银岭晴岚”“金山塔灯”之说，由于景区水塔与长江南岸的金山遥相呼应，于是取名“银岭塔”。登临塔上远眺，江面百舸争流，金、焦二山清晰可见；俯瞰近处，闸区风景尽收眼底，令人赏心悦目。

“瓜洲古渡”碑与观潮亭　1980 年 4 月，鉴真大师干漆夹纻像回国“探亲”。大师塑像从镇江过江，由瓜洲渡口踏上扬州故土。为纪念鉴真东渡，80 年代中期在瓜洲闸区小岛南端竖立“瓜洲古渡”碑。“瓜洲古渡”四字虽是镇上一位工人用棉花团代笔写成，但不失憨拙厚重。同期，在碑北侧不远的土山之巅建观潮亭，亭身净高 12.8 米，分上、中、下三层，复顶翘角。顶内通体饰以梅花图案，四角配以喜鹊，取喜鹊登梅之意。登

“瓜洲古渡”碑　　徐振宇　摄

亭南眺，长江和金、焦二山俨然是一幅水石盆景。

沉箱亭　根据明代杜十娘怒沉百宝箱的传说而兴建的纪念性建筑，亭为八根廊柱撑起八角形的飞檐穹顶，亭中立有沉箱亭碑，背面碑文为杜十娘怒沉百宝箱故事梗概。

历代名人咏瓜洲百首诗墙　2001 年 11 月，瓜洲水利枢纽实施除险加固工程，节制闸西岸原挡洪墙增设一道长 160 多米、高 1.8 米的钢筋混凝土挡洪墙。鉴于瓜洲古渡有着诗渡的美誉，景区受百首诗词书法集《千年咏扬州》的启发，用 100 块宽 1.4 米、高 1.2 米的花岗岩镌刻百名书法家的墨宝，再将刻好的花岗岩镶嵌在挡洪墙上。扬州玉器厂工艺大师承担镌刻任务，大师们精湛的雕刻技艺使原书法的神韵得到充分再现。一百

历代名人咏瓜洲百首诗墙　　徐振宇　摄

块花岗岩诗碑连缀成的百首诗墙，成为古渡风景区一道亮丽风景。

杜十娘广场 建于 2015 年，位于渡口路与迎江路交叉口西北处，广场面积 4200 平方米，其中绿化面积 2500 平方米。广场地面铺有体现瓜洲元素的浮雕图案砖，让人在漫步中就能感受瓜洲的文化气息。整个广场呈江螺状展开，寓意着古镇将在新一轮旅游开发中不断前进，释放出熠熠光辉。

高近 6 米的杜十娘雕塑矗立在广场中央，大理石雕塑通体洁白，杜十娘双手握举着百宝箱，衣带飘逸，表情既悲愤无奈，又妩媚多姿。总长近 50 米的彤云阁长廊，用 9 块连环画砖雕群讲述杜十娘悲情故事，再现凄美传说。广场内还分别建有长 33.8 米、32 米的诗墙和诗廊。

江口街民俗风情区 江口街格局为沿河而建。曾经的江口街商铺林立、寺庙众多，人流如潮。江口街因瓜洲古城坍江而繁盛不再，作为瓜洲古建筑保存相对较好的街区，街道两边不少老宅风貌依旧，大多为清末民国初期时的建筑，一条青石板路刻印了岁月沧桑。

清末民国初时，街的南端为过江轮渡码头，是老街上最繁忙的地方。从早上天没亮开始，到晚班船靠岸，街上都有赶船人匆匆的脚步。北首靠近陈家湾附近，有一片中药房，对面是民国时期的邮局。街的中段有一座水产站，对面是渔船停靠的码头。夏秋季节的傍晚时分，渔船三三两两靠岸后，渔民便会将一天的收获抬到站上来，再从这里分拣后转运出去。街上的居民从站上买一些拣剩下的小鱼小虾，处理一下就下锅，味道极为鲜美。忙碌一整天的渔民们，送完鱼虾之后，便会到街上买点熏烧肉用荷叶裹了，再到百货店打二三两散装白酒，站在柜台边，一手端着酒碗，一手拈着熏烧肉。瓜洲人把这种吃法称之为“喝靠柜酒”。

街上有两家比较出名的工厂，一是南头的锅厂，其生产的铁锅不仅覆盖江苏，还销售到安徽、江西、四川、福建等地；一是北头的工具厂，生产的镰刀吸引周边县市众多商贩前来购买。

润扬森林公园 2005 年，为配合润扬长江公路大桥开通，市政府在瓜洲投资兴建润扬森林公园。公园位于润扬长江大桥北接线以东，瓜洲渡口以西，占地面积 232 公顷，由滨江风光带、湿地风景区、保留林带和纪念广场构成。经过十多年建设，公园已成为集旅游胜地、休闲度假和野营基地于一体的生态公园。

这里处于滨江地带，公园与大桥、长江共同组成独具特色的旅游景区。飞架于历史

润扬森林公园　　徐振宇　摄

文化名城扬州和镇江之间的润扬长江公路大桥，成为公园一处独特的景观标志。在森林公园可以近距离感受润扬长江公路大桥的宏伟气势，也可以静观随风荡漾的芦苇和自由栖息的群鸟，还可以静听江面传来的阵阵涛声与声声汽笛。2013 年起，润扬森林公园已连续 5 年成为中国瓜洲音乐节的举办地。2015 年，润扬森林公园被列为省级生态旅游示范区。2016 年，被评为国家 AAA 级旅游景区。

途居扬州国际露营地　位于润扬森林公园内，2015 年 9 月 26 日开营。该项目占地面积 86.7 公顷，总投资 1.5 亿元，营地房车规模约 140 辆，17 栋木屋，6 栋树屋，可同

露营地房车　　徐振宇　摄

太阳岛高尔夫场地

时容纳千人住宿、餐饮、会议及上万人游览。整个营地以长江沿岸生态湿地和森林公园为资源基础，被划分为婚礼草坪区、房车组团区、自驾房车露营区、烧烤区、木屋区、素质拓展区、运动生态区和主广场区八大功能区。设有森林探险、高空滑索、卡丁车、游船等参与性强的户外项目供游客游玩体验。

途居营地采用 9 米和 6 米两种类型房车，房车内 Wi-Fi 全面覆盖，有网络电视、电冰箱。每个标准营位配有烧烤台、自驾车停车位以及一套木桌椅。木屋营位类型有一室一厅、两室一厅等，木屋内配有厨房、卫生间、空调、冰箱。2015 年，被评为江苏省首批房车露营地、长三角房车旅游标准化示范营地。2016 年，被评为省级示范营地、省级旅游创新发展优秀项目。

扬州太阳岛国际高尔夫俱乐部 位于镇区南部翠屏路 21 号，占地面积 70.67 公顷

李斯尔 摄

（1060亩），为18洞国际标准高尔夫球场，总投资1.2亿元。该俱乐部由新加坡独资外商企业——扬州元立国际度假俱乐部有限公司设立，2010年5月28日开业。俱乐部以生态会所和高尔夫运动为主体，其设计风格强调生态与自然相融合，致力打造成一个“远离城市喧嚣，置身于天地自然美景之间，供商界精英、白领人士商务会谈、修身健体的独家之所”。生态会所建筑面积3000平方米，主要提供餐饮等配套服务。2017年年底，高尔夫球场有球童70多人、工人200多人、会员近400人。

扬州海浪谷水上乐园 由江苏天曜旅游投资有限公司投资建设，项目总投资1.5亿元，占地面积8公顷，2014年5月建成开园。整个水上乐园营造海的氛围，园区设有狂暴海啸造浪池、尖峰时刻、水森林、峰回路转、SPA区、海豹之家、漂流河、东碰西撞等水上活动项目。人造海浪区是项目的核心游玩互动区，海浪采用国际第三代真空造浪技术，造浪池利用大功率设备制造海浪，最高可制造5级海浪，海浪可高达几米，平均1小时出现20分钟的“狂暴海啸”。剩余的时间为潮汐造浪，保证让人在水中感受海上冲浪感觉。漂流区漂流一周达360米，同时建有缓流和急段10多个，两岸建有树木、怪石。漂流船顺势而下，风景奇异，让人有千回百转之感。人造海浪区域建有水中舞台，将杜十娘怒沉百宝箱搬上舞台，游客能一边享受冲浪、漂流的乐趣，一边观看中

东大营水上别墅

国经典民间传说大型舞剧。2014 年，入园人数近 20 万人次，实现营业收入 1200 万元。2016 年，关门歇业。

瓜洲东大营水乡生态园　瓜洲东大营水乡生态园位于扬溧高速公路瓜洲出口西侧，沿江高等级公路南侧。总占地面积约 12 公顷，投资 1000 万元，2011 年 5 月 1 日对外营业。园区集餐饮、住宿、采摘、垂钓于一体，辟有蔬菜基地、养殖基地和葡萄园。园内餐饮

徐振宇　摄

住宿场所面积 1500 平方米，其中有客房 40 间、水上别墅 3 间、大小包间 13 个，宴会厅能容纳 300 多人同时就餐。蔬菜基地主要种植当季应时的蔬菜，养殖基地主要饲养黑猪、土鸡、鸭和鹅。生态园的美食以江鲜、土菜为主，尤以江昂烧粉丝、砂锅焗江鳗、散养老鸡汤、花菜干红烧肉、干锅卤干焖野鸽、农家老豆腐、农家四宝烩等最显特色。

芳甸 位于润扬森林公园北侧，占地面积 23.33 公顷（350 亩），为高宜居、低密度、双生态豪宅社区。芳甸南靠 46.67 公顷（700 亩）江月湖，东、西、北三面是 20 多米宽的人工河道，接通长江活水，形成一面临湖、三面环水的林中岛屿格局。“芳甸”二字取自唐代诗人张若虚《春江花月夜》中的“江流宛转绕芳甸，月照花林皆似霰”。该项目由江苏龙润置业有限公司投资建设。2012 年，芳甸一期观澜苑 34 栋别墅建成，规划设计由国际一线大师团队担纲，在充分吸收中国古典住宅文化精髓的同时，选用世界上最为经典的法式和意式建筑风格，当年，芳甸入选“亚洲十大超级豪宅”排行榜。2016 年，芳甸别墅二期阅江苑 39 栋及会所建成，阅江苑位于芳甸别墅园核心，直面江月湖。

芳甸别墅区　　瓜洲国际旅游度假区管委会　提供

园区商业会所 6000 平方米，主要设施有健身娱乐、商务休闲、会务接待等功能。芳甸是瓜洲文旅特色小镇的重要载体，以优美的意境营造了扬州乃至“长三角”的美景。

2017 年 3 月，江苏芳甸文化发展有限公司暨影视摄影基地在芳甸启动。芳甸文化发展有限公司致力于利用芳甸独有的环境优势，打造集视觉影视、婚庆礼仪、美食娱乐、建筑景观于一体的新型综合文化产业，拓展服务领域，整合婚庆文化产业，使芳甸成为真正的“一站式”婚庆文化产业基地，为瓜洲的生态旅游提供客源保障。摄影基地拥有占地面积近 1500 平方米的 4 栋恒温恒氧独立别墅、2000 平方米的室内恒温泳池、1500 平方米的自然花海，可以满足各种风格的拍摄需求。会馆近 2000 平方米的户外草坪可举办千人草坪婚礼，1600 平方米宴会大厅同时可容纳 400 人用餐，开启了扬州西式婚礼的新模式。

绚彩乡村——瓜洲葵园 位于瓜洲村，跨五柳、汤庄、平条 3 个村民小组。这一区域原来地势低洼、农田零散、抛荒地多，2016 年春季，村集体租赁农民的抛荒田，实

葵园彩绘　　徐振宇 摄

施土地流转、集中经营的模式。村里利用区位交通优势，引进向日葵新品种，致力打造“绚彩乡村”农业观光休闲旅游区。

葵园规划面积 66.67 公顷（1000 亩），预计总投资 5000 万元。2016 年，一期工程建成 60 亩向日葵主题花海田、10 亩西堤花田、16 亩垂钓区以及 80 亩绿化观赏区。村里采纳大学生“村官”提出的“油画涂鸦扮靓村舍”妙招，对 80 多户农户墙壁涂以 3D 立体画和 2D 平面画，总面积 2.8 万平方米。图案既有向日葵、樱花、卡通系列，也有应景的田园风光，还有鉴真、杜十娘、梁红玉等与瓜洲历史相关的人物。扮靓一新的农舍、主题花田和绿化观赏区构成色彩斑斓的“绚彩乡村”，行走在村间小道，宛如徜徉在童话之中。一期工程同时配套建成占地面积 1.3 公顷的接待区和 320 平方米的餐饮服务区，生态停车场可供 200 余辆车辆停放，用废旧轮胎、环保材料制作的秋千、坐凳以及恐龙等为小朋友提供游乐空间。旅游导示系统、公共厕所、垃圾收集等设施配套到位。2016 年，葵园被评为江苏省三星级乡村旅游区。2017 年，葵园二期工程引进彩色树木，营造不一样的四季景色。40 亩的蔬果采摘园建成投产，60 亩菊葵新品种种植和观赏区合作项目如期签约；建成集体农庄 1 个、采摘型家庭农庄 7 个、乡宿集中点 1 个。至年底，葵园已形成向日葵主题花海、西堤花田、彩绘五柳庄、亲子游乐区、古运河氧吧、特色民宿等主题区域，年接待游客 5 万人次。是年，葵园在首届扬州市创意休闲农业设计大赛中获优秀创意奖。

观音岛直升机航空游艇基地 观音岛本是废弃的运河故道，1975 年，因开挖通江汊口，泥土堆积在此形成人工岛。观音岛位于瓜洲运河入江口，三面环水，占地面积 3.33 公顷（50 亩）。岛上参天的大树，周边环绕的江滩，千余亩的生态芦苇荡，与壮观的长江浑然一体，呈现一派原生态的美丽图画。2013 年起，扬州三星电梯有限公司原董事长施凤鸣在岛上开建直升机场航空游艇基地，项目总体定位为飞行培训、空中观光、飞行旅游体验、航空拍摄、长江运河的游艇休闲等旅游业，计划总投资为 1.5 亿～ 2 亿元。

尽管是现代新业态旅游项目，小岛上古色古香的园林，亦让人有回归山林之感。望江亭、江心亭、伴山亭、观潮亭等亭台错落有致，造型各异，营造随意、随心、休性、休闲的心境，岛上最高处有新修的观音阁。

观音岛的旅游项目主要是“水陆空”三种，水上游以游艇游和观光游为主，陆地以禅修旅游为主，空中以飞行体验与空中观光为主。游艇游项目首批准备引进 8 座的小游艇、60 座的大游艇总计 6 艘，不仅可以横跨长江，还可向东直通大海，向北穿梭于七河

观音岛“水陆空”游艇直升机基地 夏明喜 摄

八岛与大运河之间。未来私人也可以在这里购置自己的游艇。直升机空中观光游项目，计划引入 20 架左右的直升机。游客不仅可以空中观光，也可在此学开飞机，这里将成为苏中苏北首家飞行执照培训基地。至 2017 年，完成投资 1 亿元，建成通用航空机场停机坪、直升机机库、游艇码头、指挥中心等项目，凤鸣园、静海楼、游艇商务中心、观音阁等主体建筑施工基本完成，游艇观光区环境打造和水系疏通工程取得突破性进展。根据规划，岛上将设立美国罗宾逊直升机江苏销售中心，建成该款飞机在江苏的唯一 4S 店。建成后的观音岛直升机航空游艇基地将有机融合园林文化、寺庙文化、山水文化、建筑文化、休闲文化等多种文化的特质，满足现代人对精神文化的多元需求。

旅游节庆

从 2013 年开始，受瓜洲音乐节的启发，瓜洲不断放大节庆效应，采用“深度体验 +

新媒体宣传”等推广模式，策划组织大型主题活动，实现一季一节，季季有活动，活动有特色。春有江鲜美食节，夏有嬉水音乐节，秋有花海旅游节，冬有温泉养生节。通过市场化操作、商业化运作、政府搭台、企业唱戏，集聚人气，创响品牌。

中国瓜洲音乐节 2013 年端午节小长假，首届中国瓜洲音乐节在瓜洲润扬森林公园举办，数万名乐迷齐聚瓜洲共享音乐狂欢盛宴。音乐节由扬州广播电视传媒集团（总台）与北京迷笛演出有限公司迷笛音乐节品牌合作，采取纯市场化的运作模式。至 2017 年，音乐节连续举办 5 届。经过 5 年的市场培育，瓜洲音乐节已成为扬州以及“长三角”地区乃至全国知名的户外音乐节品牌，吸引众多年轻人的关注。音乐节的现代流行元素与瓜洲传统的静态人文并存共生，创造了一种新型的精神生活方式，给瓜洲乃至扬州旅游增添了新的亮点。瓜洲因此成为端午节期间众多城市市民和年轻人出行的目的地。

2013 年 6 月 10—12 日，首届中国瓜洲音乐节为乐迷设置 2 个各具风格的大型舞台，演出从每天下午 2 点到晚间 10 点，整整 8 个小时。演出现场还开辟美食区、啤酒公园、游乐嘉年华、亲子家园、房产展示、车展、创意超市等多个功能区。音乐节以“像风一样自由”为主题，突出青春摇滚激情的精神属性，营造出狂欢的氛围，为年轻群体连续呈现三天丰富的现场音乐体验。音乐节期间，许巍、老狼、陈楚生、谭维维、许飞、袁娅维 6 位明星登台，以中国摇滚新教父——谢天笑以及“逃跑计划”等为代表的 42 支摇滚乐队热力开唱，吸引 6 万多名乐迷参与。

2014 年 5 月 31 日至 6 月 1 日，第二届中国瓜洲音乐节吸引全国各地 5 万多名乐迷同享音乐狂欢。躁音门乐队、唐朝乐队、GALA 乐队、17 路扬州本土摇滚乐队、丝绒公路乐队、超一波孩迷乐队、痛仰乐队等 34 支乐队分别在“迷笛舞台”和“瓜洲舞台”登场，多维度满足乐迷的不同需求。尚雯婕、杨坤的先后亮相，将音乐节现场推向高潮。每个舞台每天都有近 10 组歌手、乐队唱足 8 个小时。音乐节汇聚老中青三代优秀摇滚乐队及歌手，从中国古典音乐到金属、民谣等不同类型音乐，让各地乐迷在湿地氧吧畅游音乐海洋。

2015 年 6 月 20—21 日，第三届中国瓜洲音乐节以“庆祝（扬州）建城 2500 周年”为主题，组织极夜乐队、A 公馆等 16 支乐队，叶蓓等百名音乐人登台表演。音乐节设立 3 个舞台，一号主舞台是专业歌手、专业乐队演出的舞台；二号舞台为车展服务舞台，配合车展，展开一系列促销活动，同时穿插扬州本地歌手、乐队演出；三号互动舞台为扬州群众文化演出舞台，也是唯一一个没有乐队和艺人表演的舞台，每天在固定的时间

部分年份中国瓜洲音乐节海报

段会有不同的主持人在舞台上与台下观众进行互动演出，现场的观众可以和主持人一起互动，一起抒发对音乐、对生活的热爱，邗江的各个特色表演队也在这个舞台演出。为向扬州城庆 2500 周年献礼，音乐节期间，组委会还特设扬州雕版印刷、扬州毛笔、扬州刺绣 3 个非物质文化遗产项目展位，展示扬州丰富多彩的本土文化。音乐节吸引游客突破 8 万人次。

2016 年 6 月 9—10 日，第四届中国瓜洲音乐节如期举行。该届音乐节以“民谣在路上”为主题，设有“享”“乐”“动” 3 个舞台。“享舞台”邀请老狼、李志、赵雷、马条、山人乐队、洛兵等国内一线民谣歌手，组成民谣界的“梦幻阵容”。“乐舞台”上，大冰、陈鸿宇、王继阳、路平、冯佳界等民谣歌手构建一个别具一格的互动舞台，歌迷在这里不但可听音乐，还可和歌手广泛互动，一起听、一起聊、零距离接触、面对面沟通，打造“民谣部落”。“动舞台”主要是扶植地方音乐、推广地方音乐人，共有 10 余支扬州本地以及长期参加各大音乐节的老牌乐队登场。

2017 年 5 月 28—29 日，第五届中国瓜洲音乐节在润扬森林公园举行。此届音乐节是十三月文化联合网易云音乐共同打造的全新音乐节品牌“云上音乐节”的首次落地，

中国瓜洲音乐节（2017 年） 庄文斌 摄

也是瓜洲音乐节的一次全新升级。音乐节吸纳众多网易云音乐平台上的优秀民谣音乐人，除民谣舞台外，还涵盖世界音乐、戏曲跨界、Hip-Hop 等不同类型的优秀音乐种类。万晓利、南无乐队、赵照、赵雷、晓月老板、鹿先森乐队、陈鸿宇等众多民谣歌手参与此次音乐节。新乐府首登瓜洲舞台，不仅集结昆曲和评弹，还有人气极高的说唱歌手满舒克、Higher Brother 等。“大冰的小屋”将帐篷搬到音乐节现场，继续延续“24 小时音乐不断电”的概念。

全国露营大会（江苏扬州站） 瓜洲拥有长江中下游保存最为完好的生态湿地，加之便捷的区位交通优势，非常适合开展户外活动。2016 年，途居扬州国际露营地与

露营大会 徐振宇 摄

途居扬州国际露营地 徐振宇 摄

8264户外资料网、扬州市登山协会等多个部门联合举办全国露营大会。活动期间，来自苏、浙、皖近30家户外俱乐部的1000多名驴友，相聚途居扬州国际露营地。活动期间开展自行车慢骑、定向越野、爬行比赛、扎帐篷比赛、拔河比赛等活动以及狂欢晚会。2017年，途居露营地投资管理股份有限公司与江苏省房车露营协会等众多部门在润扬森林公园内联合举办房车露营交流大会。活动邀请了省旅游局、中国旅游车船协会、中国汽摩协会、中国休闲标准化委员会和相关户外露营专业团队与公司共同参与，开展丰富的论坛交流活动，互相交流学习露营行业的政策法规、规范标准以及发展战略。

江鲜美食节 瓜洲拥有得天独厚的江鲜资源，出产刀鱼、江鮰、河豚、江昂（黄颡鱼）、江鲢、江蟹等数十种江鲜。镇内渔业村拥有一支300多人、60艘渔船的专业渔业队，常年在江上捕捞，为瓜洲各大餐饮店提供正宗的野生江鲜。同时，镇内拥有春江缘、金三角、古渡春、荣艳等一批专营江鲜的饭店和肖扬、李永刚、孙庆春等一批江鲜美食烹饪大厨。

2014年，瓜洲举办第一届江鲜美食节。立春不久，瓜洲渔民在江边燃鞭炮、祭江神，举行江刀开捕仪式，拉开江鲜美食节的序幕，之后便出发前往长江口，开始一年一

江鲜美食集锦（双皮刀鱼、芦笋刀鱼饼、珍珠落玉盘、红烧刀鱼、香炸无骨刀鱼、清蒸刀鱼、红酒雪梨刀鱼柳、刀鱼卤子面、龙眼刀鱼球） 徐振宇 摄

度的“捕刀季”。为提升瓜洲餐饮业水平，更好地服务瓜洲旅游业的发展，全镇60多家饭店联合成立餐饮业协会。

2015年5月16—17日，瓜洲举办第二届江鲜美食节。由于适逢8246第五届全国露营大会（扬州站）在瓜洲开营，为凸显“品江鲜美食、赏滩渚风情”主题，美食节期间开展江鲜特色菜评比、美食折扣游园、运河暴走、千人帐篷大会等活动，邀请扬州电视台生活频道《当家菜》栏目走进瓜洲，从江鲜捕捞、江鲜名店、相关活动等角度宣传瓜洲江鲜美食节。第二届江鲜美食节的最大亮点是春江缘大酒店推出的“刀鱼宴”。刀鱼素有“天下第一鲜”之称，春江缘大酒店在淮扬菜大师王立喜的指导下，由中国烹饪大师、扬州电视台《当家菜》栏目主持人卢彬主刀，制作红烧刀鱼、双皮刀鱼、刀鱼馄饨、翡翠刀鱼粥、刀鱼卤子面、红酒雪梨刀鱼柳、珍珠落玉盘等16道刀鱼大餐。

2017年4月16—17日，第三届瓜洲江鲜美食节在途居扬州国际露营地举办。该次美食节将美食体验与千人帐篷大会、房车露营用品展示、户外露营等系列活动相结合，让游客尽情享受美食与美景、自然与人文相互交融带来的乐趣。

每届江鲜美食节都吸引了摄影家、书法家、美术家、餐饮界的品鉴大家以及众多美食爱好者的参与，活动提升了瓜洲饮食文化品位，打响了瓜洲“赏江河美景、品江鲜美食”的品牌。

菊花艺术节　2014—2015年，瓜洲镇连续两年在中秋、国庆长假前后，举办历时1个月的菊花展。

2014年9月24日至10月24日，瓜洲首届菊花艺术节在润扬森林公园举办。菊花艺术节分大门入口展区、儿童乐园展区、中心广场展区3大展区，共26个景点，知名车企、房企、酒店在活动现场同时布展参会。菊花艺术节期间还举办自贡灯展、金秋缤纷跑、钓鱼大赛等系列活动。润扬森林公园内开设木屋露营、儿童游乐、湖上游艇、自助烧烤、花卉DIY等娱乐项目。在菊花艺术的海洋中，广大市民和游客不仅领略了百余种菊花的争芳斗艳，更感受到菊花艺术绽放出来的独特魅力。

2015年9月26日，瓜洲第二届菊花艺术节暨自贡灯展开幕，为期1个月。菊花灯展呼应扬州建城2500周年，以“锦绣扬州·与城同庆”为主题，于各种菊花造型中融入扬州古城元素，向游客展示五亭桥、文昌阁、二十四桥、何园等扬州著名景点的微缩景观。夜间的花灯展由春花灿烂、浩瀚星空、彩蝶翩翩、芙蓉花开、熊出没、喜羊羊等大型灯组组成。菊花节期间，还设置房车露营、森林探险、篝火晚会、美食啤酒嘉年

瓜洲第二届菊花艺术节　　徐振宇　摄

华、露天电影等一系列适合各种年龄段朋友参与的游乐、观赏、休闲项目。“古渡秋韵”第二届瓜洲摄影大赛、“瓜洲旅游”宣传Logo和宣传口号征集活动、“瓜洲中逵杯”第三届钓鱼比赛也在菊花节期间开展。此次菊花节在国庆长假期间接待游客量超过5万人次，创下瓜洲历年国庆长假游客量的新高。

乡村旅游节　2016年，结合葵园开园的契机，瓜洲举办乡村旅游节。旅游节期间，“绚彩乡村”瓜洲第三届摄影大赛、仿真恐龙展、葵园烧烤大会、“葵园渔乐”瓜洲中逵杯第四届钓鱼大赛等系列活动相继开展，活动期间共吸引游客1.5万人次。《中国日报》、《扬州日报》、《扬州晚报》、《扬州时报》、扬州电视台、腾讯新闻、优酷网、美国有线电视新闻网等多家中外媒体对“葵园——绚彩乡村”予以报道。第二届乡村旅游节与“2017邗江区最乡村定向越野跑”相结合，300多名参赛者带来一场别开生面的“体育+旅游”盛宴。葵园在国庆期间开展“我拍拍”自拍兑奖、烧烤大会、“诗画葵园”诵诗会等系列活动，共吸引游客近3000人次。

旅游配套设施

扬州（南）瓜洲游客服务中心　扬州（南）瓜洲游客服务中心位于度假区中心位置，占地面积约4000平方米，建筑面积3600平方米，总投资1600万元，2016年12月竣工。游客服务中心是集旅游咨询、集散换乘、文化体验、餐饮购物、便民服务、休闲娱乐等于一体的服务机构，为游客提供“吃、住、行、游、购、娱”全方位、“一站式”的综合服务。整个服务区共有4层，地下一层为车辆停放场所，地上第一层主要设置有

扬州（南）瓜洲游客服务中心　　徐振宇　摄

旅游资讯区、旅游咨询区、旅游查询区、地图展示区、邮政服务区、物品寄存区、纪念品销售区、文化体验区、旅游厕所等必备功能区，地上第二层为扬州市瓜洲国际旅游度假区管理委员会办公场所，地上第三层作为瓜洲旅游项目企业的办公场所。

金阳光瓜洲生活广场　位于瓜洲老镇区洛家路中心地带，原瓜洲中学初中部旧址。金阳光瓜洲生活广场由扬州金阳光公司投资建设，2015年10月竣工营业。建筑面积3.04万平方米，业态分为购物中心区、文化娱乐中心区、商务服务中心区、美食餐饮中心区和城镇高端住宅。广场设有超市、影院、大型餐饮、连锁酒店、儿童游乐、儿童教育、药店、百货零售等服务设施。2017年，营业收入4000多万元。金阳光生活广场是瓜洲镇首家“一站式”城市商业综合体，它改变了瓜洲原有商业小、散、乱的低端形象，形成集购物、文化、娱乐、休闲、商务、养生、餐饮于一体的商业中心，起到了集约土地、整洁城镇、方便居民和繁荣经济的作用，旅游度假区的配套服务功能大为提升。

润扬森林会　位于滨江森林公园内。2016年项目签约开工建设。整体规划为宁镇扬最好的沿江生态旅游度假综合体，由赢翰资产下属公司上海谦赢置业有限公司开发管

金阳光瓜洲生活广场　　徐振宇　摄

润扬森林会　　徐振宇　摄

理。项目用地面积21.13公顷（317亩），建筑面积8.7万平方米，濒临长江，环江月湖而建，分为A、B、C、D 4个地块，分4期开发。视觉开阔，景致秀美，营造共享融合大自然湖景的氛围，并与润扬森林公园、扬州太阳岛高尔夫俱乐部、水上乐园融为一体。项目总体规划一期A地块为18套高端商务会所。至2017年年底，A地块一期建成16套，可以作为商务会所、休闲度假、营业活动、创意办公及养生居住等多功能使用。A地块每套房子有东侧和西侧两部分院落，东侧有美式景观大草坪院落，西侧有临于江月湖的亲水平台。

风土民情

地处江河交汇之处的瓜洲是一座大江风情浓郁的城镇，历史上的漕运祭江和龙舟竞渡名闻遐迩。官方的漕运、盐运以及驻扎在此的长江水师，使瓜洲形成与船运有关的锚链生产以及与仓储相关的打窝摺传统，以致有“瓜洲有二业，吃粮打窝摺”的俗语。历史上的名产除锚链外，还有“龙凤”镰刀、瓜洲铁锅等，如今瓜洲铁锅制作技艺和打坐堂分别被列为非物质文化遗产传承项目。瓜洲是江河物资贸易集散的大码头，商贸百业丰富多彩，市井文化发达，由庙会文化传承演变而来的文艺踩街活动现成为瓜洲民俗文化的一大亮点。与长江生态共生的江鲜美食文化历史悠久，瓜洲鲥贡（向朝廷进贡鲥鱼）名动江淮和京师，曾是鲥贡的基地。至 2017 年，江口仍有陈家湾渔民作业组，其渔家风情以及以长江三鲜为主的江鲜美食节成为瓜洲旅游的重要组成部分。

瓜洲古渡

瓜洲名产

瓜洲锚链 瓜洲地处古运河、长江交汇口，水运发达，锚链制造闻名已久。清代时，不仅水师营坐地收购，连进入长江的外国船只也慕名前来订制锚链。

历史悠久的瓜洲四爪锚链，由齿、挺、巴铁、卵子、环五个部件组成，风格独特，以齿挺相称、八方对线、立卧平稳、美观耐用著称。用手抓住挺末的铁环，不管哪两根锚齿落地，都是四平八稳。若用绳、链系在环上往前拖，锚齿会牢牢地钉在原地不动，如同生根一般，故有“脚下栽锚”之说。

瓜洲铁锚品种繁多，有江锚、淮锚（又称淮爪子、三步锚、倒锚）、半江半淮锚（又称口锚、头锚、一步锚）、泥锚（又称独齿锚）、海军锚、猪耳朵锚 6 种。其中半江半淮锚是锚链工人自清末起，听取各方船民意见，总结分析各类铁锚的优点，不断修改后定型的。此锚大的有 4 米多长，重 1 吨，小的只有尺把长，三四千克重。规格繁多，深受长江中下游船民喜爱，被誉为“百家货”。

各类铁锚的用途，一般视船只大小、水的深浅、风浪急缓、河床土质松硬而异。猪耳朵锚用于轮船；海军锚用于军舰；泥锚用于民船临时停泊；淮锚短而粗，用于防止迎

瓜洲锚链 丁春晴 摄

面快速行驶中的两船相撞，或突遇风浪无法靠岸急救时使用；半江半淮锚挺长齿短，用途广泛，抗风、顶浪、倒位、定位、停泊等都适宜，尤为风大、浪急、多变幻的长江中下游各种船只所备，遇有险情，抛链下锚，船即平稳，故又有“当家锚”“定心锚”“安全锚”之称。

铁链是铁锚的附属件，品种有响链、桃核链两种。从原料到成品，虽不及锻锚复杂，但也需要经过下料、拉弯、接头、煮火、拉镑五道工序。规格从一分半到一寸半[①]，粗细长短各不相同。瓜洲生产的各种铁链，都具有崩不断、绞不乱、拉力强等优点，成为国防、交通、工业、电力等行业的重要设备。

从前锚链生产都是手工操作，在铁业中，锻造锚链是技术性极强、劳动强度极大的苦力活。区别铁性、撞火、煮火等关键技术，全凭眼力判断。因此，一般上炉师傅（即执手锤者）都是具有一二十年实践经验的老工人。在炎热的夏天，打只1吨重的大铁锚，身上要穿用水浇湿了的棉衣裤，头上要戴仅露两只眼睛的“马乌帽”，在热浪中抡起18～24磅[②]重的花鼓大铁锤，即使是年轻力壮的人也打不了几下。铁匠铺设备简陋，劳动保护条件差。如打造上吨重的铁锚，就得带上原料、燃料和生产工具，到江边去开地炉。地炉即是把锻造点下降到与地面相平，炉膛挖下去半人深，风箱也埋在地下。铁锚的排打、撞火、塑形，都是靠撬棍撬。仅操作钳子就要两三人，烈火烤、热气熏、太阳晒，五个人一班轮番上阵。火烧得好，各个环节不出纰漏，也得花四五个小时才能成型。如天不帮忙，雨水一浇，或是人工出错，稍有闪失，都会前功尽弃，造成重大损失。

新中国成立前，瓜洲锚链生产的店铺以熊兴发、丁永春两家名气最大。熊兴发铁匠铺为湖南人熊氏所创，开业于清道光末年。起初在临长江边的七濠口，清光绪年间（1875—1908）因坍江而迁移商会街，熊家的锚链产销量一直独占鳌头。此外，还有张顺兴、李顺兴、蔡万顺、潘复兴、朱顺兴等家。这些铁匠铺，大都集中在古运河入江口的关下街。商会巷斜对面和紧靠火星庙二摆渡口的一块空地，就是当初熊、丁两家放置铁锚的地方，老人们至今还习惯称那里为“锚场”。

新中国成立后，瓜洲锚链生产店铺在原有基础上，又增加了胡顺兴、孙源顺、关正兴3家。50年代合作化时期，成立瓜洲锚链生产合作社。60年代，组建瓜洲锚链厂。

---

① 1分≈3.33毫米，1寸≈3.33厘米。

② 1磅≈0.45千克。

1957 年 11 月，东海舰队使用的瓜洲铁链，在抗风浪中质量超过苏联产品，受到交通部通电嘉奖。瓜洲还专门为北海舰队、淮河航运管理局、山西电厂、芜湖电厂等单位生产过优质铁链。进入 21 世纪后，瓜洲锚链还出口到大洋彼岸，被美国海岸警卫队选用，为瓜洲锚链史写下新篇章。

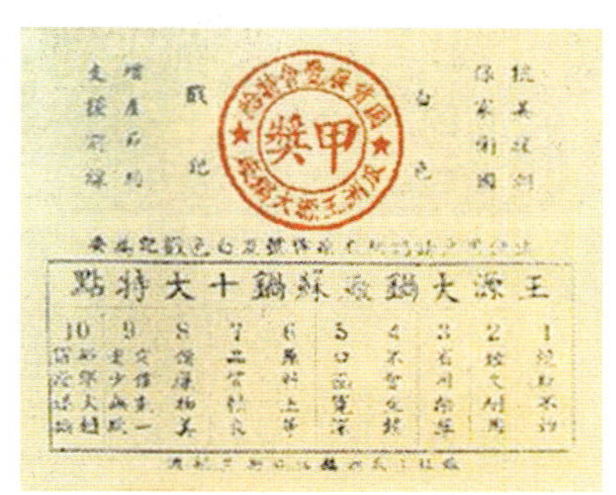

锅厂发票（背面）　　高惠年　提供

瓜洲铁锅　清宣统三年（1911），苏州人汪福林于瓜洲镇江口街三摆渡口创建乾正大冶坊。因管理不善，债务缠身，陷入困境，经丹阳鼎泰元锅厂管事周鉴卿说合，于 1914 年经过盘存，作价 4 万元由王作霖买下，并更名为王源大锅厂。锅厂雇用无锡锅炉技工 50 余人，生产苏锅，是为瓜洲铸锅业之始。

20 世纪 20 年代左右，先后聚集于瓜洲的锅业厂商有广成和锅栈（业务发展后，又在四里铺设置生锅炉，铸造生锅，更名为广大锅厂）、大成冶坊、同和祥锅栈、广裕和锅店（经销湖南铁锅）。到 1930 年左右，由于市场日趋饱和，铁锅大量积压，广大锅厂和大成冶坊相继闭歇。1932 年，安徽人黄伯符以时价 8000 元将大成冶坊盘下，开设震裕和锅罐农具冶厂。1934 年前后，王源大与震裕和两家锅厂的业务有了起色，声誉也与日俱增。

1956 年，震裕和、王源大两家锅厂合并为公私合营瓜洲锅厂。1963 年重建邗江县后，更名为地方国营邗江县瓜洲锅厂。七八十年代，瓜洲铁锅步入巅峰，全厂 500 多名工人一天倒两班，一班工作 10 个小时以上，每天的大小铁锅产量可达 1.8 万个，全年 550 万个的生产量远远不能满足市场需求，1976 年生产所需的 1000 多吨焦炭、1200 多吨钢铁，均由计划指标供应。产品远销到省内各地及江西、安徽、福建等地。改革开放以后，瓜洲锅厂受全国众多厂家不锈钢锅、劣质铁锅的冲击，加之传统工艺生产成本高、利润低，铁锅产量逐步减少。经过多年的演变，瓜洲锅厂成为扬州生产铁锅的唯一厂家。

瓜洲铁锅以优良的质量久负盛名。早年，瓜洲所产的铁锅有苏锅、汉锅、南锅、矽锅和生锅等品种。其中，苏锅和汉锅系采用上等栗炭为燃料，用旧锅铁为原料，经过熔化冶炼，精制而成。质量优于其他产品，畅销国内。王源大的苏锅最负盛名。王作霖，无锡北门杨家圩（今称前洲）人。他在瓜洲开办王源大锅厂后，为避免重走乾正大冶坊的老路，对接手过来的王源大锅厂作了改革：一是打破家族世袭制，聘用能人当家，先后更换 4 个亲属，果断将经理一职给瓜洲人马润之担任。二是挖掘劳动潜力，努力发展生产。王

瓜洲锅厂生产车间组图　　张玉华　摄

源大昔有乾、坤、正、大4个土炉，工人分日升、月恒、财源、茂盛4个班，视生产任务再作相应调整。如日升班，生产任务忙时，可分为日班和升班，杜绝了窝工现象。三是高薪聘用能人，增强企业活力。由于王作霖的出色管理，铁锅质量上乘。所生产的苏锅，口圆边齐，内外光滑，色泽一致，锅脐平整，厚薄均匀，经久耐用。1924年，在全国国货展览会上，王源大铁锅荣获“甲奖”。自此，该厂每张铁锅都要打上白色圆形戳记，上书“国货展览会特给王源大锅厂甲奖”字样。至50年代初，王源大锅厂在门市部发票的背面，仍印有“甲奖”戳记的印模，并印有王源大苏锅十大特点：烧红不炸；经久耐用；省用柴草；不会生锈；口面宽深；原料上等；品质精良；价廉物美；定价划一，老少无欺；砂眼火缝，保证退换。王源大锅厂迎街的院墙上，还请书法家唐驼题写了“官炉王源大锅厂”七个大字。王源大所铸品牌铁锅也随着“甲奖”声名远播。

震裕和锅厂生产的汉锅，经过多年经营，也在同行业中异军突起，赢得声誉。震裕和铁锅有“纯、美、轻、薄”四大特色。所谓纯：即铁水纯净，光泽鲜明；美，即造型美观，式样新颖；轻，即轻重适宜，经久耐用；薄，即厚薄均匀，省用柴草。震裕和铁锅被用户称赞为“省草锅”。

瓜洲铁锅制作的模具工艺经历三次蜕变：清末至20世纪60年代前都是土法生产，铁锅模具用泥土掺入铁屑、稻壳、糠灰制成，使用寿命短；60年代初期淘汰泥型坯，改用铁壳坯，提高了模具的使用寿命，将原来的鼓形炉改为汉锅炉，由以前的一炉开三天三夜，提升为一炉开80～100天，极大地提高了生产效率；80年代初先后购进40台压铸机，彻底消除了以前工艺中超重、高脐等现象。其余工艺均采用传统工艺，一直延续至今。2008年，瓜洲铁锅制作技艺被列入扬州市第一批非物质文化遗产代表名录。

“龙凤”镰刀 瓜洲江口街胡顺兴铁匠铺的主人叫胡佳德（1852—1934），江宁县人，因生活所迫，6岁就自谋生活，光绪初年流落瓜洲。经过多年苦练，胡佳德成为瓜洲首屈一指的铁匠高手。他打的镰刀，素以“青钢亮铁、膛薄口楞、刃口锋利”著称，鼠尾背、眉毛弯、月牙形是其独特标志。由于淬火考究，留下“千锤百炼，一火卖钱”的美名。胡顺兴铁匠铺铸造的镰刀，竟能用来刮胡子。当年不少铁匠师傅胡子长了不去理发店，空闲时信手拿把镰刀，就可将胡子刮掉。

“龙凤”镰刀　　丁春晴　摄

1911年，胡家镰刀参加南洋劝业会，荣获龙凤奖状和银盾，从此被称为“龙凤镰刀”。胡佳德虽是全镇家喻户晓的人物，但他认真勤奋的劲头始终未改，坚持白天打刀、晚上淬火，因晚上淬火可视红度深浅、择其最佳时间急速冷却，确保质量。他亲自检验每把镰刀，直到80高龄，还天天蹲在炉旁或磨刀石旁，一干就是好几个小时。晚清时，管辖八百里长江的水师将修船用的刮刨交由胡家生产，军工产品胡家独揽，足可见证其过硬技艺。胡佳德怕后人操作马虎砸招牌，还特意花钱请人用红漆金字制作一副警联：“皇恩浩荡，伏阙承乏”。

窝摺、芦篾 瓜洲盛产芦苇，人们将这种生长在长江边的芦苇称为“江苇”。瓜洲江苇生长条件得天独厚，具有皮壳厚、身杆高、韧性强、节疤少、颜色白、无水锈斑痕等优点，是编织窝摺、芦篾的极好原料。

窝摺与芦篾都是芦苇制品。窝摺是编成狭长条状的芦苇制品，盘成卷尺形状备用，主要用于堆粮囤。芦篾则是编成方形的芦席，用于粮囤的铺垫与盖顶，也用于房屋或凉棚铺顶。

瓜洲打窝摺的历史悠久。嘉庆《瓜洲志》上就有窝摺巷的记载,《瓜洲续志》的全城图上明确标有窝摺巷的位置。于树滋在《瓜洲伊娄河棹歌》中写道:“江洲生产荻芦多,为席为帘并摺窝。农隙耕余助生计,取材储料广搜罗。”瓜洲镇是一座历史悠久的“窝摺镇”。民国时期,全镇窝摺行有胡升元、田春荣、袁仁和、袁森泰、德泰祥、复盛祥、复泰祥、复兴祥、刘裕兴、曹裕兴等大小行近 20 家,年销量 20 多万盘。

瓜洲窝摺织法讲究,称为“隔一、挑二、压二”法,成品具有花纹紧密、边角整齐、内外光滑、身干洁白、不露网眼等优点,中看且耐用。

窝摺、芦篾编织十分辛苦。正如瓜洲民谣所说:“骑木凳,打窝摺,弯腰驼背忙不歇。窝摺刀磨得亮如雪,裤子磨得像烂荷叶,双手刺得血滴滴,咬紧牙关不能歇,不然锅盖怎么揭!”

1955 年,梅正奎等 6 户组成瓜洲镇摺席经销组,销售窝摺、芦篾。1956 年,成立邗江县瓜洲镇摺席供销生产合作社,周围乡村也相继成立生产窝摺、芦篾的编织厂。有相当长一段时间,瓜洲窝摺、芦篾编织业的兴旺,壮大了集体经济,开辟了就业门路,增加了农民收入,支持了工农业生产。一段时期,窝摺、芦篾的生产收入,占全镇副业收入的 80%。后来瓜洲的一些企业如砂轮厂、胶木厂、印刷厂、拉丝厂等,人员、厂房、设备等几乎都是从原摺席供销生产合作社的基础上发展起来的,窝摺、芦篾业在瓜洲盛极一时。

由于坍江,瓜洲江滩芦柴滩面积逐年减少,加之镇办工业的崛起,居民嫌编窝摺、芦篾既脏又苦,收入不及工厂多,福利也不及工厂好,致使大部分劳动力投入工厂。80 年代,窝摺、芦篾逐渐被替代品替代。

风味美食

江鲜美食 瓜洲地处江河交汇处,水面宽阔,水产品资源丰富。特别是外埠市场不多见的鲥鱼、刀鱼、河豚、鮰鱼等名贵鱼种,瓜洲水域历来都能捕获。此外还有江蟹、江虾、鳡鱼（俗名铜头鱼）、赤眼鳟（俗名马朗）、蛇鮈（俗名船钉子）等江鲜，江滩有蒌蒿、芦笋、滩芹（俗名野蒲，即野生芹菜）等野蔬，味道鲜美。

瓜洲江鲜使诸多美食家为之倾倒，文人墨客为此留下众多脍炙人口的诗篇。如“鸭嘴小船乘潮上，樱桃时节打鲥鱼”（田雯）、“江风正暖鲥鱼上，最好移船网上烹”（蒋继轼）、“清明节过便晴和，滥贱刀鱼入市多”（潘西凤）、“板鲍肥美偏多刺，鳗鳝河豚毒更深”（汪小纯）、“瓜洲云色蔽天昏，肠断金山寺里猿。狎客也许同海鸟，过江切莫食河豚”（袁宏道）。

瓜洲江鲜中的鲥鱼、刀鱼、河豚捕捉方法与其他鱼不同。刀鱼要用丝网赶激流，河豚要沿芦滩巧布钩，鲥鱼要在闷热雨天捕捉。烹饪时，鲥鱼不刮鳞，刀鱼不剖肚，河豚不留籽。在品尝时节上，迎春吃刀鱼，看灯吃河豚，立夏前后吃鲥鱼。

河豚虽是美味佳肴，但却有剧毒，毒素集中于卵巢、血液和内脏中，中毒后很难生还，故俗语有“拼死吃河豚”一说。

风味名吃

龙元馆熬面　龙元馆的前身是创设于清光绪三十二年（1906）的龙元饭店。“龙”为动物之首，“元”为第一，意即要做最好的美食。熬面的做法是将若干荤素食材先后放入清水中煮熟，再放入面条，顷刻即出。制作时即便食客再多，也要一碗一碗地下，绝不含糊，因而面条爽滑、筋道、醇厚，赢得食客赞誉。

徐三生肉菜包　制作者徐梓根（1895—1976），又名徐立忠，排行老三，人称徐三，瓜洲人。12岁起在瓜洲奎元馆学徒，满师后先后在扬州月明轩、九如分座，南京荣华楼、德义楼、大陆、桐芳洲等茶社帮工，后又回到瓜洲镇。他的生肉菜包馅心选料和制作都十分考究，肉必须是前夹肉或猪颈肉，经过起皮、去骨，斩成肉末，配入姜、葱、虾籽、糖、笋、麻油等佐料，再将新鲜青菜洗净，经滚开水烫过，用纱布拧干，斩碎与肉末拌匀。面皮用精面，发酵八成放碱和面，包好的肉菜包用小笼蒸透即可。

严魁馄饨　制作者严魁（1895—1977），仪征徐集人，16岁起先在十二圩、新集小面店学徒，后到瓜洲金魁园、白云乡、聚宝、第一春、春华园、庆乐园、顺奎园等茶馆帮工，通过名师指点及自己潜心钻研，制作的馄饨与陆维山、顾怀魁齐名。馄饨反用精面加鸡蛋清，用碱水揉熟，再用擀面杖擀成薄片，切成6～7厘米见方，肉馅选猪后腿肉，去皮、筋，斩成肉末，拌入虾籽、麻油、笋丁、姜、葱、盐等佐料，用虾籽入锅煎制加水或汤，准备完毕，现包现下。吃到嘴里，皮滑馅嫩，汤鲜味美，有的顾客随身携带锅巴，泡入汤内，别有风味。

陆宝财方烧饼 制作者陆宝财（1902—1966），宝应人。12岁起在镇江新河街一家烧饼店学徒，满师后到姚一湾下裕泰烧饼店帮工，22岁在瓜洲陈家湾南涵洞口开陆万顺烧饼杂货店。他制作的烧饼状如方型首饰盒，貌似大脆。制作有如下5个技巧：一是将面揉出“汗”（把硬面揉软熟，面似有“出汗”感）来；二是层数要叠得多；三是案板上用糟油带面粉做饽（干面粉）；四是发肥（酵头）、炉火要恰到好处；五是烧饼面上撒的白芝麻必须脱壳。这种烧饼好看、好吃，面皮香，饼底脆，中间松软，可一层层撕开。如果拌以麻油、白糖或乳生姜食之，更有风味，昔日连四里铺的人也赶来排队购买。此外，陆宝财包粽子不打结，越煮越紧，也是全镇独一无二的。

五香烂蚕豆 制作者张家英，是位家庭妇女，年轻时经常拎着木亮子（即小木桶）沿街叫卖五香烂蚕豆，木亮子上用干净布盖着，每卖一份，送一根用芦柴（苇茎）做的牙签。当时从事这类营生的人不少，唯她的五香烂蚕豆最俏，吃在嘴里又酥、又烂、又粉。

熏烧猪头肉 制作者朱继文（1885—1949），曾在金魁园掌面锅。他制作的熏烧肉，基本上沿袭了肴肉的烹制方法，选用扬州北乡山区的黑猪，精心加工。该肉红白新鲜，香味浓郁，肉嫩酥烂，肥而不腻，口条、耳边、尾巴、眼睛、大脑分盆出售，味道各不相同。

酒糟盐饼 制作者朱桂珍，诨名朱大个子，生平不详。继由冯长兴、徐铁山、殷恒帮、王维云等人制作。酒糟盐饼生产程序与普通盐饼基本相同，只是普通盐饼用老肥发酵，易酸，易掉炉，而酒糟盐饼又称小糟盐饼用的是酒糟。这种盐饼的特色是酥、香、暄、软，如配一碟麻油、白糖蘸着吃，则更可口。

胡寿堂豆腐脑 制作者胡寿堂，自幼随父学会制卖豆腐脑、凉粉、花生糖等小食品，其豆腐脑在同行业中被誉为上品。豆腐脑像猪板油一样白，铜勺刮能挂片，有筋骨，加上佐料考究，餐具好，又清洁卫生，食者赞不绝口。

老范四油炸干 制作者范端起，排行老四，人称老范四。范四油炸干用的是不挑皮豆浆做的白大元干子，入油锅前用刀沿边一劈两开，炸出来的干子像粉扑一样，金黄色起锅，用干净的剪刀剪碎，浇上酱油、稀大椒、青蒜末。如将半熟干子从油锅里夹起、剪一个口子，敲一只鸡蛋进去重下锅煎，更有一番风味。有时炸多了，就与五香、八角、豆芽等佐料煮回卤干，更觉鲜汁溢口，香味扑鼻，特别是搬运工人，喜欢洗完澡弄碗回卤干下酒。

鞠家侉大饼 制作者沈文汉、李德贵、洪正贵、鞠在田等。侉大饼制作注重揉、搓、擀，烘烤的平底锅背面要糊上黄泥，保证火候平稳，制成的大饼吃到嘴里软熟，有嚼劲，如裹上熏烧肉或苋菜，更是别有风味。

蟹壳黄烧饼 制作者朱宝华，自幼随父学饼面手艺。蟹壳黄烧饼用精面、去壳芝麻、白糖、荤油、葱、素油、盐等原料烤制而成，分甜、咸两种，因形状像螃蟹壳而得名。制作时，做到揉透出“汗”，轻肥慢长，芝麻均匀丰满。每到下午由学徒拎篮沿街叫卖。由于它小巧玲珑，甜咸适当，酥香齐备，镇上大人、小孩喜欢拿它垫饥。

王有德火烧 制作者王有德，宝应广洋湖人，抗战期间到瓜洲。他制作的火烧，有透明感，吃到嘴里咸津津、香喷喷，松软可口，又酥又脆。

蜂糖糕 制作者常寿山，曾在天禄斋当糕点师傅，之后自开庆丰祥茶食店。他制作的蜂糖糕以粳米、白糖、糖桂花、糖猪油丁、青梅丝、蜜枣丁、瓜子仁等为原料。既好吃，又好看，掰开满是小孔，状如蜂窝，吃到嘴里，暄软疏松，口味香甜。

吊炉饼 制作者赵乃亮、赵乃源兄弟，吊炉饼的好坏在于火功。将干面徐徐放入凉开水中，塞进老肥，用两根竹管使劲搅拌，令其发酵，倒进适量碱水，再搅，以竹管举起一人高，面不断为佳，然后再用竹管绞些铺在抹过油的平锅上，沾水制成馒头形，刷料糖，撒上芝麻，最后将烧熟的吊锅（锅口朝下，底上糊有草灰、黄泥保温）盖住，使其上下受火，一般是面火强、底火弱，闻到香味即成。特色为暄软、疏松、香甜、有嚼劲。

绡大饼裹熏烧 绡大饼又叫薄饼，饼直径约 30 厘米，厚 5 毫米，却叠有 4 层。在平锅上需烤出小泡，点缀在雪白的饼面上，似冬日铜炉盖印。香气四溢，口感松软。李德贵、沈文汉、杨成宝是制作绡大饼的高手，喜用无锡“天鹅”牌上等面粉，下午生产，晚茶销售，现出炉食用最佳，天天门前排队，镇上有声望的人也甘愿屈尊其中。做熏烧的朱继文，曾在金魁园当厨多年。他做的熏烧包括口条、耳朵、尾巴、眼睛、脑子等，分类定价。他用的都是甘泉、杨庙等山区的黑猪，猪小、肉细、无异味，制作考究，坚持色香味形并重。当时镇江、扬州熏烧皆用红曲上色，朱继文却不跟风，努力在肉嫩酥烂、肥而不腻、味道可口上下功夫。

茶食糕点 1949 年前，瓜洲镇有茶食店约 20 个，其中以天聆斋、天禄斋、庆丰祥、鞠裕隆、顺兴祥、顺和祥、稻香村、义源祥等较为著名。其糕点制作精细，造型美观，味不雷同，香甜松糯。瓜洲糕点分果、酥、馓、饼、齐、条、片、丁、包、馒、糖、大八件、小八件 13 个大类数百个品种。仅糕一项，春季有萧美人糕、如意糕、迎春糕，夏季有火食糕、八珍糕、绿豆糕、五谷糕、蜂糖糕、朝糕，秋季有豆沙糕、枣泥糕、菊花糕，冬季有云片糕、雪片糕、牛眼睛糕、年糕。

市井习俗

漕运祭江 清代，瓜洲漕船入运河口仪式隆重且宏大。每年春季漕运时节来临，漕运总督必先到瓜洲，选择一个风平浪静的良辰吉日，官员们穿戴整齐，先赴江神庙祭江。祭毕，中高级官员就登南城大观楼，鸣炮升旗，以示漕船开帮。云集江南运河的镇江漕船见状，立即扬帆升旗，首尾衔接，从京口浩浩荡荡鱼贯而出，如一条条巨龙横截大江，北渡瓜洲。全帮既入瓜洲运河，督运大臣乃飞折奏报朝廷。

瓜洲的漕船并不立即北上，需重新编帮或等待苏州府、松江府、常州府等地的漕船按序前行，因此在瓜洲要暂住一两天，在此采购生活用品、游玩、消费，这也成了瓜洲最热闹和生意最兴旺的日子，瓜洲城此时沉醉在一片欢乐的商业狂欢中。清末，漕运停止后，这一大型官方规制随之消失。随着瓜洲旅游的开发，"漕运祭江"仪式被酝酿列为再现瓜洲历史风情的内容之一。

赛会 踩街 清末民国初期，镇江、扬州一带庙会盛行。千年古渡瓜洲因地处两市之间，从农历三月到七月半（麦收季节除外），庙会几乎连续不断，如都天会、三茅会、盂兰会、城隍会、财神会、江神会、大王会、火星会等。

每年会期，瓜洲街上搭棚扎架，张灯结彩，锣鼓喧天，乐声悦耳，人流如潮。为增添赛会者的兴趣，各大商店还特意准备银牌、红布、茶食、鞭炮等奖赏物件。每年出会，江口、四里铺的古运河道上由煤驳帮用船搭起两三道临时浮桥；江口沈家场和陈家湾一带，售货摊一个挨着一个，叫卖声喧嚣震耳，如潮涌般的游人穿红戴绿，浩浩荡荡地抬着泥塑木雕的菩萨，还有所谓降福班、康福班、赠福班、赐福班及瘟神班的成员扮演鬼神。

走在赛会队伍最前面的是水货业，抬着净街亭，亭内有醋和燃着的大香；最后面的是瓜洲关（管税捐），抬着都天菩萨塑像。其余插在队伍中间，如镇台衙门抬江渎菩萨，布业抬瘟神，煤驳帮抬大王菩萨，钱店、米店、炭店、铁匠店等抬的是财神菩萨，肉业抬阁。其他行业，打着行业旗、牌灯、绸伞，一队接一队，接受全镇人民检阅。

赛会自古是官民合办，文艺杂耍穿插其中。文艺杂耍分工明确：水师营负责舞龙，煤驳帮负责舞狮，江划帮负责荡湖船（旱船），渔船帮负责歪歪精（河蚌舞）、瓦匠负责踩高跷，姜恒顺甜酒坊老板负责花担。有时，仪征十二圩也应邀前来赛会，进行龙船、龙灯、狮子舞等表演。

最吸引人的文艺杂耍要数舞龙。舞龙时，每节一人（有9节、11节，大小不等），龙随彩珠，精彩纷呈。传统舞龙动作有一百〇八个花式，其中以“金龙盘柱”“麒麟送子”“叠罗汉”“燕子衔泥”最为精彩。至于狮子舞，两人搭档（小的一人演），一人将狮头套于颈上，另一人钻进狮皮，随前者蹦跳，模拟狮子的各种动作，时立时蹲，时奔时走，时翻滚，时搔痒，时抢球，妙趣横生。而龙船大多以脚划，舢板饰以彩扎，昂首翘尾，光彩夺目。船上，每人一桨，在锣鼓声指挥下，桨起桨落，动作一致，非常壮观。赛会还有将彩鱼、彩鸭、彩蛋抛至河心的活动，每至此时，水手各显技艺，追逐争抢，乐趣无穷。

新中国成立后，传统的庙会文化去除迷信色彩，逐渐演化为文艺踩街。自80年代起，瓜洲镇开始组织新春踩街，至今已持续近40年。最初节目有河东街舞龙、学校花担、街道花担、江划帮湖船、渔船帮河蚌精、建筑站高跷等，周边乡镇也带来花船、花

春节踩街　　　　徐振宇 摄

担、麟麟、板凳龙等民间彩扎。2000年后的新春踩街活动一般在正月初一上午举行。近300位队员的踩街方阵，从镇文化站出发，沿四里铺路到洛家路，途经瓜洲政府、金阳光瓜洲生活广场、卫生院，一路浩浩荡荡，领头的是两条龙，表演“二龙抢珠”“双龙入海”“金龙盘玉柱”等，紧随其后的是舞狮、手狮、湖船花担、腰鼓、军鼓、秧歌等民俗节目，道路两边和演出点都站满了人。不仅在集镇有“大踩街”，各村也有“小踩街”。

龙舟竞渡 瓜洲端午龙舟赛历史悠久。旧时，划龙舟在古运河边进行。龙舟用洋划（一种木质小船），舢板饰以彩扎，船身有鳞有角，龙头嘴张目神，灵气十足。随着震耳的鞭炮声，排坐船舷两侧的水手，伴随着锣鼓声，有节奏地划着木桨飞驰在水面，赢来阵阵欢呼声和掌声。昔年，龙舟赛皆有煤驳帮操办，中兴煤矿公司瓜洲转运站和镇上各大煤号、盐栈还特意备银牌、彩鸭、彩鱼、彩蛋、红布、鞭炮等作奖赏，彩标入水，锣鼓声、欢呼声、鞭炮声不绝于耳，水手们各显技艺，飞身入水中夺标，其情其景令人叹为观止。明末清初的张岱在《陶庵梦忆》卷五中记金山竞渡：“瓜洲龙船一二十只，刻画龙头尾，取其怒；旁坐二十人持大楫，取其悍；中用彩篷，前后旌幢绣伞，取其绚；撞钲挝鼓，取其节；艄后列军器一架，取其锷；龙头上一人足倒竖，战敠其上，取其危；龙尾挂一小儿，取其险。自五月初一至十五，日日画地而出。五日出金山，镇江亦出。惊湍跳沫，群龙格斗，偶堕洄涡，则蚴捷捽，蟠委出之。金山上人团簇，隔江望之，蚁附蜂屯，蠢蠢欲动。晚则万艭齐开，两岸沓沓然

龙舟竞渡 〔清〕汪鋆 绘

而沸。”随着近年瓜洲旅游节的发展，瓜洲历史上享有盛名的龙舟赛有待恢复开发，使之成为与瓜洲当地“风情游”“探险游”“文化游”活动相融合的一项旅游资源。

打坐堂 打坐堂以唢呐、锣鼓为主要演奏乐器，原为瓜洲城隍庙会中增添气氛的一种娱乐形式。由于打坐堂具有广泛的参与度，每次城隍庙会上的表演也带有浓烈的选拔色彩。据《瓜洲续志》记载，城隍庙会分为前后三日。第一日为议事日，由各班负责人商量有关事宜。第二日为暖坛，相当于现在的生日前一天的暖寿，有关主要人员需全部到齐。第三日为正日，进行踩街、祭祀活动。暖坛这一天，各班负责人组织人马，集中进行表演，每家的基本程序为：满堂锣鼓—吹打锣鼓—细吹细打—满堂收尾。在各班表演结束后，由班头召集乡绅及有关人员进行评议，确定名次，作为第三日踩街活动队伍先后的依据。一般较差的放在踩街队伍的前面，好的放在最后压阵。

打坐堂分行乐（行走演奏）和坐乐（固定演奏）两种。行走演奏时由一人身背专门的鼓架，内装板鼓、堂鼓和檀板。打鼓者左手执檀板，右手执鼓键，檀板不用时则可挂于鼓架上。就地演奏时，将两条长凳摆成“丁”字形，把鼓架放在凳上演奏，其余人员则围着板鼓师演奏。演奏中可视情况增减一些曲牌，亦可将曲牌顺序作前后颠倒，较为灵活、自由。打击乐曲牌连接均用倒板作过门，双枪后掼四锤结尾。演奏时唢呐阵阵，锣鼓喧天，一派欢快热烈、威武雄壮的气氛。

打坐堂的乐器有唢呐，长尖各两支；大锣、月锣、鼓（板鼓、堂鼓）、檀板、大钹、小钹、大号、小汪子（铜制，圆形，又名“锡锡子”“小月锣”，用竹片或木片敲打发音。）、刻子各一件。其中，演奏板鼓者一人兼奏板鼓、堂鼓、檀板三件乐器，俗称“三块头”。打坐堂的主要曲目有帽子头、倒板、五子圆场、单锤四板、单枪、双枪、掼四

民间艺人演奏打坐堂（选自《扬州非物质文化遗产》）

锤、水对鱼、七锤三绞丝、八哥洗澡、四门镜子、七字锣、阴滚股、头道子、急急风、二道子、点将、罗罗腔、小郎、鲜花。

打坐堂曾广泛流传于邗江沿江地区，由于历史久远，无法考证其起源于何时，至少有百年以上历史。打坐堂在历史上具有深厚的群众基础，是当地人民群众比较喜闻乐见的一种文艺形式。新中国成立前，常为送灯、送匾、祝寿、贺喜、迎宾、送客以及迎神赛会等民俗活动演奏助兴。新中国成立后，打坐堂常在送子参军、给军烈属拜年、召开庆祝大会等场合演奏。90 年代以来，还有一些老人热衷于打坐堂，经常自发的聚集在一起演奏打坐堂的曲目。2010 年，打坐堂被列入扬州市第二批非物质文化遗产代表作名录。

瓜洲龙灯　瓜洲的耍龙人起初大多是船民和造船工人。为了舞龙，他们自掏腰包，出钱、出布、出工，自己设计、扎制、彩绘、编排节目。每次灯会结束，个个累得够呛，到浴室免费洗一次澡，回来饱尝一餐用祭拜龙灯的猪头做成的酒宴，又乐呵呵研究决定来年龙灯盛会的安排。1997 年起，江苏宝石化纤集团有限公司利用企业和工艺美术高新技术优势，扎制了 2 条精美的 11 节龙灯，使瓜洲龙灯增至 4 条，成为千年古镇非物质文化遗产抢救与传承的一道风景。

每当欢庆重大节日，瓜洲龙灯表演队伍总是排在众多民间文艺队伍的前列。耍龙人表演时均着传统服装，一对古色古香的大头锣、头鼓和绣着“龙灯盛会”的大龙旗分别由 9 名壮汉抬着、举着开路，接着是六面狗牙边威风旗、四面牌灯、六张高挑灯、八面彩旗和笙管乐队鱼贯相随，浩浩荡荡，气势磅礴。龙灯在彩珠的指挥下，时而腾云驾雾、翻滚飞转，时而翻江倒海、九曲十回，时而逍遥自在、游玩嬉戏，引来人流如潮，欢声盈耳。

传统瓜洲龙灯虽只 9 节，传统耍法却有 108 种，其中最精彩的有“金龙盘玉柱”“天下太平”“荷花盛开”“叠罗汉”“双龙交会”“蛟龙戏海”“鸳鸯阵”“倒连环”等高难度动作。

瓜洲灯市　瓜洲灯市源远流长。新中国成立前，镇上灯笼店铺有十来个，每逢灯节（农历正月十三上灯、十八落灯），陈家湾一带犹如灯展，各式各样的纸扎灯笼和琉璃灯笼争奇斗艳，汇成灯的海洋。传统风俗是：正门挂堂名灯，厨房挂荷花灯，新娘房挂麒麟灯，结婚挂双喜灯，生小孩挂状元灯，客厅挂鲤鱼灯，喜庆挂宫灯，猜谜语挂走马灯。儿童玩耍的有兔子灯、跑马灯、狮子灯、花篮灯、双球灯、金鱼灯、飞机灯、蛤蟆灯、五角星灯、宝塔灯、荷藕灯、花鼓灯等。以兔子灯为例，又分为玉兔灯、双兔灯、一母四子灯，大的如椭圆形饭桌，小的似双层饭盒，悬挂的、手提的、装轮子用绳子拖的、用竹柄推的，令人目不暇接。民国时期，镇上数钟瀛森、程义兴、王永源所开 3 个灯笼店年代久远、灯艺精湛。钟瀛森老板最拿手的是纸扎，靠几根竹篾、湖柴、铁丝和一把剪刀。一碗糨糊、几张彩纸，就能扎出活灵活现的“嫦娥奔月”“西游记”等戏剧中的人物。程家制作的堂名灯远近闻名，用纸扎的亭台楼阁、车辆船只、箱柜桌椅等也精致华美、十分逼真。王家专门生产和维修琉璃灯，大的如水桶，小的如茶壶，经过金粉彩绘，饰以串珠彩带，更显富丽堂皇。随着时代的进步，科技的发展，声、光、电组合的灯笼一年比一年多，那些富有乡土气息和地方特色的灯笼难以寻觅。

渔（船）民习俗 瓜洲运河入江口陈家湾为渔民集中地。这里的渔民第一次使用新船出江作业，一定要以三牲（公鸡、鲤鱼、猪头或猪蹄）、香烛，拜耿七公（耿）侯王，燃放鞭炮。一般小船用两斤糟头肉、鱼、锡箔纸祀祭，祈求风平船稳多打鱼。有的备酒宴祭神，望江神保佑，一帆风顺。每逢清明、七月半、冬至、过年，大小船只均在船头敬奉。炭船帮祭祀，则抬出神像，挂起红绿绸带。装货的船，在除夕日用簸箕把粮食、黄豆之类的吉祥物品，从这一舱倒往那一舱，以示来年吉利，伙计们向老板要喜钱。船户忌在船上抱膝闲坐或将手别在背后，意味着生意不景气。不能将筷子搁在碗上，忌讳“船搁浅”。打麻将不能说“成了”，因“成”与“沉”谐音。吃饭不能说“盛饭”，只能说“添饭”。鱼打上来不能说“条”，只能说“个”。吃鱼不能翻转鱼身，以忌“覆舟”。

鲥贡习俗 在历史上，瓜洲鲥鱼是向朝廷进贡的贡品。瓜洲作为鲥贡的基地，在河东越河建有冰窖，在城里设有驿栈，运河上架有通驿桥。每年初夏渔民捕获的第一条鲥鱼称“头鱼”。头鱼进贡皇帝，地方官员总是大操大办，成为瓜洲一大盛事。为了让皇帝吃到新鲜的头鱼，凡送往京城的鲥贡均采用送军情急报的方法，由沿途各地备快马，由驿卒不分昼夜接力传递。清道光年间（1821—1850）先后出任江苏巡抚和两江总督的梁章钜说：“忆自卅余年外宦后，凡遇鲥鱼，率皆属吏争先呈献，即同人往复投赠，亦取自官中而已矣，从未破费囊中一钱，辞官以来乃反是。”地方官吏以献贡为名，肆意课敛。因捕头鱼受赏，渔行借机大做文章，以二鱼、三鱼冒充头鱼。渔民骗帮头，帮头骗渔行，渔行骗官吏，各自为了利益，仍营造喜庆气氛，给渔船挂红布、放鞭炮、散糕馒，闹得真假难辨。解放初期，为尊重渔民鲥贡的习俗，政府仍给头鱼捕获者以奖励，以超过市场两三倍的价格收购。几年后，这一习俗才废止。

瓜洲竹器 旧时瓜洲是粮食、食盐、煤炭、家禽的集散地，也是水产品的重点产区。发达的水运和密集的人口，有力地促进了竹器业发展。当时的竹器行有朱聚源、刘福盛、殷永兴、李顺兴、广顺和、永泰隆、余兴祥等。生产的品种有七大类。农具类有稻箩、稻夹、扁担、扫帚、簸箕、连枷、斗笠、背篷、桶夹、罱口、罱篙、手指套、锄柄、桶箍等，船具类有撑篙、勾篙、篷骨、拖把柄、水勺柄、水抽、纤板等，渔具类有鱼篓、虾篓、蟹篓、鱼浮、渔竿、棚席等，畜禽具类有鸡笼、兔笼、鸭围子、雀笼、黄狼弓、蚕匾等，生活类小件有水端、竹筷、竹碗、碗罩、锅刷、淘米箩、抓痒扒、手杖、字纸篓、果篮、竹枕、衣架、衣夹、笔架、笔筒、马刷等，生活类大件有竹床、竹椅、竹凳、竹桌、碗橱、书橱、竹梯、童车、蒸笼、背篓等，玩具类有竹刀、竹枪、竹蜻蜓、竹蛇、竹哨子。竹器产品琳琅满目、应有尽有。以竹匾为例，有妇女用的针线匾，有粮食行用的深口匾，有碾米用的大口匾，有表演杂耍用的中型匾等。再如竹篮，有大眼篮、小眼篮、有盖篮、深底篮、元宝篮、猪头篮、高脚篮等，小的如皮球，大的似箩筐，各派其用，任凭选购。

20世纪20年代，中兴煤矿公司堆栈将竹筹码上烫上火铬印后，当货币在市场上流通，为繁荣瓜洲市场做过贡献。30年代，为不再使渡口出现海难，商会救生局特花钱雇竹工编织圆形、三角形风球，视天气变化高悬于渡口上空，自此事故减少。40年代，竹业工人日夜编织鸡笼，确保根据地大批家禽顺利渡江，为粉碎敌人经济封锁立下汗马功劳。50年代初，为庆贺翻身，欢度国庆，竹工们在热闹的商业中心陈家湾，精心扎制一座古朴典雅、庄严雄伟的过街竹牌楼，引来众多游人观赏，成为当时最亮丽的风景。今竹艺师傅凤毛麟角，很多精致竹器由塑料和金属替代。

裁缝规矩　旧时，瓜洲裁缝店铺有三项不成文的规矩：一是做针线活的裁缝师傅均是男性，女孩子再能干也无法充当，开裁缝铺更是不可能的事；二是裁缝铺仅是联系东家（顾客）的场所，一般裁剪做衣都是东家将师傅请上门，时间少则十天八天，多则一两个月，甚至还有更长时间；三是裁缝师傅到东家做衣服，只需携带剪刀、尺条、烙铁（当时未有熨斗）、粉线袋、缝衣针等缝纫工具，东家提供衣料、线、镶边用的花边、填料用棉花等，且负责伙食。工资根据衣料美丑、式样繁简、工时长短商定。

按瓜洲风俗，衣着一生有三新：即出生新、结婚新、寿终新。还有诞辰添新、换季更新。具体衣式：催生用衣裤，专为新生婴儿准备的。不管生的是“龙”（男孩）还是“凤”（女孩），除做和尚领的单、夹、棉衣裤外，还有围嘴（于涎）、肚兜、背心、披风等，且见样成双（以便洗换），并给红包，作为工资外的“喜钱”。结婚嫁衣礼服，旧时时兴新郎做长袍、皮袍、马褂，新娘做旗袍、皮袄。春夏秋冬四季衣裳，少则三身（套），多则百十件，布、绸、呢绒、皮料均有，要两三个月方能竣工。寿衣，老年人生前做好以备去世时所穿的衣服曰寿衣，通常做“八团袄”“三腰五领”。“三腰”指单裤、夹裤、棉裤，“五领”指衬衣、夹衣、棉衣、罩褂、披风。在众多裁缝师傅中，出类拔萃者数栾登友。他做衣服很考究，单纽扣设计出盘纽、蝴蝶纽、琵琶纽、单盘香纽、双盘香纽、蝙蝠纽、空圈纽等一二十种造型。旗袍也别出心裁，有双绲边、单滚嵌条等，令人爱不释手。人们就是冲着他的高超技艺找他说好话做衣服。每年腊月，别人家高高兴兴办年货，栾家却因生意多回不掉，急得老夫妻以泪度年，足见其缝纫技艺高超程度。

裁缝除做衣服外，昔日还为老人过寿、迎神赛会等忙碌。最负盛名的裁缝师傅老戚三，生前在镇台衙门裁缝房领作。长江水师官员所着朝袍、云肩、巾帽及官署内桌帷、椅披、椅垫、嵌边缎联、门帘以及寺庙用伞、盖幡、帷等仪具，多出自他与徒弟之手。

交易市语 旧时境内商贸，一为沿街设店的坐商，二为贩运走乡的行商，三为定期集市，亦称逢集、集场。商贾小贩间贸易有市语，亦称“行语”“哨语”。例如数字1至9，鱼行称：一为“学”，二为“为”，三为“言”，四为“义”，五为“瓦”，六为“雍”，七为“条”，八为“太”，九为“仇”；粮行称：一为“齐”，二为“必”，三为“非”，四为“盘”，五为“拐”，六为“雍”，七为“草”，八为“范”，九为“阳”，十为“编”。饮食业称鸡为“报晓”，鸭为“扁嘴”，鹅为“高头”，鱼为“戏水”，蛋为“滚头”，虾为“怀儿”，酒为“三六子”，肉皮为“大褂子”等。理发业称好做的生意为“老典”，难做的生意为“条巴”，修面为“勾盘子”，刮胡子为“勾栅栏”，剃光头为“爬山”。牛市买卖，牛贩子相互在衣袖里拉手示价，议合成交。

方言俗语

地方俗谚

“人到扬州老，船到瓜洲小。” 扬州自古繁华，在这里干事创业，竞争非常激烈，人很辛苦就容易老。瓜洲是历史上长江水上运输和物资集散的大码头，“船到瓜洲小”，犹言瓜洲阅船无数，看惯了水上走大船的大场面。

“瓜洲务二业，吃粮打窝摺。” 清代，长江水师在瓜洲设有总兵衙署，衙署里拿俸禄、吃皇粮的人多，就连在衙门当裁缝、捕鱼的佣人，因会奉承也被封为“老爷”。当时瓜洲居民千方百计都想挤进吃皇粮相关的行当。瓜洲沿江一带这句俚语中的“吃粮”主要指的是这批人。“打窝摺”，是瓜洲老百姓地道的谋生手段。瓜洲长江边盛产江苇，过去瓜洲水上运输发达，当地人将芦苇编成狭长条状的窝摺，主要用于堆粮囤。

“要吃瓜洲饭，一头鸡鸭一头蛋。” 该民谣曾流传于邗江、江都、仪征、高邮、兴化、天长等地。抗战期间，因长江南北交通被日军封锁，苏北大批家禽蛋品只有通过瓜洲流向苏南各地。当时日本人控制的镇江山光、增信、目下、茂昌等洋行及沪、镇两市的金文祥、张合兴、大昌、共和等公司庄号，都先后在瓜洲抢设分支机构，全镇从 1 家鸡鸭行，一下子增加到 5 家蛋庄和 10 家鸡鸭行，有的还派员驻上海、兴化设庄，南来北往的以贩卖鸡鸭吃饭的人在此频繁交易，使瓜洲禽蛋业达到顶峰。当时全镇日上市蛋品约七八万斤，鸡鸭有一节车皮。

“瓜洲出会人抬人。” 旧时，扬州、镇江一带流传有民谣“瓜洲出会人抬人、扬州出会看古文、镇江出会听戏文”。一说是因为瓜洲庙会多，出会时人多，挤得人脚都落不了地，故有“瓜洲出会人抬人”的说法；另一说是因为扮演“菩萨”“神鬼”的人由人抬着在街上巡游。

“上有文殊宝光，下有金山高旻。” 禅宗谚语。文殊院、宝光寺、金山寺、高旻寺为长江流域佛教禅宗四大丛林。长江上游有文殊院和宝光寺，都在四川；长江下游有金山寺和高旻寺，都在江苏。

“金山的腿子、高旻的香。” 在长江下游的两大禅宗丛林中，金山江天禅寺的僧众以结跏趺坐（盘双腿），保持“金宝塔”形象而出名；高旻寺以坐香时间长为特点，一天要坐 14 支香。所以丛林间有“金山寺的腿子难熬，高旻寺的长香难坐”之说。

潮汛谚语

月儿仰，水渐涨。

初一十五早晚潮。

一潮压三刻。（早潮 6 点来，晚潮必定在 6 点 45 分到。）

初三潮，十八汛，二十一二冒失鬼。（指突发大水。）

初八、二十三，潮水不上滩。

正月十三看灯潮。

腊月三十辞年潮。

潮到二十、人到七十。（指潮没后劲。）

歇后语选录

江里的虾子——白芒（忙）

江边的蚊子——吃客

江心撑船——不知深浅

船头上跑马——走投无路

龙王搬家——离海（厉害）

浴室灯笼——天天挂

烧饼不熟——面生

二两茶叶泡碗茶——老实（音“色”）

一斤面摊块饼——烙厚（落后）

盐店里的铜板——咸（闲）钱

淮河下游镇水护堤的铁牛（瓜洲铁牛已沉江，图中为江都邵伯铁牛）（选自《京杭大运河水利工程》）

江口风情

徐振宇 摄

名人与名镇

大运河犹如中国历史上流动的一道文化走廊，作为中国大运河的重要节点，众多的历史文化名人经行瓜洲。隋代开始，瓜洲地区就先后建有临江宫、塔湾行宫、锦春园行宫，隋炀帝、明武宗、清康熙帝、清乾隆帝等帝王都曾在瓜洲驻跸，金海陵王完颜亮命丧瓜洲。唐代鉴真和尚东渡日本，五次过瓜洲。众多文化名人在瓜洲或留下诗文，或在此经策方略。瓜洲本土的历史代表人物有唐代宰相王播、王起兄弟，北宋杰出的民间诗人王令、藏书家黄晞，近现代名人有国民革命军渤海舰队司令吴志馨，瓜洲乡邦文献大家于树滋、中国动物学泰斗陈桢、语文教育家于在春、高旻寺高僧来果和德林等。

瓜洲古渡

人物传略

王播

王播（759—830） 字明敭，祖籍山西太原。父恕，任扬州参军时，举家迁居瓜洲。王播少时家境贫寒，寄居扬州惠照寺木兰院，“饭后钟”与“碧纱笼”故事与他有关。唐贞元年间（785—805）举进士，累官淮南节度使、盐铁转运使、兵部郎中、中书侍郎、尚书左仆射、同平章事等职。王播进入仕途、跻升权要后，甚有能名。后聚敛百姓，市宠买恩，随势沉浮，不修名节，甚遭当时非议。王播还扬州时，城内官河水浅，漕运严重受阻。王播向皇上提请获准，自城南阊门七里港开河向东，至禅智寺桥通旧官河，开凿浚深十九里，使舟船漕运无阻。唐大和四年（830），患喉肿病逝。逝后文宗帝废朝三日，赠太尉，谥号敬。

王起（760—847） 字举之，王播弟。唐贞元十四年（798）进士，官累至山南西道节度使、同平章事、尚书左仆射、同中书门下平章事等职。任中曾四掌贡举，遴选当时才学之士。任河中晋绛节度使时，蝗虫为灾，粮价飞涨，豪门大族囤积粮食不售。王起下令富户限储30斛，余粮全部售出，违者处以死刑，民众得以生存。任检校右仆射、山南东道节度使时，江汉水田塘堰损坏，王起下令修复，灾荒大减。王起孜孜好学，博览群书，俱引翰林，讲论经史，曾兼太子侍读，唐武宗李炎常就教于他。著有文集120卷、《五纬图》10卷、《史馆写宣》10卷、《王举文集》120卷等。唐文宗曾写诗颂其人品并画其像于殿，视之为师友，称为“当代仲尼”。唐大中元年（847），卒于任所。卒时，宣宗帝废朝三日，追赠太尉，谥号文懿。

王令（1032—1059） 字钟美，后改字逢原。北宋诗人。5岁时，父母相继去世，由时任扬州巡检的叔祖父王乙抚养，后随族叔王越石移居瓜洲。王令自幼读书勤奋，常秉烛诵习至旦，学识渐丰。应天长县束氏人家聘为西席。从此立意终生执教，不顾众人劝说，毅然放弃应科举试。在天长5年，后赴高邮设馆授教。北宋至和元年（1054），与王乙、王越石相识的王安石进京途经高邮，王令投书札并附《南山之田》一诗求见，两人互慕才学而交往，书信不断。经王安石推荐，不少文人名士与之诗文唱和。是年，江淮一带蝗灾严重，民不聊生，王令作《梦蝗》诗，为灾民呐喊，鞭挞统治者是“脱剥虎豹皮，假借尧舜趋”。王安石称其诗“有叹苍生而垂泪”之语。翌年，高邮知军邀王令任学官，不久便书告辞官。3年后复归瓜洲任教。北宋嘉祐三年（1058），徙居江阴县暨阳。王安石惜其才，以妻妹许之，婚后夫妇返暨阳居住。后因劳累过度，生活窘困，足疾肆虐，于嘉祐四年（1059）逝世，年仅28岁。

《王令集》

黄晞（生卒年不详）　北宋藏书家。字景微，自号聱隅，建安人（今福建建瓯一带），自幼旅居瓜洲。藏书数千卷，学者盈门。他不顾达官贵人非议，将自己读书心得编撰成书，坦言：“生而不知学，与不生同；学而不知道，与不学同；知而不能行，与不知同”，劝人学用奋进。著有《聱隅子歔欷琐微论》，内分生学、进身、扬名、虎豹、仁者、文武、战克、大中、道德、三王10卷，每篇有小序，卷首有自序，在当时受到名臣大儒的重视。时掌管太学的石介，了解到黄晞好藏书、好读书、好写书，很感动，派弟子带着羊羔、大雁登门礼聘，黄晞竟躲进邻家藏起来。欧阳修曾以“羔雁聘黄晞，晞惊走邻家”的诗句记其事。

赵珣（生卒年不详）　字廷瑞，瓜洲人。义民。明永乐、洪熙、宣德年间（1403—1435），曾随郑和三度下西洋，最远到达非洲东海岸和红海沿岸，为促进中国和亚非各国的经济、文化交流做过贡献。晚年回归故里，仗义疏财，一心向善。工部右侍郎周忱巡视江南，在瓜洲造两艘能载500人的大船供大江南北居住的人乘渡，赵珣认为虽有渡船，但没有码头不行。因为江水有潮汐，水浅时船无法靠岸，只能停泊在深水区，乘客上下必须涉水，尤其是老人和儿童稍有疏忽难免有溺水之虞。于是赵珣倡议在江口建一座石堤码头并率先捐银300两，百姓热烈响应，扬州知府、江都县署等官员也纷纷捐出俸资，经上下齐心协力，于明正统十年（1445）正月动工，于次年底竣工。石堤码头造好后，又建楼房五楹于石堤，“上辟窗牖，中置几榻……复置厨具”，游客到此候船不仅可免遭日晒雨淋，还有椅凳供休息，方便饮食，登楼可纵目一览山川之胜。周忱见此，题写“江淮胜概楼”五个大字。明礼部尚书王英的《江淮胜概楼记》和明礼部尚书胡濙的《瓜洲西津渡重建马头石堤记》都提到赵珣的义举。

赵鹤（生卒年不详） 字叔鸣，瓜洲人。明弘治九年（1496）进士，授户部主事，受户部尚书佀钟的赏识。弘治十五年（1502），庄稼严重歉收，天下大饥荒，赵鹤代朝廷草拟文书，昭告天下宽恤事宜。此后赵鹤被提拔为户部郎中，督永平、山海、蓟州粮草，兼视屯田。他上书朝廷“边场急务十六事”，提出“征收豆草积久腐败，奏请折价贮库、临时和籴以给军需”。其中古北口等仓储，不足以提供流动作战士兵的粮饷，请求朝廷更番操练兵士，有警调发，从此边储得到保障。明正德（1506—1521）初年，擢升建昌知府。有益府校尉恣横虐民，赵鹤对其实施抓捕，按法律处置，部属肃然起敬。太监刘瑾因为向其索贿不得，搜集蓟州耗粮之事，事发，赵鹤被贬为南安同知，不久擢升金华知府。在郡任职期间，赵鹤上疏请求“广折征、宽加派、备积贮、禁溺女”诸事。后擢升为山东提学副使，因对当地读书人约束过严，遭受流言诽谤。回到瓜洲故里，他在江边修筑精舍，日夕啸咏其中。编有《维扬郡乘正要》，著有《具区文集》以及《文山嵎扬忠愤录》。

蒋易（1621—约1691） 字子久，又字前民，明末清初诗人，瓜洲人。少年时得补诸生，不久放弃功名。其家原本富足，父蒋叔一，志行高洁，曾读书于石闾书屋。有洲田数十顷，后坍于大江，官府不减其赋税，遂致穷困饥寒，而蒋易却安然处之。他作诗不拘泥于时俗，尤擅长五言律诗，风格雄健苍浑，有杜甫之风，与时人王猷定、杜濬、蔡堃等人齐名。清康熙十七年（1678），与吴绮、卓尔堪等在扬州共会“春江社”。康熙二十七年（1688）与孔尚任等萃集借园，作“送春会”。康熙二十八年（1689）参与禅智寺集会。蒋易无子，晚年家境更加贫困，靠卖画为生，时人把他的画当作珍宝。著有《石闾集》《遗扇记》等。其诗大多散佚，后于树滋在编辑《瓜洲续志》时，经多方搜寻，辑录其诗百余首。

魏嘉琬（生卒年不详） 字篁中，清康熙年间（1662—1722）诗人，世居瓜洲。天赋异禀，在同辈人中被称为不世出的奇才。《瓜洲续志》称其“书一手触，即富于掬，于文章诸体无不兼擅其长。制艺，善抉摘幽微，直造精奥”。礼部尚书许汝霖督学江南时，见其年纪轻轻，言行举止却潇洒自然、豁达开朗，学问高超卓越，惊叹道：“其才其年均不可及也！”清康熙三十五年（1696）中举人，当时名流之辈都期待他状元及第，后两次参加礼部考试都没考中。吏部侍郎赵士麟看到他的遗卷，叹息说："具此美才而被放黜，文字果不能言耶！使我得总裁，必元首南宫矣！"著有《咀蔗轩诗集》八卷、《宛溪集》，诗笔清拔不群，幽渺而峭厉深情。康熙年间"帖学四大家"之一的何焯在《魏篁中诗后序》中把他比作唐朝的李贺。后呕血夭殁，年 33 岁。

熊维熊（生卒年不详） 字伟男，清初瓜洲人，主要活动于顺治、康熙年间（1644—1722）。其先祖为元朝扬州路总管熊汉卿，因其"爱瓜渚土风清淑"，在此安家。建宅第园馆，一时称胜。并建有名亭"江风山月亭"，尤极壮丽，元镇南王曾在此避暑。熊维熊为康熙二十一年（1682）岁贡。博闻强记，曾经"一岁中七试，居第一"。王士祯做扬州推官时，以国士目之。工诗，古文词画深得董源、巨然的旨趣。好表扬节烈，著《瓜渚贞烈志》。生平笃于孝友，言规行矩，乡里奉为有道君子。被推举为幕宾辞不赴任。著有诗集《绿雪轩初集、二集》。熊维熊所著《追和瓜洲十景诗》，为后人留下瓜洲名胜的重要史料。

王豫（1768—1826） 字应和，号柳村、小辋川主人等，生活于清乾隆、嘉庆、道光三朝。祖籍镇江丹徒。其祖父王元臣由丹徒白沙迁居瓜洲翠屏洲种竹里。王豫父亲王文仁在翠屏洲修筑种竹轩，"贮书数万卷，教子豫以文章鸣海内，硕士居公咸乐交之"，还有竹冈、寒碧塘、荻汀、鸥溆、桃坞、柳村诸名胜。20 岁左右时，王豫于此读书修洁自好，莳花艺竹。翠屏洲在大江北岸，种竹轩正对金、焦二山，江云海月，朝夕如在几砚之间，江上日出孤兀迥特，风景清婉秀折，倚栏长吟，与江声相和答。王豫"襟情潇旷，超然物外，仅与词客、梵僧、扁舟来往"。他写诗效仿盛唐诗人刘昚虚、王昌龄等人，长于五言古体，诗风清淡，古文亦似南宋人小品。著有《种竹轩诗钞》《种竹轩诗文集》《儒行录》《明世说新语》《王氏法言》《王氏清芬录》《蕉窗日记》《惜阴日记》《荻汀录》《盟鸥溆笔谈》等。他在《蕉窗日记》中写有"成德每在困穷，败身多因得志""才不称不可居其位，职不称不可食其禄"等著名诗句。

王豫先后编辑《群雅集》《群雅二集》《于喁集选》《淮海英灵》，他编辑《江苏诗征》时，带着大量书籍下榻于焦山佛阁中，两江总督铁保听说此事大加赞赏，因题其阁曰"诗征阁"。王豫选诗谨守沈德潜"别裁"家法大旨，衷于雅正，其中保存许多已经湮没不传的诗人姓名和作品。

王豫屏迹著述，殚精文献，33 岁时写成《瓜洲志稿》。当官府纂修嘉庆《瓜洲志》时，他慨然以志稿相赠。还与阮亨共同编辑《淮海英灵续集》，与张学仁合选《京江耆旧集》，与张学仁、吴朴庄管结成七子诗社，合刻《京江七子诗钞》等。王豫与父亲王文仁都曾参与当时瓜洲最大的慈善机构同善堂的兴建事宜。王豫59岁时以布衣终。

卞萃文（1768—1845）　字孚升，一字逊斋，清朝瓜洲学者，著有《逊斋诗文集》。幼年聪慧异常，20岁时补弟子员，师从金陵蔡元春，授以《五子近思录》。侍奉父母以孝道著称，诚笃嗜学，潜心宋五子书，待人处世谦恭和平，时人称赞他“进不求荣，行必蹈道，文无浮艳，学有师宗，善世不伐其功，德博而化于众”。清道光元年（1821），举孝廉方正，坚辞不就。曾在翠屏洲余溪之南村构筑揖峰书屋，讲学著书。

卞萃文崇尚理学，有人称其：“先生之行致知格物以尽其功，身体力行以究其实，声色不加于一夫，而布画不拙于一时！”中年以后，谢绝尘氛，专心于宋、元、明及当朝诸儒语录，编辑《明代儒学类编》《国朝儒学类编》《明代五子类编》《国朝五子类编》。一生著作等身，所著《家牒汇存》《杂稿汇存》《岁序杂仪》《性理约言注释》《正学约讲》《敦本录存》《征录管言》《居家杂仪》《同善堂存征录》《卞征君集》《大学衍义》等书，凡数十种之多。为了教化乡里子弟，他集家规、宗规、学约、乡约等编写《规约类编》一书。

卞萃文热心瓜洲地方公益，积极参与同善堂的创建，同时发起恤嫠会、掩骼会、讲约会、养正会，行之数年，瓜洲民风丕振。瓜洲地处江滨，江潮泛涨，圩岸崩塌，居民苦不堪言。他首倡设立粥厂，分载小船，按户送达。大水退后他亲自请求官府赈济灾民，同时劝说绅商捐款捐物。英军入侵瓜洲，卞萃文倡导团练抵御外敌，英国人写信来招降，卞萃文拒不回复，英军竟然不敢进犯瓜洲，居民安居乐业。

因为仰慕敬佩卞萃文的为人，礼部尚书、协办大学士、加太子太保、赠太子太师汪廷珍亲自为他撰写《卞孚升征士六十寿序》一文。两江总督铁保、江苏巡抚汪志伊、扬州知府伊秉绶、江都知县陈文述，各以联额赠之。清道光二十四年（1844）十一月二十九日，卒于江滨居所，享年77岁。讣告还未发出，吊唁的人已接踵偕来，哀声四震。时人感慨：“公虽死而犹生，虽殁而犹存。公之音容虽杳，而公之行谊犹卓卓在人耳目前也！”

于树滋

于树滋（1856—1938）　字德甫，号遁叟，别号东轩老人。瓜洲文献搜集刊行者。生于瓜洲书香之家，青少年时攻读崇儒学。清光绪元年（1875），寄籍仪征应试，中秀才。后因父病故，家道中落，辍学从商。中年以后因病居家疗养，抱病著述。他四处寻访，多方致函，获嘉庆《瓜洲志》残本。1923年仲冬时节，用聚珍版重印嘉庆《瓜洲志》。为编纂《瓜洲续志》，他查阅大量古今书籍，集录瓜洲史料，不顾晚年多病，躺卧悬腕书写。1927年,《瓜洲续志》脱稿刊印。于树滋还潜心诗词创作，1929年，集成七言诗120首，题为《瓜洲伊娄河棹歌》，翌年夏刊印传世。1934年，将其一生所赋诗词文稿，分编成《遁叟璧水重游唱和集》《遁叟古稀寿辰唱和集》《呻吟集》等。于树滋对家乡慈善事业极为关心，在镇江瓜镇义渡局和冬赈局任职，以征文为名，资助贫寒、奋进求学者。1938年2月，病逝于镇江。

沈廷铭（1865—1934） 字鼎臣。瓜洲人。瓜洲商界巨子、公益名士。清末贡生，少爱读书，喜文工诗，著有《闲吟初稿》两册。清光绪三十一年（1905）废科举后，遂志经商，开鼎泰和炭号。清宣统元年（1909）二月，和士绅自筹经费创戒烟局。宣统三年（1911），响应孙中山“驱除鞑虏”号召，率众在沈家场剪去辫子以示反清。1916年，任江苏省议员，拥有鼎泰和炭号、宝源油号、复茂米号、沈记栈房等店庄、房产，人称“沈半街”。为了吸引人气，做大买卖，沈廷铭将门口特地辟出一块空地，供南来北往的买卖人、过江人稍歇脚步。那些走江湖的人，在沈家场唱戏、玩魔术、顶碗、耍大刀、攻火圈、变戏法、爬高杆、走钢丝、遛马玩猴。1928年，沈廷铭响应马士杰的号召，筹措款项，造渡江普济轮，并协同田墨卿、刘起凤、吴恩棠等平息河西水利纠纷，维护地方安宁。获孙中山手书“公仆”勋章一枚以及十二圩乡民和瓜洲船民所赠“造福乡梓”“公德在民”匾额各一块。

张毓金（1875—1940） 又名张峦，字登禄，号拙翁，瓜洲人。早年任江南栖霞矿税统税所稽查、汉口花贡道台府西席、瓜洲普济轮船局经理等职。善诗文，词雅境深，为瓜洲“诗大王”；工书法，民国初曾在江苏全省书法大赛中荣获第二名；有博闻强记天赋，镇人以被录为其弟子为荣。因桃李盈门，世人称其为“瓜洲名宿”。1937年农历冬月二十六，日军入侵，瓜洲镇上居民闻变，大多携眷逃向农村避难，张毓金不肯降志辱身，满怀家国之恸，书成《瓜洲沦陷记》，字字句句锋芒，直刺侵华日军和出卖国家民族利益的汉奸。敌人恼羞成怒，将其关进监狱。未久，因气愤成疾，始失明，后殒命。

释来果（1881—1953） 俗姓刘，名永理，字福庭，法名妙树，号静如，字来果。湖北黄冈人。清宣统二年（1910），来果由镇江金山寺至高旻寺，因其熟谙法规，办事干练，为住持月朗所器重，不久即当班首。1915年，月朗病重，临终前亲向来果传法，并嘱协助住持明轩办理事务。来果恐功夫不深，于次年相继到常州天宁寺、宁波天童寺、福建雪峰寺寻师访道，先后受后堂执、维那执、掩生死关。1919年6月，回高旻寺，接任住持，至1953年圆寂。

释来果

来果主持高旻寺30余年，革除积弊，规复古法，为振兴高旻寺做了许多工作。该寺农、工、商各业具备，有土地3700余亩，分布大江南北8个县、市。在寺院建设方面，他拟订宏伟规划，欲全面兴修高旻寺；派遣得力助手赴海内外募捐，还自备两艘大船，装运建筑材料，后因日军侵华扬州沦陷，规划未能全部实现。在寺院管理方面，制定严格的规章制度，集为5册（客堂、库房、禅堂各1册，丈室2册），成为禅宗各大丛林范本，使高旻寺以坚守和阐扬宗风而享誉中外，同东南亚、日本、印度等地的佛事往来不绝。

1946—1947年，来果避生死关，将法位传于弟子妙善。后妙善因故出走，来果复任住持。新中国成立后，来果积极参加救灾、救济工作，组织僧人参加农村水利建设。1951年，来果离寺赴上海治病。于1953年农历十月十七日圆寂，后归葬于高旻寺。著有《自行录》《语录》《开示录》等。

吴志馨

吴志馨（1883—1927） 字意航。民国革命烈士。生于瓜洲煤炭商人家庭。童年受教于瓜洲镇秀才石采芝，颖悟过人，好学不辍，少有大志，16岁考入江南水师学堂，与鲁迅同班同舍，友谊深厚，鲁迅中途离校赴日学医后，两人书信往来，信纸积累盈数寸。吴志馨在水师学堂不到三年，就以全班第一的优异成绩被保送日本东京高等航海商船学校学习。其间，受孙中山民主革命思想影响，参加同盟会，积极从事推翻清王朝的革命活动。学成归国后，任“甘泉”“舞凤”等炮舰舰长，烟台海军练营队长。他治军有方，深受士兵拥护和上峰赏识。1918年7月，孙中山率海军由上海至广州，南下组织护法运动，时任“豫章”炮舰舰长的吴志馨随舰到粤，炮击观音山，击退莫荣新军队，时人称为壮举。随后被任命为广东水雷鱼雷局局长、大元帅本部参军暨参谋部部员。1921年，孙中山就任非常大总统，命吴志馨改组海军，调任“海琛”舰舰长。翌年6月16日，陈炯明武装叛变，炮击总统府。吴志馨率“海琛”

与“永丰”“永翔”“豫章”等舰出动，对大沙头、白云山、沙河、观音山、五层楼等处叛军进行炮击，叛军大溃。孙中山返沪后，任命吴志馨为“海圻”舰舰长。时任海军舰队司令温树德包藏祸心，不久率舰投靠北洋军阀，吴志馨劝阻无效。为虚与委蛇，保存实力，他表面上随其旨意到青岛，暗与南方同志密通气息。1927 年春，北伐军既定江淮，进窥齐鲁。吴志馨乃联络同胞密谋部署伺机起义，被任命为国民革命军渤海舰队司令。是年秋，义举之事泄密，张宗昌以促领积欠之军饷为诱饵，派人将吴志馨从青岛绑架（名为接送护卫）至济南历城秘密杀害。1928 年，国民政府追认其为革命烈士，明令褒恤。1929 年，吴志馨之弟吴志善、之子吴泰璞在上海青川路孙中山寓所受到宋庆龄的接见与慰问，国民政府发给 1000 元抚恤金，吴志馨烈士亲属当即捐助家乡办学。

李国英（约 1888—1938） 女，瓜洲鞠庄村高庄人。义妇。1933 年，带着子女随夫李万江在日本以理发谋生。抗日战争爆发后，李国英携子女回国务农，丈夫留在日本。1938 年初冬的一个下午，三个日本兵窜至高庄东头寻找“花姑娘”。一座草堆旁传来小孩哭叫声，日本兵扒开草堆，发现一群妇女藏在草堆下的大土坑里，日本兵欲行兽行。其中一名妇女的婆婆远远看见儿媳遭凌辱，忽然想到李国英，急忙去请她来向日军说情，救她儿媳一命。李国英在日本生活了五六年，会说简单日语。此时她刚从芦滩里打柴回来，听说日军到村里欺负同胞姐妹，顿时义愤填膺，立刻跑到现场，用日语喝令日军住手。日军忽听有人用日语令他住手，惊恐地站了起来。在李国英与日军对话时，妇女们纷纷跑得无影无踪。日军理屈词穷，只得狠狠地瞪了她一眼，气冲冲地离开了高庄东头。日军在高庄西边又欲抓中国妇女，再次被李国英阻止。李国英的到来让日本兵恼羞成怒，日军不由分说，拖着李国英离开现场，在一个小土坎上，日军拔出手枪将李国英打死。

1928 年冬，陈桢（左）与李约瑟教授（右）合影

陈桢（1894—1957） 中国科学院学部委员、动物学家，中国动物遗传学创始人和动物行为学、生物学史研究开拓者，瓜洲人。先后获南京金陵大学学士学位、美国哥伦比亚大学硕士学位，历任国立东南大学、清华大学、国立中央大学、北京师范大学、国立西南联合大学和中华教育文化基金会科学教授，并被评为联合国教育科学文化组织中国委员会第一届委员。1943 年，被选为

中国动物学会会长。1948 年，被选为中央研究院院士。1953 年，中国科学院成立动物研究室，被聘为主任。陈桢一生致力于动物学研究和教学工作，为中国动物学发展与动物学人才培养做出重大贡献。他在海内外数十家刊物发表论文，出版《普通生物学》《复兴高级中学教科书生物学》《金鱼家化史与品种形成的因素》等专著。1957 年，出任中国科学院动物所第一任所长，被誉为中国动物学泰斗。

石极宸（1896—1981） 字鸿钧，外号胡子。瓜洲河东八里大薛庄人。年轻时先在镇江福康浴室当茶房，后跟随其伯父石永坤管戏箱，闯荡广西、广东、香港、厦门及沪宁沿线码头，是瓜洲青帮头子杨长富（一名杨善之）的徒弟。杨长富收门徒近千人，上至汉口，下至上海，北至下河一带都有他的关系，尤其在江苏长江沿线很有名气。1937 年冬月，瓜洲沦陷后，石极宸在日军卵翼下的所谓江北自治委员会会长方小亭的荐举下，当上瓜洲自治委员会会长，镇上各店铺想求得“太平”，聘石极宸为名誉经理者日众，其中镇上名流合股开设的“同和”牛行也聘其任名誉经理，并邀石赶集当说客。后经人介绍石极宸与淮南行署指导员王逸民相识。当王逸民提出上海一位朋友回家探亲、路过瓜洲需石极宸招待时，石极宸满口答应。不几日，王逸民专程到瓜洲找到石极宸，希望石极宸当明白人，切不可当汉奸。石极宸发誓决不会做出对不起朋友的坏事，并表示以实际行动拥护抗日。为表诚意，石极宸秘密约杨长富等人，说服王源大、震裕和两家锅厂以及裕盛和烟庄募捐 300 万元汪伪票子，慰劳新四军将士，并保证瓜洲与解放区做纱布、西药、颜料、纸张、日用杂品生意的安全。其后，每次王逸民的“朋友”来，都由石极宸和其控制下的瓜洲自卫团教练刘荣富（睢宁人，行伍出身，镇人习惯称其团长）亲自或派心腹团丁护送，也有从鞠家沟头乘小船划到朴树湾后再步行至根据地的，先后有三四次，最多的一次计有 12 人。

梁挹清（1902—？） 瓜洲人。民国最高法院检察官。梁挹清始读瓜洲开智学堂，再考入县立师范学校，后考入中央大学法学系，担任过国民党江苏省党部委员，与叶秀峰、洪友兰等国民党知名人士是知己。1946 年 8 月 22 日和 23 日，他以最高法院检察官的身份，对汪伪政权时担任过“行政院副院长”“外交部部长”“广东省省长”等伪职的褚民谊进行最后审判。开始，褚民谊美化自己是“学者”，不是汉奸，是个“无罪无辜”之人，要求免死。梁挹清当庭驳回，指出所谓《中日基本关系条约》《中日同盟条约》，均是卖国协定，皆由被告参与谋议，是汉奸铁证，不容抵赖，判处其死刑，立即执行。30 多位旁听记者争相进行报道。梁挹清后在台湾任花莲地方法院院长。

于在春

于在春（1909—1993） 又名于再村，瓜洲人。当代语文教育家、古诗文普通话翻译家和优秀编辑工作者。祖父于树滋是清末秀才、《瓜洲续志》编纂者。父亲于炳勋曾任沛县知事。于在春1932年毕业于上海光华大学文学系。先后在淮阴师范、太仓师范、常州中学、南通中学、扬州中学沪校、上海中学、格致公学任教。1942年起，先后担任光华大学、之江大学、复旦大学、上海师专等高等学校副教授、教授等职。1945年，为了研究改进中国语文教育，与郭沫若、陈望道等专家发起成立中国语文学会。新中国成立后，任南京大学文学院副教授。1955年起，在上海新文艺出版社、古典文学出版社、中华书局上海编辑所、上海古籍出版社先后任编辑、编辑组组长、编审等职。与夏其言、黄肃秋、陈迩冬被学界誉为全国“春夏秋冬”四大编审。出版有《文言散文的普通话翻译》《整部头〈聊斋志异〉的普通话翻译》《古诗文的普通话翻译》等10多种译本，达300多万字。1993年，江苏教育出版社出版有《于在春语文教学论著选》，时任中共中央总书记、国家主席、中央军委主席江泽民为该书题写书名。

1936年，于在春与好友江上青、顾民元、王石城创办《写作与阅读》，江树峰和吴天石等也参与杂志编务工作。他还聘请叶圣陶、赵景深、孙伏园、易君左、臧克家、田间、李霁野、许幸之等68位知名作家、学者作为刊物特约撰稿人。杂志发表过不少抗击日军侵华、反对国民党迫害爱国人士的檄文，具有鲜明的战斗性，深受读者欢迎，影响很大。1989年，《写作与阅读》创办人之一的顾民元烈士纪念文集《天光常照浪之花》出版，江泽民挥毫题诗云：“春翁讲述曾亲近，俊老诗篇我读之。今日元公遗著印，缅怀写读出刊时。”首句的春翁即指于在春，末尾“写读”指《写作与阅读》。1993年8月6日，于在春在上海病逝。

王珏

王珏（1911—1992） 瓜洲人，医学教授，防痨专家。年青时候就立志当一名防痨医生，早年毕业于上海东南医学院。后以优异的成绩考进当时全国医治该病技术领先的上海红十字会第一医院肺痨科。由于刻苦钻研，努力实践，他很快掌握痨病的防治本领。他放弃在上海工作的有利条件和优厚待遇，奔赴痨病患者较多的江西省。新中国刚建立时，王珏任南昌医院肺痨科主任，为推广痨病防治，他白天深入病房一线，夜晚回家编写教材，举办6期培训班，培养出200多名医术骨干，并领导建立全省6个地区的防痨网络，推广家庭病床。王珏天天与病人接触，害怕把病菌传染给子女，故餐具与大家严格分开，吃饭时不准说话，更反对肢体接触，吃完饭立即回卧室。王珏还利用自己主编《江西省防痨》杂志的条件，大力宣传“查出必治，治必彻底，加强管理”和“走出医院，深入病户，建立家庭病床和单位医疗室、农村疗养所”等一系列务实、易行、有效的措施。先后任中华医学会结核病学分会委员、江西省医学会结核病学主任委员、江西省防痨协会总干事、江西省人大代表和政协委员、江西省结核病防治所所长兼结核病院院长等。

许振东（1914—2011） 瓜洲人。20世纪40年代上海金融界民主进步人士，隐蔽战线工作者。早在广西大学读书时，就投身于抗日救亡活动，与《新华日报》经理张敏思合开“桂林”“东江”两家书店，大量翻印毛泽东著作及其他中央领导人讲话，委托八路军驻桂林办事处主任李克农免费送到抗日前线，激发将士们抗日激情。他还创办《万人小说月刊》，请作家郑振铎、肖岱任编辑，以文艺形式揭露日军侵华暴行，唤醒军民同仇敌忾将抗日战争进行到底。1946年，他根据华中局财经委的指示，成功开辟一条从解放区的高邮到国统区的扬州、镇江、上海的地下通汇线，并根据党的部署在“敌人的心脏”上海开办鼎元钱庄，担任总经理。为掩人耳目，他聘请曾在蒋介石家中担任过家庭教师的张席卿任钱庄董事长，还请书法大师沙孟海写了钱庄招牌。钱庄开设后，不仅短时间内分两次将900两黄金上交中共党组织，支援解放战争，还为解放区筹船运去大量急需物资，并安全掩护很多到沪工作的地下党领导人。他还为中共在香港创办的宝生银行一次投入20%的股金。拿出260两黄金支持大光明电影公司拍摄《风雨江南》等进步影片，对夏衍、王人美、周而复、翦伯赞等一大批文化界人士在沪家属的生活费用按时、机密送达，以利这些文化界进步人士安心开展革命宣传活动。新中国成立后，先后担任中国人民银行上海市分行办公室副主任、营业部副主任、顾问。1984年10月，从局级岗位离休。

许振东

释德林

释德林（1914—2015） 法名禅悟，字德林。河北省丰润县人。名僧，高旻寺第47代方丈。19岁时德林在高旻寺依道智禅师剃度出家，当年于宝华山隆昌律寺受具足戒。随住高旻寺多年，蒙来果和尚器重，成为临济正宗第47世传人。新中国成立后，先在上海静七茅蓬，1958年后进工厂参加劳动。1984年，回高旻寺销假，继任高旻寺第47代方丈。德林长老担任高旻寺住持后，以重建祖庭为己任，以高年硕德，精心策划，广结善缘，先后建成大雄宝殿、禅堂、天中宝塔、水晶宫与大讲堂等。2005年退居。2013年10月5日，德林百岁寿诞，全国各地诸山长老、大德居士千余人齐聚高旻寺为其祝寿，中国佛教协会为其发来贺电。2015年6月22日19时圆寂。

池振千

池振千（1915—2004） 瓜洲四里铺人。出身书香门第，其父池君胄是秀才。1933年毕业于扬中高中师范科，在扬州仓巷、城南、扬中等中小学任教。1937年弃教从邮，先后在芜湖、无锡、邵伯等邮局工作，并担任邵伯邮局局长。1946年，被中华邮政总局派往台湾。1953年，任台湾邮局工会理事长，拥有工人3万多人。1963年在台北任扬州同乡会总干事。他创办的《扬州乡讯》前后出版200多期，扩大了扬州在台湾的影响。两岸恢复交流后，他每次回扬探亲总不愿返回。2003年7月，他决定叶落归根，回扬州定居。2004年6月，因突发心脏病抢救无效逝世，终年90岁。

唐乾余（1919—2010） 名厨，瓜洲人。1936年在镇江万花楼、天乐园、宴春等名菜馆随其父唐德富学厨艺，除淮扬菜外，川菜、粤菜、京菜也无所不精，很快从掌勺跃为领班。后服从组织需要，调任西苑别墅主厨，多次为中央首长精心制作过不同口味的菜肴。唐乾余的徒弟张瑞安、刘道广、左生藻等也在同辈中出类拔萃，先后被国家选派到驻外使馆当主厨。其子唐元松为国家领导人的特约厨师，多次应邀到迎宾馆掌勺。

高正祥（1922—2009） 瓜洲人。20世纪40年代隐蔽战线工作者。14岁到十二圩徐德泰粮行当学徒。1940年师满后被介绍到瓜洲德丰粮行、久大纱布店当职工，这两家店均系上海民主进步人士许振东所开。为支援抗日，高正祥奉命多次从上海将布匹、西

高正祥

药、火油、蓄电池等物资，运入根据地货管局。1946年，为夺取对国民党军自卫反击战的胜利，华中局财委建立一条从根据地高邮到上海敌占区的地下通汇线，高正祥担任押运员，他多次冒着生命危险、智闯敌人重重关卡，奔忙于地下通汇线的高邮益大钱庄、扬州仁泰分庄、镇江大中钱庄、上海仁泰和鼎元等钱庄，包揽地下通汇线有关物资押运、款项转移以及干部掩护等工作，闯过敌人封锁线掩护上海来的干部到解放区。新中国成立后，高正祥长期担任合作商店经理。

李广福（1928—2000） 江都大桥镇人。1975年10月，由邗江县水利局调任瓜洲闸管理所党支部书记、所长。1979年6月，任县水利局副局长兼瓜洲闸管理处党支部书记、主任。他将“安全、效益、综合经营”作为水利工程管理单位的三大任务，实施纵向、横向联营，开展多项综合经营。在瓜洲闸区内建起宾馆、餐厅；开办小商店，经营工艺美术和金银饰品；创办锦春园树脂衬厂；因地制宜捕鱼捞蟹，饲养水貂家禽，培植花木。1991年，创产值332万元，利润36.41万元，实现管理经费自给有余。在开展综合经营的同时，还兴建银岭塔、锦春园、映影池、九曲桥、瓜洲古渡、沉箱亭、观潮亭等景点。整个闸区树木葱郁、四季有花，楼台亭榭参差有致，形成集历史遗存与现代工程景观为一体的水利管理、休闲游览的场所，被水利部命名为国家水利风景区，成为河海大学学生实习基地以及当时全县对外接待的重要窗口。1978—2000年，瓜洲闸管理处获各级表彰40余次，1978年、1981年两次获“全国水利管理先进单位”称号。李广福摸索出的水、工、商、游、林、副、渔全面发展，综合经营，以副养主的经验，获得水利电力部肯定，多次在全国水利管理先进经验交流会上推广，多次被国家、省、市的报刊、电台、电视台宣传报道，《中国水利》《当代企业家》《生机勃勃的新兴事业》等书刊先后介绍其先进事迹。1989年6月，李广福被水电部、全国水电工会授予“全国劳动模范”称号。

帝王行迹

隋炀帝三次驻跸临江宫 隋炀帝开凿大运河后，驾幸江都（今扬州），在扬子津建离宫——临江宫。临江宫又名扬子宫，内有凝晖殿、元珠阁等，楼阁参差，金碧辉煌。其中凝晖殿气派宏大，极其壮观。临江宫的特别之处就是炀帝钓台。炀帝钓台为隋炀帝垂钓观涛之处，钓台垒石全从江南运来。隋大业二年（606）至十三年（617）二月，隋炀帝先后三次驻跸临江宫，特别是第三次——大业十三年（617）春二月，“（炀）帝幸临江宫，百僚集凝晖殿，酺戏数日”（《隋书·炀帝纪》）。隋炀帝驻跸临江宫时，其龙旗绵延十余千米，盛况空前，“前代羽卫，无胜于此”。《太平寰宇记》载，临江宫西有春江亭，其亭以炀帝《春江花月夜》诗“暮江平不动，春花满正开。流波将月去，潮水带星来”意境而建。

宋高宗瓜洲南逃 北宋靖康元年（1126）闰十一月十六日，金兵打进开封，掳走徽（赵佶）、钦（赵桓）二帝，北宋灭亡。康王赵构（钦宗胞弟）在南京（今商丘）继帝

〔宋〕泥马渡康王（局部） 天津博物馆 收藏

位，史称高宗，是南宋第一个皇帝。赵构唯恐金兵再次来犯，一心南逃。南宋建炎元年（1127）十月二十七日，宋高宗抵达扬州，以州衙府署作为行宫，所有宗庙、法物、仪仗也一齐搬到扬州。留守东京（今开封）的宗泽，多次上疏吁请高宗还京，率士抗战，以图恢复河山。黄潜善等人对奏疏隐匿不报，并向高宗进谗言，宗泽闻讯，忧郁成疾而死。建炎二年（1128）秋，金兵分路向山东、河南、陕西三地进发。取道山东一路的金兵在金将粘没喝的率领下，于建炎三年（1129）春初攻下徐州，接着渡过淮河，攻陷天长，宋守军万余人闻风溃散，金军直指扬州。当时宋高宗正在扬州行宫寻欢作乐，听到内侍邝询报告金兵已至，慌忙披上铠甲，乘马奔向扬子桥。跟在他身边的只有几个军卒和王渊、张俊、内侍康履等一干人。高宗赶到瓜洲江边，扬州知州吕颐浩和张浚一同快马赶到江边，寻得一叶小舟护送皇帝南渡京口。

完颜亮命丧瓜洲 金天德元年（1149），完颜亮弑杀金熙宗完颜亶，篡位为帝。金正隆六年（1161）九月，统率 60 万兵马南侵。宋军在瓜洲皂角林埋伏大破金兵。皂角林之战后，宋军主力屯守镇江，江上有巨舰往来，金人不敢轻易从瓜洲渡江。十一月，完颜亮转向采石对岸的和州，因为这里江面比瓜洲窄，抢渡较易。但因采石兵船被摧毁，渡江未能成功。

完颜亮塑像

此时，留守在东京（今辽宁辽阳）的部族首领发动政变，废完颜亮帝位，拥戴完颜雍登基，改元大定。完颜亮听到消息后，马上率军队奔向瓜洲，欲打过长江，击溃宋军，使自己立于不败之地。在瓜洲龟山寺，他限定三天内全部渡江完毕，否则一律杀头。部下们认为，宋军主力在镇江，渡江定会受阻；新天子已立，回去也没有好结果。禁卫军总管完颜元宜治军宽厚，很受将士拥戴，大家都希望他下决断，完颜元宜决意举事。完颜亮身边有一支 5000 人的卫队，号称“紫茸细军”，这是他们举事的严重障碍。完颜元宜用调虎离山之计，鼓惑“细茸军”到泰州掳掠子女金帛。十一月二十七日拂晓，完颜元宜乘卫士换班之际，率众冲入完颜亮行宫。哗变之声惊醒了完颜亮，他当是宋军偷袭，立即披衣欲起，霎时间乱箭向他纷纷射来。他正要取刀自卫，身已连中数箭，军士一拥而入，向其乱砍乱刺，然后用衣巾将完颜亮尸体裹起来，一焚了之。尚书右丞李通、近侍局使梁琉、副使大庆山、浙西路副统制郭安国以及监军徒单永年等以祸国殃民之罪一并就地处斩。

完颜元宜自封左领军副大都督，主动退军15千米。他们一面派人渡江向南宋议和，一面整理队伍，有序向淮北退却。南宋大将成闵、李显忠随后收复两淮州郡。自此，宋金双方仍以淮水为界，恢复了完颜亮南侵前的状况。

明武宗雨夜宿瓜洲 明正德十四年（1519），宗室宁王朱宸濠在南昌起兵，反抗中央王朝。明武宗朱厚照亲自率兵征伐宁王朱宸濠。此次出征，他有心带宠妃刘娘娘前往，又怕大臣谏阻，便先将她安置在通州，约定銮驾启程后，便派人相迎。临别时，刘娘娘拔下头上发簪作为迎者的信物。武宗接过发簪，欣然而别，不意车过卢沟桥，驰马失簪，遍寻不得。武宗至山东临清，派使者往通州迎刘妃南下，刘妃以未见信物不敢前往。武宗得知此情，竟独自策马日夜兼程，迎刘妃登舟南下，直下扬州，欲由瓜洲入江前往南昌。

舟车才到南京，捷报南赣巡抚王守仁已将叛乱平息，武宗遂停止前进。他决定乘兴到江南看看湖光山色，于是取道仪征到瓜洲。不巧半路天降大雨，于是急寻村舍避雨，他和刘妃住在一个较为富裕的庄上。为讨皇上欢欣，随行乐工吹奏鼓乐，女乐随之跳舞。雨停后，他率文武百官至瓜洲望江楼住宿。清晨，皇帝与刘妃凭窗眺望大江，但见烟波浩渺，水天一色，隔岸金焦二山，尽在眼前。于是，他又生雅兴，游幸镇江。在镇江住了两天，复偕刘妃返回瓜洲，再宿望江楼。随后，一行人马浩浩荡荡北归而去。后来，瓜洲人把明武宗避雨住宿的地方取名“吹鼓亭”，又名“吹庄”。随行宫妃避雨住宿的两个庄子取名“东妃”“西妃”。

康乾两帝关注瓜洲水利 康熙皇帝自亲政后，视“河务”“漕运”和“三藩”为头等大事。每遇水情，他总是喜欢“躬临河干”，掌握第一手资料，以便找到解决问题的办法。为了保护瓜洲运河岸坡，防止大溜冲刷堤岸，确保堤内人民生命财产安全，清康熙十八年（1679），上谕河臣：“改置南运河口于三汊河。”是年，增挑南运河，起土加筑两岸堤。康熙三十二年（1693），他又采纳河总于成龙的建议，“将瓜洲、仪征河道、闸座事宜，归江防同知专管”，以杜绝工作互相推诿。康熙五十五年（1716）三月，瓜洲息浪庵和花园港前所筑的护城堤岸被江浪冲塌，严重威胁到瓜洲城的安全。康熙皇帝旋命河漕总督“于息浪庵前建筑护城堤”，并指出：“倘江水日渐北流、冲刷不已，瓜洲城垣必至危险。查荆州、杭州俱有护城堤岸，方可保护。瓜洲地方修筑护城堤作保护，不致危险。庶瓜洲一带地方始得完固。”众大臣接旨，不敢懈怠，很快310丈（约1033米）和180丈（约600米）的江堤、河堤得到加固、加宽。

乾隆皇帝对瓜洲治水也是尽职尽力。清乾隆十六年（1751）七月，两淮盐运使吴嗣爵奏："城外回澜坝、大庄等处，抛填碎石后，埽根甚为巩固，毋庸再为添办。"乾隆皇帝当即圣训："将来再办，所费更大。""不便轻议停止！"乾隆帝认为，旱灾是逐步形成的，可以防之在先；水灾则是骤至陡发。洪水猝至，田禾浸没，庐舍漂流，生命财产荡然遽尽。乾隆二十九年（1764）七月，江水涨至一丈五尺（5米），回澜坝塌陷300余米，距瓜洲城仅三四十米不等，经抢修填石，方始巩固。乾隆帝并不因此松懈，仍谕旨："每年于霜降后，将旧埽残缺处逐一勘估，次年桃汛前将应修之工用埽加镶，厚压重土。赴工时再多加碎石，以御风浪。"

康熙帝厚爱高旻寺 相传高旻寺始建于隋，据现有的文献资料，今高旻寺创建于清顺治八年（1651）。其时，南河总督吴惟华在三汊河建天中塔，借以镇锁风水，纾缓水患。顺治十一年（1654）秋，塔建成，又依塔营建梵宇三进，名曰"塔庙"。此时地处城郊的高旻寺，只是一座简陋的寺庙，尚无"高旻寺"的称谓。清康熙三十八年（1699），康熙帝第三次南巡至扬州，见寺内天中塔年久失修，欲颁内帑修葺，为皇太后祝寿祈福。江宁织造曹寅、苏州织造李煦和两淮盐商得到消息，争相捐金修缮天中塔，增扩庙宇。康熙四十二年（1703）康熙帝第四次南巡，他登天中塔南眺金山、北望蜀冈，顿觉"旻天兮清凉，玄气兮高朗"，因此赐名高旻寺。此名一直沿用至今。康熙帝南巡回京后将皇宫内的一尊脱纱药师如来泥金佛像赐给高旻寺供奉，并在康熙四十三年（1704）九月重阳日亲自作《高旻寺碑记》。为安置御赐金佛和碑石，曹寅等又在高旻寺的正殿后面建金佛殿和御碑亭。康熙四十三年十二月初十日，曹寅推荐僧人纪荫出任高旻寺住持的奏折得到康熙的恩准，于是纪荫和尚便成为清代高旻寺的第一代住持。

康熙四十四年（1705）三月，康熙帝第五次南巡，即在落成不久的高旻寺行宫下榻。康熙帝一反"一日即过"的惯例，在高旻寺行宫一住就是六天，进宴看戏，观望灯船，欣赏四处景致，犒赏官员及盐商。曹寅因修庙和接驾有功，给予通政使司通政使衔，并与李煦交替担任两淮巡盐（盐运）御史。

康熙帝在南巡驻跸高旻寺行宫时，还赐"晴川远适""禅悦凝远""绿荫轩"匾额三块，"殿洒杨枝水，炉焚柏子香""松梢香露滋瑶草，庭畔熏风和玉琴""龙归法座听禅偈，鹤傍松烟养道心"等楹联多副。

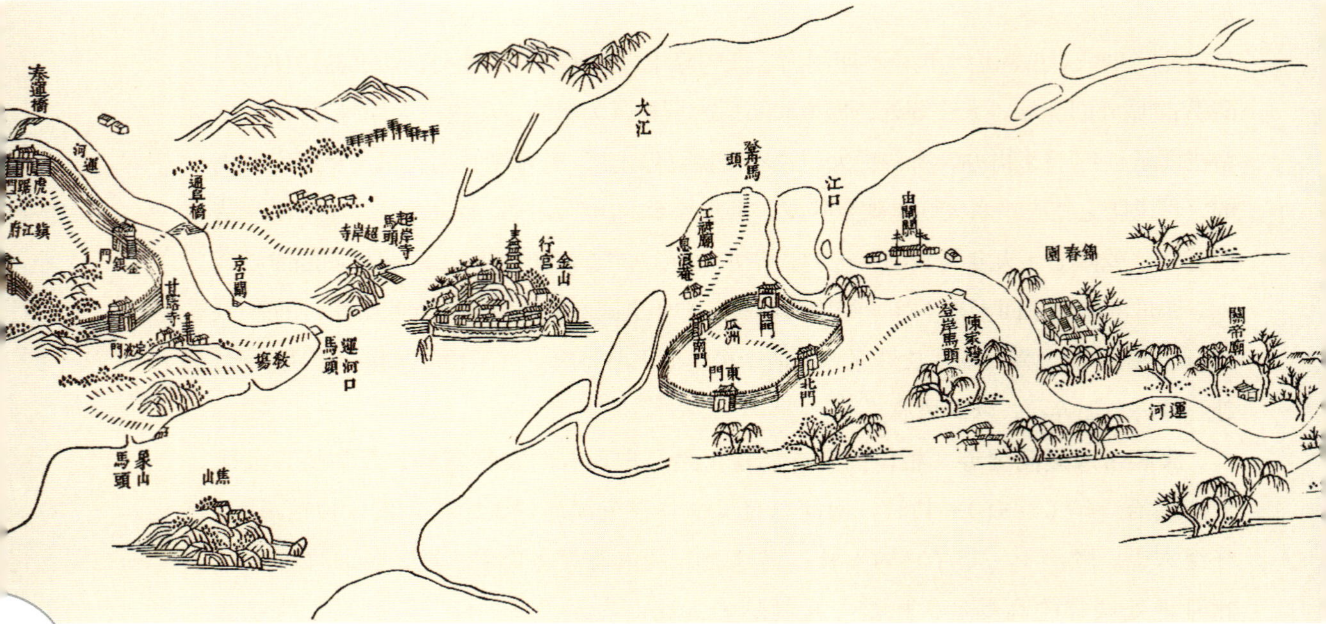

《康熙南巡图》第六卷，从瓜洲渡江登金山经常州府路线图

雍正帝为高旻寺选方丈 高旻寺作为与皇家密切相关的寺院，康熙帝之后也得到雍正帝的关心。清雍正十一年（1733）十一月，雍正帝对高旻寺方丈人选给予朱批，认为“住持禅师可斟酌一与常住有益者住之。……必得能整理服众之人方妙，不然恐招人笑”。后来，明纯禅师任高旻寺方丈，明智帮助料理常住事务。

雍正帝亲自过问的高旻寺方丈并不止明纯一位。雍正十二年（1734），他在看了玉琳国师（清初名僧）语录后，开始寻找玉琳的后人，结果找到玉琳最得力的弟子天慧禅师。雍正帝下旨将天慧关在禅房里，命他七天后要开悟。七天过去了，天慧急得在禅房里直转圈，越跑越快，一头撞在了柱子上，结果一下子就开悟了，雍正帝遂赐紫衣袈裟。次年，天慧奉旨主持高旻寺。

天慧主持高旻寺期间，以阐扬禅宗宗风为已任，严明规约，身体力行，清严闻于四方，受到各大丛林的推崇，被尊为“天祖”。后人效其开悟之因缘，加之雍正帝的亲自推动，“打禅七”遂成为禅宗寺院冬参夏学的一种固定模式推广开来。

从此，高旻寺龙象骏兴，名僧辈出，名声大振，丛林盛誉“天下丛林以高旻为规矩”。高旻寺的“打禅七”活动，其规矩的严格、参与人数的众多，在全国众多寺庙中首屈一指。

乾隆帝宝物宝诗赐高旻寺 乾隆帝六次南巡，无一例外都驻跸高旻寺行宫。他在《自高旻寺行宫再游平山堂即景杂咏六首》诗中自注道："是日自高旻寺行宫策马度郡城，至天宁行宫，易湖船。"他到扬州，总是先到高旻寺下榻，次日骑马入城，再乘船游览平山堂等处。

清乾隆三十年（1765），乾隆帝第四次南巡回京后，出于对高旻寺的好感，特传旨将"内廷交出黑漆描金亭式龛一座，内供铜佛三尊，随玻璃欢门，银间镀金塔二座，随漆座"，"着交两淮盐政普福在高旻寺行宫供奉"。乾隆三十四年（1769），乾隆帝诏令重刻《淳化阁帖》（中国最早的一部汇集名家书法墨迹的法帖，北宋淳化年间刊刻），刻成后又拓 400 部，高旻寺及行宫均获颁赐。

据嘉庆《重修扬州府志》，南巡中，乾隆帝先后为高旻寺作诗 22 首。一类是依韵和诗，每次南巡驻跸高旻寺行宫，他都要把康熙帝那首述怀近体诗并序拿出来读一番，表示不忘圣祖力崇节俭圣训，并且要和诗一首，如《塔湾行宫，恭依皇祖诗韵》："南来逐处仰重华，此日重教韵和麻。但得一心常守敬，从知四海永为家。省方咨度惟耕织，悦己奇邪戒鸟花。数宇行宫无藻缋，昭垂作法恐其奢。"一类是描述高旻寺风物的，如五言律诗《高旻寺》："兰若青莲宇，浮图碧落天。名湾真不愧，埋雁亦堪传。未纵晴明望，谁忘言象诠。金山不速客，暂尔隐江烟。"还有一类流露出对高旻寺行宫流连忘返的心情，如他在乾隆二十二年（1757）写的《高旻寺行宫即事》等。乾隆帝还曾赐高旻寺"江月澄观""邗江胜地"等匾额和"潮涌广陵，磬声飞远梵；树连邗水，铃语出天中""碧汉云开，晴阶分塔影；青郊雨足，春阳起田歌"等楹联。

名人留痕

鉴真东渡五次过瓜洲 唐鉴真（688—763）和尚是中日文化交流的伟大使者。他在日本生活了 10 年，为日本文化发展做出杰出贡献，被日本人民誉为律学开山祖、医药

瓜洲葵园墙绘中的鉴真形象　　徐振宇　摄

始祖、豆食业祖师、文化恩人。

唐天宝年间（742—756），鉴真应日本朝廷之请，东渡弘法，10年间6次东渡，5次经过瓜洲。第一次经过瓜洲是唐天宝二年（743）十二月，鉴真率僧人、工匠、水手85人，带了大量物资，从瓜洲入江，不幸船在舟山群岛触礁沉没，后被明州官船相救，安置在阿育王寺。当再次东渡至温州禅林寺时，因扬州僧人请愿，扬州官府派官兵于禅林寺将鉴真一行押回，一年后鉴真再经瓜洲入扬州。第三次东渡为天宝七年（748）六月，鉴真再次率弟子、工匠、水手35人，从扬州出发，仍经瓜洲入江，在海上漂泊半年时间，行程万里，漂至海南岛最南端的振州（今三亚市），东渡再次失败。后辗转广东、广西、福建、浙江、江西，历时三年再次经瓜洲回到扬州。第五次经过瓜洲是天宝十二年（753），鉴真应日本遣唐使邀请，决定再次东渡。他们约定在黄泗浦登舟到日本。十月二十九日，鉴真率弟子工匠21人，从扬州陆路出发，午夜至瓜洲。当时扬州24位沙弥在瓜洲江边等候鉴真，请其授戒。他为沙弥授戒之后，便从瓜洲江岸登上木船，直驶黄泗浦，转乘遣唐使船，终于到达日本，实现东渡宏愿。

米芾笔墨留瓜洲　米芾（1051—1107），湖北襄阳人，北宋书法家、画家、书画理论家，与苏轼、黄庭坚、蔡襄合称“宋四家”。北宋元祐二年（1087）迁居润州。元祐七年（1092）起，米芾在外做官，从县令至知州，再到书画学博士、礼部员外郎。瓜洲是他往来的必经之地。北宋崇宁元年（1102），瓜洲修建通江闸，其后陆续建有通江二

20 世纪 80 年代初鉴真像回国巡展经过瓜洲　　高惠年　提供

闸、通惠闸、留潮闸、由闸、广惠闸。看到瓜洲修建了众多的水闸，他挥毫题写“瓜洲闸”三字。

苏轼对米芾的书法有“风樯阵马，沉著痛快”的评价，米芾称自己的书法是“盖取诸长处，总而成之”。南宋诗人陆游对米芾所书“瓜洲闸”极为赞许。《放翁家世旧闻》云：“先君（陆游父亲陆宰）言米元章书瓜洲闸三大字，神采飞动，妙绝古今，非惟他人所不能仿佛，元章自书亦无及此者。尝于膝上以指画此三字，叹息不已。”

米芾在留下墨宝“瓜洲闸”之外，还写下《瓜洲百川浦》的诗句：“西盼山逾缅，东瞻水正茫。楚人投饵处，吾肯扣鸣榔。”透过诗句，人们仿佛看到米芾站在瓜洲的江边，他向西看去，群山连绵，遥不可及，向东望去，江水茫茫，一去不返。江边渔夫引起了他的注意，在投放过饵料的地方，他竟然和渔夫一起用长木棍敲击船舷，驱鱼入网。米芾笔下的瓜洲，既有意境开阔的壮丽山川，也有情趣盎然的渔家欢乐。

苏轼抑怒返瓜洲　北宋杰出的文学家、书画家苏轼于北宋元祐七年（1092）在扬州任太守期间，得闲时喜与三五知己到瓜洲小聚，或写诗作赋，或切磋文学。他在瓜洲写过一首《五绝》诗：“稽首天中天，毫光照大千。八风吹不动，端坐紫金莲。”此诗很快传遍大江南北，一时赤维者不绝，赞颂苏太守的诗字字皆佳句，是千古绝唱，写出了大人的品性。在一片赞扬声中，一江之隔的金山寺住持佛印评论此诗时出人意料地从口中只吐了两个字“放屁”！大和尚如此蔑视苏轼声名，霎时在瓜洲引起大哗。苏轼怒不可遏，决意上金山寺找佛印住持评理。他气冲冲来到山门前，只见大门紧闭，门上贴了一副对子，上联曰“八风吹不动”，这是自己诗中的第三句，下联是“一屁过江来”。苏轼很是不快，但突然悟到佛印的话击中自己的要害。在诗中自诩的“八风吹不动”，实际上一风就动摇了，过不了利、衰、毁、誉、称、讥、苦、乐八关。于是不声不响地返回瓜洲。

陆游诗文中的瓜洲 陆游（1125—1210），越州山阴（今绍兴）人，南宋文学家、史学家、爱国诗人。宋隆兴元年（1163）五月，陆游调任镇江通判，第二年上任。他在任上，常坐战船到瓜洲一带察看地形。淳熙十三年（1186）春，陆游闲居山阴家中写《书愤》诗，提到当年的情景：“早岁那知世事艰，中原北望气如山。楼船夜雪瓜洲渡，铁马秋风大散关。塞上长城空自许，镜中衰鬓已先斑。出师一表真名世，千载谁堪伯仲间？”他在《入蜀记》中，详细叙述他 45 岁调任夔州（今四川奉节）通判，从山阴启程，坐船溯江而上，中途从镇江到瓜洲的时间和见闻。他写道：

陆游

“（六月）二十八日，夙兴，观日出江中，天水皆赤，真伟观也。……午间，过瓜洲，江平如镜。舟中望金山，楼观重复，尤为巨丽。中流风雷大作，电景腾掣，止在江面，去舟才丈余，急系缆。俄而开霁，遂至瓜洲。自到京口无蚊，是夜蚊多，始复设幮。

二十九日，泊瓜洲，天气澄爽。南望京口月观、甘露寺、水府庙，皆至近。金山尤近，可辨人眉目也。然江不可横绝，放舟稍西乃能达，故渡者皆迟回久之。舟人以帆弊，往姑苏买帆，是日方至。樯高五丈六尺，帆二十六幅。两日间，阅往来渡者，无虑千人，大抵多军人也。夜，观金山塔灯。”

文天祥过瓜洲 元至元十二年（1275），元世祖忽必烈兴兵伐宋，命丞相伯颜率兵南下。元军势如破竹，直捣南宋都城临安，宋廷抵抗不住，送上投降文书。伯颜提出要宋朝丞相陈宜中亲来祈降，陈宜中怕当祸首，连夜逃到温州。太皇谢太后要文天祥顶替，任命他为右丞相兼枢密使，都督诸路军马。文天祥见义勇为，即与左丞相吴坚同到皋亭山元营会见伯颜。伯颜将文天祥扣留。

元军进入临安，令宋廷降臣贾余庆等为祈请使，赴元大都向元帝奉表献降，且威逼文天祥登舟同行。至元十三年（1276）二月十八日船抵镇江。翌日，驻瓜洲的元将阿术、贾余庆等人到瓜洲。阿术当时主持江北军事，负责掩护伯颜向临安进军。阿术在宋朝大臣面前，大摆战胜者的威风。面对阿术妄自尊大，文天祥自始至终没有和他说一句话，而同去的“诸公皆与之语”，争着巴结阿术。对这次瓜洲的见面会，文天祥在诗中写道：“眼前风景异山河，无奈诸君笑语何。坐上有人正愁绝，胡儿便道是偻㑩。”文天祥失去自由后，几次想逃走，均因监视严密，未能如愿。到了镇江，终于找到脱逃的机会，并与随从架阁杜浒和帐前将官余元庆共同谋划，成功逃到真州。

马可·波罗笔下的瓜洲　元至元八年（1271），17岁的意大利威尼斯人马可·波罗，随父亲和叔叔自威尼斯从海路，再改走陆路，一路上跋山涉水，克服疾病、饥渴的困扰，躲开强盗、猛兽的侵袭，历时4年，于至元十二年（1275）夏天到达元朝都城上都。马可·波罗的父亲和叔叔向忽必烈大汗呈上了教皇的信件和礼物，大汗特意请他们进宫讲述沿途的见闻，并携他们同返大都。聪明的马可·波罗很快学会蒙古语和汉语，他借大汗之命巡视各地的机会，走遍中国的山山水水。

他在《马可波罗行记》中专辟《瓜洲城》一章，记述所看到的瓜洲漕运情况。他在瓜洲还发现对面江中有一座岩石岛，上面建有佛寺，里面有两百名僧人，供奉不少佛像。他虽然没有说出岩石岛的具体名称，但根据描述，它就是金山。

周忱兴利瓜洲　瓜洲昔有众多寺庙祠堂，其中一座供奉的是明代名臣周忱的塑像。《嘉庆瓜洲志》也有多处记载周忱在任22年的功绩。周忱（1381—1453），明永乐年间（1403—1424）进士，任刑部侍郎多年。自明太祖朱元璋过世后，明王朝内部爆发了一场争夺皇位的战争，造成大片土地荒芜，官吏腐败猖獗，连半官半民的粮长也敢凭借手中权力强索乡民，百姓怨声载道。以工部右侍郎衔巡查江南的周忱查清事实后，一面查办大案要案，使贪官污吏得到严惩，社会恶疾得到收敛；另一面和苏州府况钟奏请朝廷减免百姓重赋，帮助群众解决恢复生产难题，先后于永乐元年（1403）、永乐九年（1411）、永乐十二年（1414）3次疏浚瓜洲河道和通江、减水二闸，根除水患，既使来往船只减少被风浪吞噬的危险，又使漕运和沿岸人民的生活、生产用水不受潮汐涨落影响。他还在瓜洲江岸东侧建便民仓，为使过渡乘客和装卸工人上下船安全，还在瓜洲南港口建石堤等。

谈迁独钟瓜洲　清顺治十年（1653）闰六月，史学家谈迁从家乡浙江海宁坐船，沿运河北上，七月初六至瓜洲，他在瓜洲逗留两天，对瓜洲作了深入察看，对瓜洲形成的历史、地理位置一一记载。他在日记中写道：“旧瓜洲村为扬子江之沙碛，沙渐长，其状为瓜字，接扬子江，居民萃焉。唐为镇，今立城，称要地。”又说：“晚大风雨，道泊瓜洲。运河至扬子桥东西分注，一向仪征，一从瓜洲入扬州，幸临江宫。至唐始积沙至二十五里。开元中，润州刺史齐浣浚之，曰伊娄河。或即此河耶。”谈迁在日记中，还对吴王掘邗沟、隋炀帝开运河的历史功过作了客观公正的评价。他说：“吴夫差将伐齐，筑邗城，下掘沟为邗江，自江东北通射阳湖，西北入淮，通运河；隋大业初，发淮南民十万开之，自山阳至扬子江。吴隋虽轻用民力，今漕河赖之。西门豹曰：今父老子弟患苦我，百岁后期令子孙思我。谅哉！”

时至顺治十三年（1656）二月，谈迁离职返乡，五月初六再至扬州。第二天便离开扬州，经瓜洲南下。他对瓜洲十分留恋，在瓜洲尽兴玩了两天。他的《北游录》收录了他在瓜洲的所见所闻：“入瓜洲城北门，度文昌桥，登南城大观楼。江山雄畅，顿豁积目下。楼左出南门，沙上架木侯警，以张革发炮。宋叶义问守镇江，列木栅为潮所漂，正此类也。因市饮，从故道阑入余氏南园，楼台虽圮，树石如故，娑罗花尤奇。余氏之富五世矣，其先贩鸡畜，有大贾奇之，借箸起家巨万，高杰之乱而园坏，今田园俱易主。东南有丹徒华氏园，不及问而还。暮雨。”初九这天的见闻，也写在日记中：“过瓜洲上闸。上下闸相距八里。河东江都，西仪征也。又五里泊江口。”初十离瓜洲返乡。谈迁还写过一首歌咏瓜洲的诗：“百万云屯江上兵，佛狸当年驾长鲸。谁知一带湖前水，建业依然是故京。”

冒辟疆风雪瓜洲渡　明崇祯十四年（1641）正月初六，时称“明末四公子”之一的冒襄（辟疆），从老家如皋坐船前往湖南衡阳省亲，同行的有两位叔叔。船行四日，于初九抵达扬州。没想到一场大雪下了十天，直至二十日，他才告别友人，乘舟至古渡瓜洲。风雪未止，江上风急浪高，难以成行，不得不在瓜洲泊岸暂住。

冒辟疆对瓜洲留有很好印象。相传冒辟疆的爱妾、秦淮名妓董小宛因躲避清兵，曾落难瓜洲。董小宛走投无路之时幸得瓜洲徐仁夫妻和外甥鼎力相助，才得以逃出虎口，脱离险境。冒辟疆在瓜洲小住期间，与叔叔常到江边散步，但见江涛如拥白象，隔岸群山，皑皑横玉。回到舟中，作《阻风江上，望江南雪后诸山》：“青天雪压玉芙蓉，风舞波涛响众松。日落人恒慎雷电，水深吾欲得蛟龙。平吞万顷归元气，指点千嶂作画供。尘事羁迟最无赖，且横清棹听山钟。”

正月二十三日，雪虽停，风还大，仍然不能渡江，冒辟疆便与叔叔同游于氏别墅且园。且园碧水环绕，梅萼初吐，雪压枝头，使他们游兴大增。尽兴游园之后，小饮而归，赋诗二首，以记其胜。其一云：“……共访名园恣往还。清浅浮烟笼翠筱，横斜顾影送香鬟。步回雪径山逾峭，笑指寒林云自闲。大地风波增旅思，暂来探胜且开颜。”游园的第二天，江上风平浪静，乃扬帆渡江至京口，而后赴湖南衡阳。冒辟疆在瓜洲住了五六天，对瓜洲这颗江畔明珠留下极好印象，后又作诗四首，以记盛况。

林则徐推广瓜洲龙尾车 清道光年间（1821—1850），瓜洲连年水灾，甚至一年两灾，不是“大雨江溢”，就是“堤坝坍陷”。道光三年（1823）十一月三日，林则徐赴京朝拜，途经瓜洲，他登上高旻寺天中塔发现，这里麦子只种了七成，村里满是饥饿村民。原来“五月望后，大雨浃旬，昼夜不止，水涨七八尺，低衢至没膝，禾苗俱沉水底”，“七夕后复连昼夜大风雨……滨江居民田庐悉被淹没”，“溺死者无算棺柩乘流而下”。林则徐深感不安，立即奏请实施“禁壅积，广劝募，招徕商贾，免除关税，对当地灾民蠲征缓赋”的新政。为抑制灾民杀耕畜度饥、破坏农业生产力，专门设立“当牛局”，凡耕牛无力豢养者，暂押当牛局处之，至春耕发还，使灾民渡过难关。他还奏请修筑扬子桥至瓜洲东西两道堤岸。

道光十六年（1836）十一月，他听说瓜洲有位叫齐彦槐的诗人、画家，造了一台提水农具——龙尾车，便丢下手头工作，前去参观。看到龙尾车制作简便、经济，既可用于农田灌溉，又可以排涝泄洪，他明令加以推广，并在齐彦槐所作《选唐石佛入焦山歌图》上题诗勉励：“前年去年两祷旱，扬枝滴水苏吾民。人无饥寒圣人悦，亲洒宝翰题遍璘。”

曹雪芹瓜洲画“天官” 旧时瓜洲农历十二月中旬有挂“上元天官彩绘图画”供奉天地，正月初一全家对天官图“行礼”，直到正月十五日元宵后才焚化或收藏的民间习俗。清乾隆二十四年（1759）冬，曹雪芹应两江总督尹继善邀请，沿大运河扬帆南下。谁知一场大雪将曹雪芹堵在瓜洲，看到渡口帆樯林立、热闹非凡，他走上瓜洲街头，游览当地的名胜古迹。他登上大观楼楼顶，扶栏观光，饱览风雪中的长江景色，叹为观止。忽然间，身后有人笑着招呼。曹雪芹转身一望，并不认识此人。这人自称沈觐宸，家住瓜洲北门沈家大场，虽以经商为业，但喜读诗书，因此对文人雅士十分仰慕。曹雪芹见来人谈吐不俗，便据实相告，沈觐宸一听面前就是大名鼎鼎的曹雪芹，便邀曹雪芹到他家做客，盛情相待。曹雪芹在

曹雪芹

沈家一住十来天，宾主谈游甚洽。临行时为感谢主人好客款留，特地索了纸笔，信手画了幅《天官图》作为存念，上钤“雪鸿轩”朱文印记一枚。传《天官图》系着色宣纸“中堂”。图中“天官”戴纱帽，身穿官服，持板，面前立一五六岁孩童，也持一物似为酒爵，面向天官，作“进献”状。据沈姓祖辈言，画中天官下垂的长须几乎纤毫毕见，清晰可数，异于当时家家都有的“天官供像”。沈家精为装帧，世代藏传，只有在春节供神期间，才在厅房大壁上张挂几天，让子侄、至好亲朋观摩鉴赏。惜此画于“文化大革命”中被烧毁。

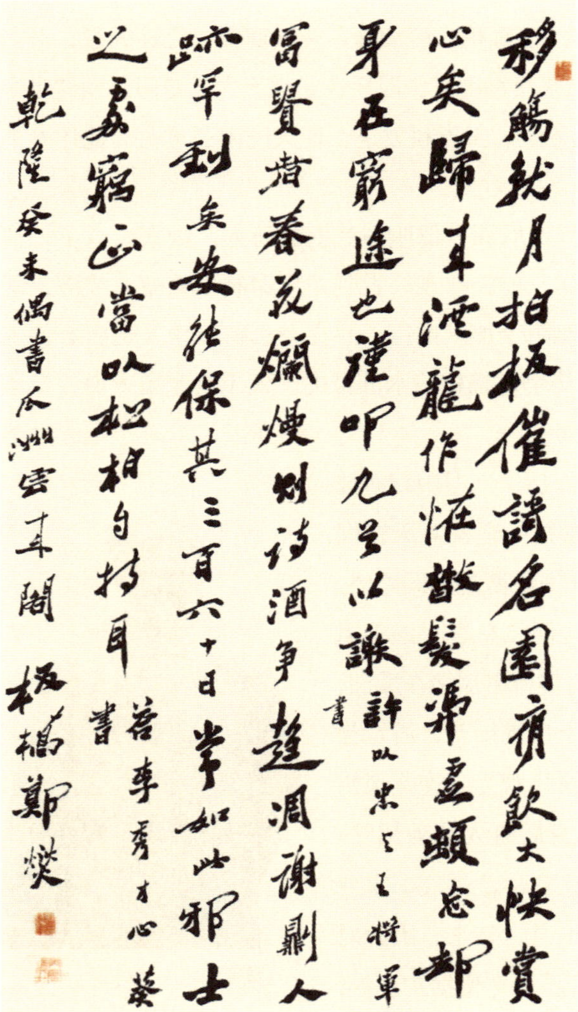

郑板桥书法《偶书瓜洲云来阁》

郑板桥夜泊瓜洲渡 清雍正十年（1732）秋，郑板桥的夫人徐氏病故，郑板桥非常悲痛，自叹“我已无家不愿归”。为了消减悲痛，决定南游杭州。船行至瓜洲，夜幕降临，过不了大江，因为心情不好，通宵未能成眠，透过船窗看到鱼舍惨淡灯火，听到江上呜咽涛声，心情格外悲切，苦苦挨至五更鸡鸣。他在《瓜洲夜泊》中写道：“苇花如雪隔楼台，咫尺金山雾不开。惨淡秋灯鱼舍远，朦胧夜话客船偎。风吹隐隐荒鸡唱，江动汹汹北斗回。吴楚咽喉横铁瓮，数声清角五更哀。”到杭州游罢西湖，郑板桥心情稍有平定，而后赴南京参加乡试，中了举人。后来他在《赠陈际青》诗中，追忆了当年夜泊瓜洲的心情：“瓜洲江水夜潮平，月满秋田鹤唳清。记得扁舟同卧听，金山云板二三更。”郑板桥多次经过瓜洲，特别是那次夜泊瓜洲之后，他对瓜洲更是魂牵梦绕。在山东潍县县令任上，他多次与友人谈及瓜洲，在《和学使者于殿元枉赠之作》中写道："潦倒山东七品官，几年不听夜江湍。昨来话到瓜洲渡，梦绕金山晓日寒。"

曾国藩七次往来瓜洲 清同治四年（1865）三月，两江总督兼两淮盐政曾国藩第一次到瓜洲，受到原安徽巡抚，时为候补兵部侍郎彭玉麟的接待，两人长谈至深夜，便在舟中小睡。次日早饭后，曾国藩便到镇江。三日后，他要去扬州，第二次路过瓜洲，特地上岸视察，与两淮盐运使程仪洛等步行查勘。当时江沙淤积，船行绕道，风险较大，拟于八濠口开一新河，使盐船由瓜洲口子转入新河，让小船免行于江路，而大船湾泊镇江对岸也无风涛之险。午后坐轿由八濠口至瓜洲，沿途细看。第三次是闰五月初一，他在瓜洲新河察看新修的河道。第四次是同治六年（1867）二月二十六日，由徐州南返，三月初二到瓜洲。由瓜洲坐船至新河，看新设立的淮盐总栈及河堤、东坞、西坞，直到初四才离开瓜洲去仪征。第五次是同治七年（1868）二月二十四日，由江宁乘船东下，二十六日到瓜洲，视察六濠口的淮盐总栈。二十九日返程又到瓜洲小停，转而至镇江。第六次是十一月初五，在瓜洲住宿，次日至扬州，回程时又经瓜洲，查看江岸塌方处。第七次是同治十年（1871）九月十九日，这次没有久停，稍事休息后即回江宁。正是由于曾国藩多次往来瓜洲，他最终择定将淮盐总栈迁至瓜洲，并为瓜洲盐栈写过一副对联："两点金焦，劫后山容申旧好；万家食货，舟中水调似承平"。

曾国藩

高旻塔影 顾永明 摄

艺文杂记

瓜洲处于长江与古运河之交，作为历史上最重要的长江渡口，历代以瓜洲江天为题的诗词佳作连绵不绝，蔚为大观。唐宋时期的张若虚、李白、张祜、白居易、王安石、苏轼、秦观、陆游，金元时期鲜于枢、萨都剌，明代的汤显祖、钱谦益、蒋易，清代王士祯、孔尚任、郑燮、赵翼等著名诗人均在此留下不朽的诗章。据不完全统计，流传至今的诗词有近万首，瓜洲因此而成为中国文化史上独一无二的“千年诗渡”。

瓜洲古渡

诗词

题瓜洲新河饯族叔舍人贲

〔唐〕李白

齐公凿新河[1]，万古流不绝。
丰功利生人，天地同朽灭。
两桥对双阁，芳树有行列。
爱此如甘棠，谁云敢攀折！
吴关倚此固，天险自兹设。
海水落斗门，湖平见沙汭。
我行送季父，弭棹徒流悦。
杨花满江来，疑似龙山雪。
惜此林下兴，怆为山阳别。
瞻望清路尘，归来空寂灭。

春江花月夜

〔唐〕张若虚

春江潮水连海平，海上明月共潮生。
滟滟随波千万里，何处春江无月明！
江流宛转绕芳甸，月照花林皆似霰。

① 新河：唐开元二十六年（738），润州刺史齐浣经唐玄宗批准开凿瓜洲至扬子镇之25里（12.5千米）长的新河，即今之伊娄河。

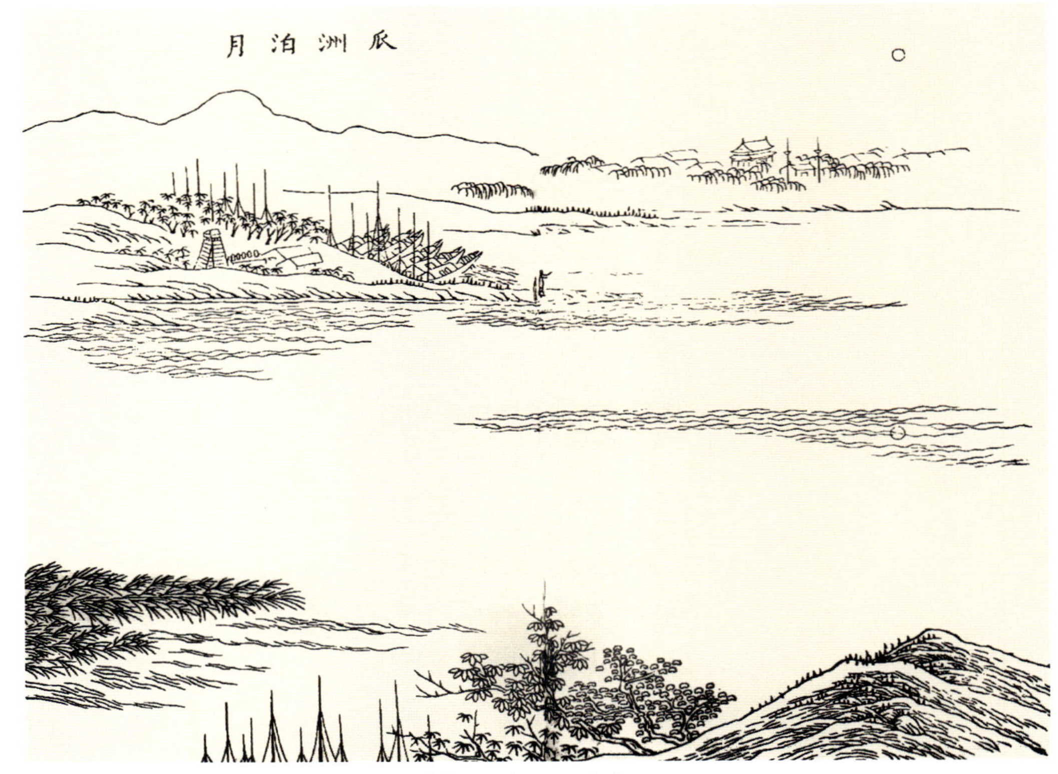

瓜洲泊月（录自《鸿雪因缘图记》，北京古籍出版社，1984 年）

空里流霜不觉飞，汀上白沙看不见。
江天一色无纤尘，皎皎空中孤月轮。
江畔何人初见月？江月何年初照人？
人生代代无穷已，江月年年只相似。
不知江月待何人，但见长江送流水。
白云一片去悠悠，青枫浦上不胜愁。
谁家今夜扁舟子？何处相思明月楼？
可怜楼上月徘徊，应照离人妆镜台。
玉户帘中卷不去，捣衣砧上拂还来。
此时相望不相闻，愿逐月华流照君。
鸿雁长飞光不度，鱼龙潜跃水成文。
昨夜闲潭梦落花，可怜春半不还家。

江水流春去欲尽，江潭落月复西斜。
斜月沉沉藏海雾，碣石潇湘无限路。
不知乘月几人归，落月摇情满江树。

长相思

〔唐〕白居易

汴水流，泗水流。流到瓜洲古渡头，吴山点点愁。
思悠悠，恨悠悠。恨到归时方始休，月明人倚楼。

题金陵渡

〔唐〕张祜

金陵津渡小山楼，一宿行人自可愁。
潮落夜江斜月里，两三星火是瓜洲。

瓜洲闻晓角

〔唐〕张祜

寒耿稀星照碧霄，月楼吹角夜江遥。
五更人起烟霜静，一曲残声送[①]落潮。

渡瓜步江

〔唐〕骆宾王

捧檄辞幽径，鸣桹下贵洲。
惊涛疑跃马，积气似连牛。
月迥寒沙净，风急夜江秋。
不学浮云影，他乡空滞留。

① 送：一作“遍”。

酬乐天扬州初逢席上见赠

〔唐〕刘禹锡

巴山楚水凄凉地，二十三年弃置身。
怀旧空吟闻笛赋，到乡翻似烂柯人。
沉舟侧畔千帆过，病树前头万木春。
今日听君歌一曲，暂凭杯酒长精神。

晓发瓜洲

〔唐〕李端

晓发悲行客，停桡独未前。
寒江半有月，野戍渐无烟。
棹唱临高岸，鸿嘶发远田。
谁知避徒御，对酒一潸然。

淮南游故居感旧，酬西川李尚书德裕

〔唐〕王播

昔年献赋去江湄，今日行春到却悲。
三径仅存新竹树，四邻惟见旧孙儿。
壁间潜认偷光处，川上宁忘结网时。
更见桥边记名姓，始知题柱免人嗤。

宿瓜洲

〔唐〕李绅

烟昏水郭津亭晚，回望金陵若动摇。
冲浦回风翻宿浪，照沙低月敛残潮。
柳经寒露看萧索，人改衰容自寂寥。
官冷旧谙唯旅馆，岁阴轻薄是凉飙。

高明（昱）读画（录自《鸿雪因缘图记》，北京古籍版社，1984 年）　　〔清〕汪英福等　绘

泊船瓜洲

〔北宋〕王安石

京口瓜洲一水间，钟山只隔数重山。

春风又绿江南岸，明月何时照我还。

瓜洲临江亭留题

〔北宋〕潘阆

谁构危亭已半空，野人时得恣疏慵。
闲观扬子江心浪，静听金山寺里钟。
醉卧岂能妨燕雀，狂吟争法劝鱼龙。
夜来雨歇蛙声乱，忆著嵩阳千万峰。

往年宿瓜步梦中得小诗录示民师

〔北宋〕苏轼

吴塞蒹葭空碧海，隋宫杨柳只金堤。
春风自恨无情水，吹得东流竟日西。

辞家庙

〔北宋〕赵淮

祖父有功王室，德泽沾及子孙。
今淮计穷被执，誓以一死报君。
刀锯置之不问，万折忠义常存。
急告先灵速引，庶几不辱家门！

宿扬州

〔北宋〕蔡襄

瓜洲堰埭阻行桡，更待江头后信潮。
独背残灯数归路，风传寒柝夜迢迢。

瓜洲晚眺

〔北宋〕张绍良

朝放邗沟棹，暮登瓜渚城。
林红残日下，江白晚潮生。
风送孤帆远，云连断嶂平。

金山标古寺，隔水听钟声。

登瓜洲迎波亭

〔北宋〕王令

海面清风万里宽，偶来知已脱尘关。
自嗟客世无虚日，却被斜阳占尽山。
海鸟不来青嶂静，渔师归去暮江闲。
从来云水有期约，直待功成是厚颜。

瓜洲百川浦

〔北宋〕米芾

西瞻山逾缅，东望水正茫。
楚人投饵处，吾肯扣鸣榱。

过瓜洲

〔南宋〕卫宗武

伟哉千里万里流，衮衮其来自巴蜀。
奔腾澎湃入尾闾，势雄何啻吞百谷。
金焦对峙两鳌浮，千顷玻璨浸其足。
光生金碧殿阁涌，气蒸紫翠林丛沃。
附庸更有小陂陀，东晋诗仙卧其麓。
穹龟长蛇簸风雨，鬼怪神奇不可触。
地灵设险莫此如，此天所以限南北。
江山终古无变迁，世运如输几翻覆。
英雄灭没去不反，人事纷轮转相续。
嗟予蛰处几二纪，殆类龟藏蜗局缩。
兹来云梦气可吞，浩荡乾坤在吾目。
靴纹猎猎日流辉，鬟黛葱葱雨初沐。
沙禽云鸟自往来，浪舶风帆互征逐。

野芳零落舞残红，汀草蒙茸涨平绿。
烂然宇宙一丹青，绝胜鹅溪千画幅。
归舟那得大如川，载取江头春万斛。

水调歌头·京口

〔南宋〕王质

江水去无极，无地有青天。怒涛汹涌，卷浪成雪蔽长川。一望扬州苍莽，隐见烟竿双矗，何处卷珠帘。落日瓜洲渡，鸿鹭满风前。

古战场，皆白草，更苍烟。清平犹有遗恨，久矣在江边。北固山前三杰，遥想当年意气，亹亹睨中原。上马促归去，风堕接罗翩。

瓜洲

〔南宋〕沈与求

橹声渐逐潮头远，帆影低随日脚斜。
已喜扁舟近瓜步，江鸥无数立寒沙。

瓜洲城

〔南宋〕刘克庄

先朝筑此要防边，不遣边人见战船。
遮断难传河朔檄，修来大费水衡钱。
书生空抱闻鸡志，故老能言饮马年。
惭愧戍兵身手健，箔楼各占一间眠。

清平乐·瓜洲渡口

〔南宋〕李好古

瓜洲渡口，恰恰城如斗。乱絮飞钱迎马首，也学玉关榆柳。
面前直控金山，极知形胜东南。更愿诸公著意，休教忘了中原。

瓜洲

〔南宋〕蔡槃

烟际击孤舟，芦花两岸秋。
江空双雁落，天迥一星流。
急鼓西津渡，残灯北固楼。
商人茅店下，沽酒话扬州。

过瓜洲镇

〔南宋〕杨万里

夜愁风浪不成眠，晓渡清平却晏然。
数棒金钲到江步，一樯霜日上淮船。
佛狸马死无遗骨，阿亮台倾只野田。
南北休兵三十载，桑畴麦垄正连天。

月上瓜洲·寓鸟夜啼，南徐多景楼作

〔南宋〕张辑

江头又见新秋，几多愁。
塞草连天何处、是神州？
英雄恨，古今泪，水东流。
惟有渔竿明月、上瓜洲。

书愤

〔南宋〕陆游

早岁那知世事艰，中原北望气如山。
楼船夜雪瓜洲渡，铁马秋风大散关。
塞上长城空自许，镜中衰鬓已先斑。
出师一表真名世，千载谁堪伯仲间！

渡瓜洲

〔南宋〕文天祥

跨江半壁阅千帆，虎在深山龙在潭。
当日本为南制北，如今翻被北持南。
眼前风景异山河，无奈诸君笑语何。
坐上有人正愁绝，彼中便道是偻儸。

南征至维扬望江左（题瓜洲望江亭）

〔金〕完颜亮

万里车书尽混同，江南岂有别疆封?
提兵百万西湖上，立马吴山第一峰。

瓜洲阻风

〔元〕宋伯仁

狂风未许放归船，借得僧房半榻眠。
落影雁收帆脚外，怒涛声到枕头边。
黄芦叶底秋将老，白羽书中病未痊。
传语将军多着力，扬州不比旧家年。

泊瓜洲

〔元〕王冕

其一

晚泊瓜洲渡，秋风九月时。
野烟晴漠漠，江树绿离离。
客思无人会，乡情有雁知。
斐才惭李杜，对景亦题诗。

其二

落日大江秋，凄凉觉底愁。
逆潮攻败垒，荒树入沙洲。
险固空遗迹，清年且壮游。
不须腰十万，明日上扬州。

过江后书寄成居竹

〔元〕萨都剌

扬州酒力四十里，睡到瓜洲始渡江。
忽被江风吹酒醒，海门飞雁不成行。

春江揽胜　　姜伯乐 绘

赠寓客还瓜洲

〔元〕张昱

把酒临风听棹声，河边官柳绿相迎。
几潮路到瓜洲渡，隔岸山连铁瓮城。
月色夜留江叟笛，花枝春覆寺楼筝。
赠行不用歌杨柳，此日还家足太平。

朱仲文编修还江西，诸公分题赋诗为饯，予适同舟南归，约至扬子桥分别，因为赋此

〔元〕贡师泰

瓜州渡口山如浪，扬子桥头水似云。
夹岸芙蕖红旖旎，满汀杨柳绿纷纭。
一杯酒向今朝别，万里船从此地分。
他日重来须舣棹，莫教惊散白鸥群。

瓜洲夜泊

〔明〕钱宰

旅夜瓜洲泊，秋怀浩欲沈。
星河与海合，江汉入吴深。
天堑无南北，川流自古今。
隔花渔唱起，千里故园心。

江上逢郑南溟

〔明〕李东阳

扬子湾头红蓼秋，水边楼阁树边舟。
一日长风破万里，为君三醉过瓜洲。

晓发瓜洲

〔明〕杨基

江花江草望中稀，相趁畸人万里归。
鸥逐晚潮争北上，雁随春雨向南飞。
船头野老新巾帻，马上王孙小带围。
嗟我远来头总白，洛阳尘土满征衣。

过瓜洲

〔明〕张羽

落日瓜洲渡，余寒透薄衣。
客囊空薏苡，春色自蔷薇。
江远水东去，天晴雁北飞。
故山千里外，昨夜梦先归。

龟山寺①

〔明〕郑辰

北固层峦镇润州，金焦对峙砥中流。
谁知山到江头尽，还有龟山据上游。
劫灰兴起总难论，杰阁巍然此日存。
我欲凭高驰远目，红云深处看朝暾。

瓜洲阻雨宿曹氏馆

〔明〕吴宽

水长瓜洲上鮆鱼，楼高三日雨疏疏。
主人能慰江南客，晨起呼僮作笋菹。

---

① 龟山：在瓜洲城东门外，山有寺。建有玉皇阁，又名彤云阁。宋绍兴三十一年（1161），完颜亮至瓜洲，居于龟山寺，后被杀死于此。

车瓜洲坝

〔明〕程敏政

泥途渐过车声滑，才得扶舁渡浅河。
从此异乡谁是侣，月明孤影落澄波。

瓜洲江眺

〔明〕顾璘

把酒临江阁，洪波满目来。
却看浮玉树，青壁转崔巍。
水鸟孤飞下，风帆万叶开。
古人输郭老，赋味尽雄才。

瓜洲道中

〔明〕王璲

清江杳杳水连空，江北江南绿映红。
三月异乡逢改火，经春游子怨飘蓬。
满汀芦叶孤舟雨，一树梨花小旆风。
遥望故乡何处是，依稀烟雾五湖东。

题黄定父瓜洲小阁

〔明〕王世贞

小阁方床睡思浓，金山忽送五更钟。
披衣坐起浑无事，唤起江南千万峰。

广陵张郡丞宴大观楼

〔明〕于慎行

城上高凭百尺楼，使君开宴俯江洲。
坐临南北孤峰影，目尽乾坤万里流。

雨色犹分京口树，涛声欲赋广陵秋。
何来一曲桓伊笛，寥落长天动客愁。

江天月下

〔明〕陆继儒

江平秋万里，江静月三更。
仿佛寒烟外，瓜洲有雁声。

瓜洲渡头风雪，欲回南岸不得

〔明〕程嘉燧

南岸连山阴复晴，江边雪片柳花明。
遥看白浪过津阁，日暮无人打桨迎。
平分南北是江流，南岸相期北岸留。
惟有寒风吹向北，为君留客醉瓜洲。

瓜洲

〔明〕谈迁

百万云屯江上兵，佛狸当日驾长鲸。
谁知一带湖前水，建业依然是故京。

出扬子桥喜见江南山色

〔明〕郭第

小艇淮南道，经过无限情。
可怜扬子渡，不见海潮生。
水断瓜洲驿，江连北固城。
涨沙三十里，树杪乱山横。

出师讨满夷自瓜洲至金陵

〔明〕郑成功

缟素临江誓灭胡，雄师十万气吞吴。
试看天堑投鞭渡，不信中原不姓朱。

乱后过瓜洲故居

〔清〕蒋易

鸟散瓜洲渡，书归杨仆船。
荒城无马迹，广厦几人烟。
晴日江光凛，秋星杀气缠。
蓬蒿原自满，此别更萧然。

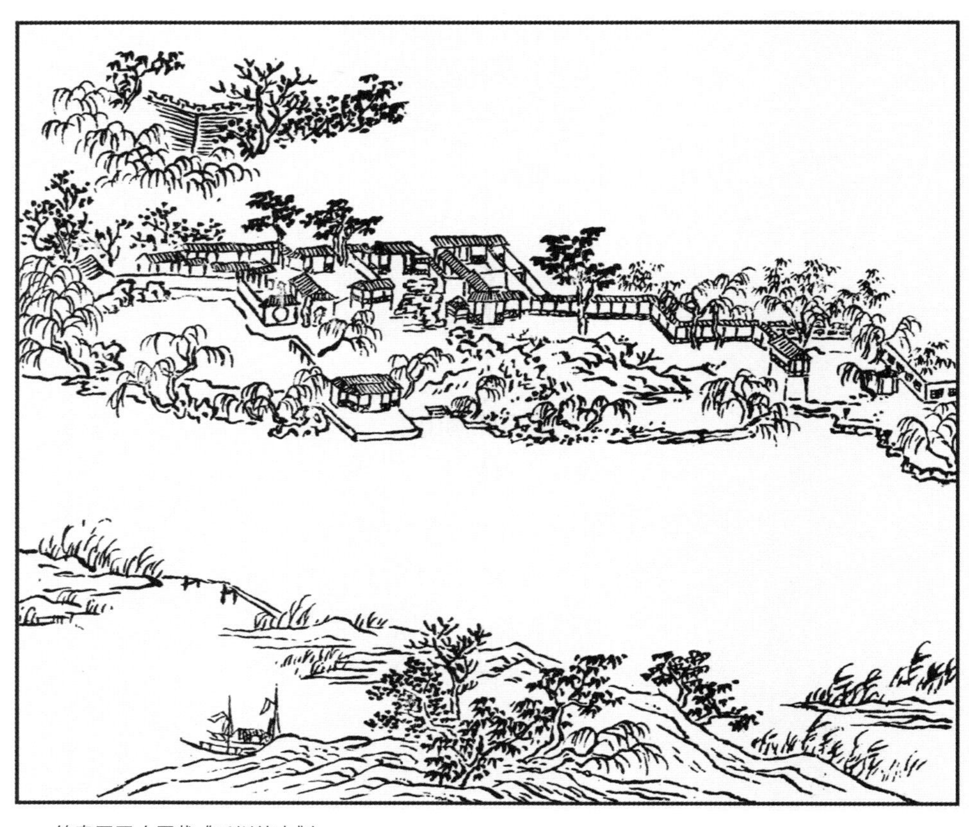

锦春园图（原载《瓜洲续志》）

瓜洲于园

〔清〕王士祯

其一

于家园子俯江滨，巧石回廊结构新。
竹木已残鱼鸟尽。一池春水绿怜人。

其二

风寒江上草萋迷，闲踏春泥过涧西。
一树冬青青不改，映门犹自照清溪。

幸茱萸湾行宫登五云楼

〔清〕爱新觉罗·玄烨

财赋称兹地，时巡复此经。
春膏宜豆麦，烟景遍林亭。
靡丽风应换，敦庞训屡形。
施恩频已责，聊尔翠华停。

癸未岁随驾南巡渡扬子江恭纪

〔清〕爱新觉罗·胤禛

敬从泛楼船，春江二月天。
云开孤塔迥，风送远帆联。
津柳迎清跸，沙洲接御烟。
中流回望处，翠岫到晴川。

过瓜洲

〔清〕爱新觉罗·弘历

锦春园外换江舟，渡指金山路不修。
风静浪平藉神祐，漕艘商舫惬群谋。
镇城自古冲而要，民舍于今富且稠。
诗话宽夫传置闸，却怜潮不到扬州。

伊娄河

〔清〕郭士璟

问渡伊娄江路平，两桥潮落斗门横。
北来南去随流水，流尽扬州客子情。

宋牧仲大参过广陵不值赋诗寄

〔清〕孔尚任

瓜洲雪浪广陵烟，十里歌声水驿连。
父老晴天看节使，关河寒夜过楼船。
山连楚尾遮帆尽，目断江头挟刺旋。
几载寻君逢不得，挑灯检诵旧时篇。

息浪庵

〔清〕刘梁嵩

江自岷峨奔，谁许息其怒。
却憾岳阳楼，不惊老僧座。

更漏子・渡瓜洲

〔清〕洪升

暗潮生，斜日坠，瓜步晚云初霁。离别苦，客途难，江风吹暮寒。
疏窗静，孤帏冷，旅梦还家才醒。年少日，客中多，好春能几何？

大雪夜泊瓜洲（二首选一）

〔清〕查慎行

茱萸湾北晨沽酒，瓜字城南夜泊船。
我自只如常日醉，人言风雪满江头。

放舟瓜渚看月

〔清〕曹寅

直南山巑巑，水影乱樯竿。
清切半弓满，夷犹一棹寒。
夜飞知雁苦，人近谕鸥难。
小立添霜色，疑乘白玉鸾。

瓜洲夜泊

〔清〕郑燮

苇花如雪隔楼台，咫尺金山雾不开。
惨淡秋灯鱼舍远，朦胧夜话客船偎。
风吹隐隐荒鸡唱，江动汹汹北斗回。
吴楚咽喉横铁瓮，数声清角五更哀。

送吴麟还新安

〔清〕金农

扬子桥边送客舟，十年前事话无休。
大江之上不忍别，如此青山两白头。

息浪庵夜坐别叔敦让木诸子

〔清〕张玉书

短棹携樽触浪过，将离莫问夜如何。
最怜帆远浮天阔，始信江空得月多。
隐隐钟声千佛唱，星星岸火一渔蓑。
荒鸡促曙行人去，回首双峰护薜萝。

夜过瓜洲

〔清〕袁枚

霜雁一声语，烟江两岸秋。

芦花三十里，吹雪满船头。
我欲乘潮去，孤帆夜不收。
苍茫云树外，明月出瓜洲。

瓜洲归棹（二首）

〔清〕魏源

去年风雪走燕关，今岁春明又报还。

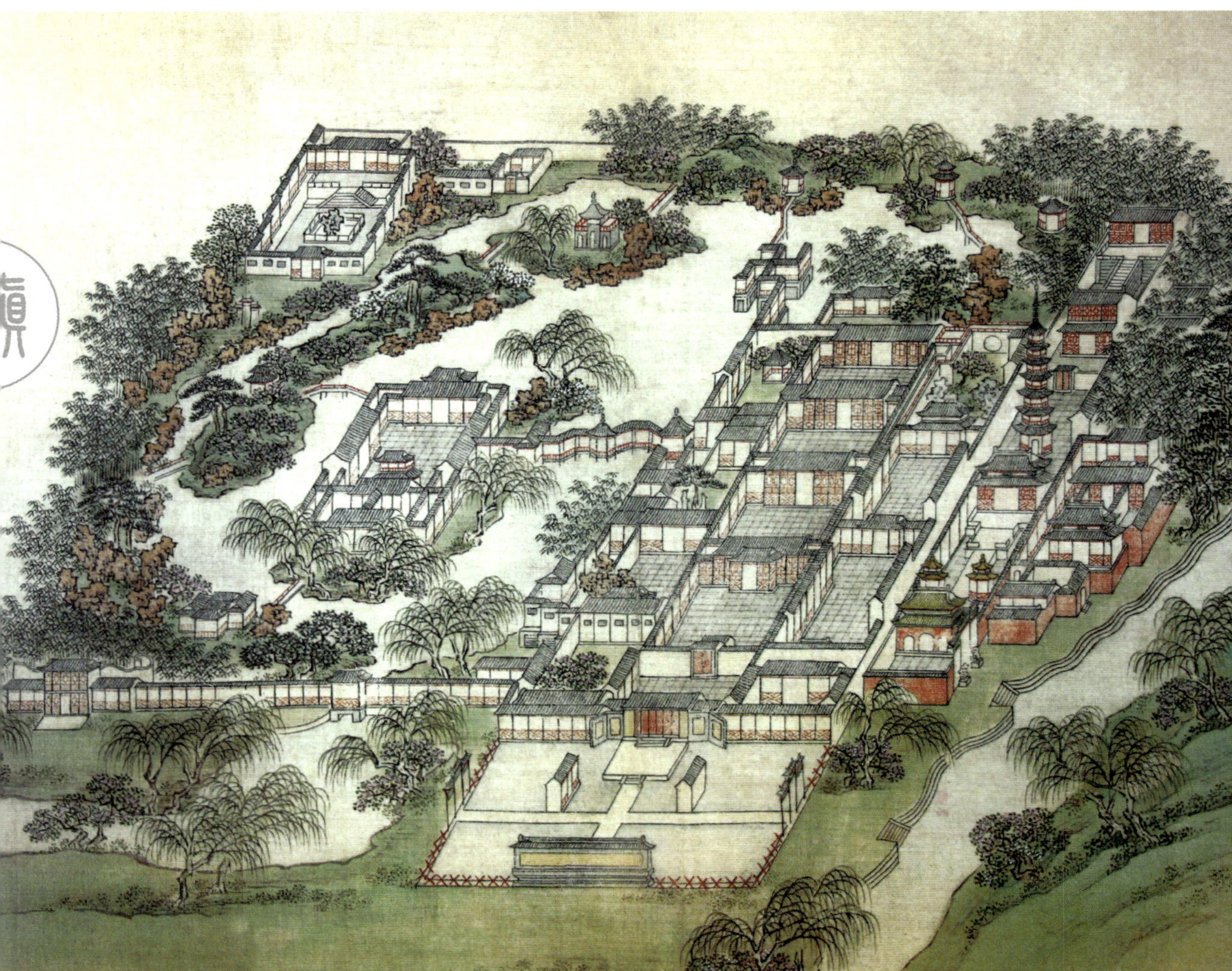

高旻寺（录自《扬州园林甲天下——扬州博物馆馆藏画本集粹》）

见即有情横岸树，远来相迓隔江山。
涛吞北岸天无限，沙涨东头地有湾。
最是纤纤新月出，似知行客唱刀环。

霁色阴如欲晓天，乱峰青到酒樽前。
冰消淮水知家近，春入吴舠在客先。
柳岸倒翻千浪雨，鹭帆冲破一江烟。
船娃不识离人恨，但唱桃花锦浪篇。

岁暮雪中瓜洲城上瞩目

〔清〕罗聘

雪密远山没，江空一橹鸣。
雁随云脚度，帆向树头行。
闪烁金山寺，迷离铁瓮城。
何期当岁暮，尚复有闲情。

泊瓜洲督运自题《江乡筹运图》

〔清〕阮元

高台日映海门红，扬子春江二月中。
猎猎千帆开北固，幢幢一纛引东风。
旧游已叹华年改，故里还疑梦境同。
今日伊娄河上住，幸无诗称碧纱笼。

登江淮胜概楼晚眺

〔清〕王豫

瓜步危楼接太清，荻芦风卷浪花生。
波分淮海西津渡，山绕旌旗北府兵。
丞相宅荒秋草遍，佛狸祠古墓烟平。
最怜远浦萧萧柳，吹作离亭笛里声。

由扬州出镇江，瓜洲渡江，大风雨望金山寺，已夕，小舟甚危，思亲甚切

〔清〕康有为

群山杳杳隔岸暝，孤塔苍苍峙江流。
应想北堂念游子，满天风雨渡瓜洲。

瓜洲伊娄河棹歌（选四）

〔清〕于树滋

新河开浚号伊娄，刺史高名百世留。
从此江行无险恶，任教南北渡中流。

全城诸水注天池，潋滟潆洄清且漪。
两岸人家临水住，波光人影月中移。

幽倩明瑟此江村，修竹垂杨绿到门。
十里桃花红似锦，诗人疑是武陵源。

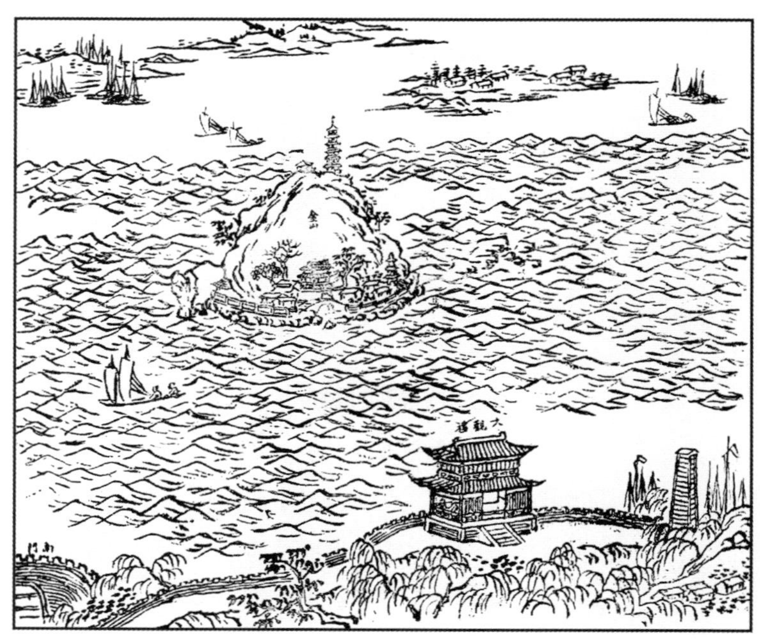

大觀樓圖

大观楼（录自《瓜洲续志》）

城南高耸大观楼，江北江南一望收。
北固金焦列屏障，江城如画水天浮。

瓜洲口占

易君左

瓜洲渡口小盘桓，白日江心瑟瑟寒。
尚有古诗风味在。渔船三四柳弯弯。

过瓜洲

田汉

两三渔火一桅舟，待渡瓜洲古渡头。
南国故人应记取，当年风雪上扬州。

望瓜洲

李宗海

楚天寥廓大江秋，濯足濯缨万里流。
更喜斜阳红一片，金山对岸望瓜洲。

瓜洲船闸

徐晓白

高楼矗立耸云霄，六代青山一望遥。
浩浩长江天接水、江涛声应广陵潮。

瓜洲口渡江

梁耀明

扬州二月未春酣，稚绿教人眼更贪。
十里瓜洲啼鸟里，分花扶醉过江南。

登瓜洲闸观大江（二首选其一）

李亚如

瓜洲隔水对金山，江水滔滔逝不还。
偷得浮生闲半日，罾鱼看罢数征帆。

秋雨过访高旻寺

朱正山

寺居河汉口，古刹晚来秋。
登塔穷千里，惟怜一叶舟。
晨钟惊俗梦，晚雨涤尘秋。
日暮难留客，回眸意未收。

水调歌头·登润扬大桥

关水青

惜别瓜洲渡，直上润扬桥。十里横空傲立，玉砌工雕。耳畔钢弦奏曲，脚下千帆隐隐，俯赏小金焦。两岸江风暖，催送万车遥。

烟波阻，隔江叹，忆难消。白头犹记，雾锁舟楫失听箫。苦等千年宿愿，江北江南咫尺，奇迹看今朝。天堑而今越，世事总追超。

登观潮亭

关水青

远眺春潮滚滚来，烟波逆溯复流回。
海心知有苍天阔，吐纳自如显襟怀。

楹联　匾额

楹联

蒲团竹几通宵坐，扫地焚香向昼眠。

——清康熙四十四年（1705）御制化城寺联

泉声咽危石，日色冷青松。——清康熙四十四年（1705）御制化城寺联

殿洒杨枝水，炉焚柏子香。——清康熙四十四年（1705）御制高旻寺联

龙归法座听禅偈，鹤傍香烟养道心。

——清康熙四十四年（1705）御制高旻寺联

蜀冈云淡山光近，江渚潮分水脉清。

——清康熙四十四年（1705）御制高旻寺联

松梢香露滋瑶草，庭畔薰风和玉琴。

——清康熙四十六年（1707）御制高旻寺联

笔架书签宜永日，波光林影共清机。

——清康熙四十六年（1707）御制高旻寺联

潮涌广陵，磬声飞远梵；树连邗水，铃语出中天。

——清乾隆十六年（1751）御制高旻寺行宫联

众水回环蜀冈秀，大江遥应广陵涛。

——清乾隆十六年（1751）御制高旻寺天中塔联

碧汉云开，晴阶分塔影；青郊雨足，春陌起田歌。

——清乾隆十六年（1751）御制高旻寺天中塔联

法云回荫莲花塔，慈照长辉贝叶经。

——清乾隆二十二年（1757）御制高旻寺天中塔联

塔铃便是广长舌，香篆还成妙鬘云。

——清乾隆二十二年（1757）御制高旻寺天中塔联

绿野农欢在，青山画意堆。 ——清乾隆三十年（1765）御制高旻寺天中塔联

宇宙以来此山色，冲瀜之际荡烟光。

——清乾隆四十年（1775）御制锦春园联

镜水云岑标道趣，轻荑嫩花绘春光。

——清乾隆四十年（1775）御制锦春园联

镜里林花舒艳丽，云边楼阁隐神仙。

——清乾隆四十年（1775）御制锦春园联

清风明月取无尽，山峙川流用不穷。

——清乾隆四十五年（1780）御制高旻寺天中塔联

两点金焦，劫后山容申旧好；万家食货，舟中水调似承平。

——曾国藩撰瓜洲盐栈联

老屋付东流，只剩两三星火；新居依北固，平分左右金焦。

——蔡鹏年撰于氏宗祠联

浊浪排空，势吞吴楚；渡头纵目，气贯江淮。

——李亚如撰瓜洲闸汗江口牌坊联

匾额

敕建高旻寺 云表天风 ——清康熙四十三年（1704）御书高旻寺额

晴川远适 菉荫轩 禅悦 凝远 静怡斋 荑湾胜览 水月禅心

——清康熙四十六年（1707）御书高旻寺额

化城寺 息浪庵 ——康熙御书

江月澄观 邗江胜地 江表春晖 ——清乾隆十六年（1751）御书高旻寺额

锦春园 ——清乾隆十六年（1751）御书锦春园额

敕建关帝庙 气塞宇宙 ——清乾隆二十二年（1757）御书高旻寺额

竹净松蕤 ——清乾隆二十二年（1757）御书锦春园额

罨画窗 ——清乾隆二十七年（1762）御书高旻寺

得闲堂 ——清乾隆四十五年（1780）御书高旻寺

承煦堂 ——清乾隆四十九年（1784）御书高旻寺

灵贶 ——清乾隆御书江神庙

净土庵 ——文震孟书额

白衣庵 ——申时行书额

邗阳书院 ——阮元书额

碑记

瓜洲西津渡重建马头石堤记[①]

〔明〕胡濙

扬子大江自岷山道巴蜀，过九江带已弥漫，至扬州镇江之境而益浩瀚滋大，渊深莫测。瓜洲西津渡在扬州江都县南三十里，与镇江京口相对。古有马头石堤，莫详所始。盖江中之潮盈缩有时，盈则舟可附岸，缩则舟胶于涂，去岸且数百步。码头石堤出于江中，以为登涉者之便，固不可无者也。岁久堤坏，凡登舟者遇潮缩，必解衣徒跣，提携负担于泥淖中。坏堤之石散列浅水，舟行弗戒，辄有触损之患。况兹渡实东西要津，凡两浙、瓯闽入京者必由于此，而京口细民以负贩为生者，毕集瓜洲，旦暮往还，无顷刻之隙。江面险远，风涛莫测。曩昔附江趋利之徒为轻舠以济行旅，中流遇风波覆溺死者岁常以百十计，叫号于江浒者无日无之。

宣德八年，左侍郎庐陵周公恂如巡抚江淮，悯人病涉，始措置区画，鸠集匠料，造巨舰二只，以为渡舟。每舰可容五百人，令有司选善操舟者四十人籍为渡夫。前之轻舠逐利之人自是屏去，十余年间无一人溺者，往来称便。惟马头石堤因工力浩大，欲重建而未果。

正统九年，瓜洲镇士民赵珣廷瑞仗义轻财，奋然告于众曰："巡抚大臣暂经此处，尚

① 录自《漕河图志》卷六。

能悯人覆溺，造巨舰以济渡，吾侪世居此镇，目击石堤之坏与往来者之病涉，安可坐视而无恻隐之心乎？况吾于永乐宣德间以公事历西洋诸蕃，涉鲸波之险者三次，往返无虞，且逾五十未有嗣，而天与一子，此皆出于望外，盍相共成此堤，以答神天之贶，以惬巡抚大臣之志乎？”众皆曰“善”。廷瑞首捐白金三百两以购石材。周公闻之，亟以其经略公用羡余之钱二十万补其费。扬州知府韩侯弘率其僚佐及江都县之长贰各捐俸赀，广集工役，以助其不给。经始于正统十年正月，落成于十一年有二月。堤长三百二十尺，广三十六尺。用石以丈计，三千三百二十有八，石灰以石计，一千三百，木以株计二千三百四十五，铁三千四十斤，僦工之钱一十五万六千四百有奇。堤成，完密坚致，往来行旅免徒跣泥淖之苦，罔不欢悦称便。廷瑞乃复以周公之命，于堤岸之上建高楼五楹，以为行者休憩之所，而周公扁之曰“江淮胜概”。

于是镇之耆老相与谋曰：“周公造巨舰于前，涉江者免覆溺之患；廷瑞成石堤于后，登舟者无泥淖之苦，皆莫大之德惠也，是宜具书其实，勒诸贞珉，俾后来者知周公与廷瑞重建之由，必能嗣其修葺之功，使舟与堤常坚完于永久焉。”议既协，乃以书来属笔于予。予家居距瓜洲仅二百里，于乡人往还闻周公之造渡舰，廷瑞之成石堤，固尝歆慕其利物之仁，遂因父老之请，不辞而为之记。

江淮胜概楼记[①]

〔明〕王英

正统十三年戊辰冬十月，予升秩尚书，赴南京。过维扬，知府韩侯语予曰：“瓜洲江淮胜概楼，工部侍郎周公作也。肇工岁丁卯秋，逾年而成。瓜洲，东南大镇。闽、浙诸郡与海外番国遣使贡献，朝廷差遣使臣暨漕运商旅之舟，皆由瓜洲济江。逐利者渡以小舟，风涛汹涌，多致覆溺。公出在官钱造二巨舰，以民之善理舟楫者载以渡之，又属老耆民赵珦作石堤，凡三十余丈瞰出江岸以舣舟，登岸者便之。然舟无候馆，或风逆雨暴，水涌潮溢，行者从立于堤以待，临不测之渊，遭遇险阻，相视愕然，咸有忧色。公又出官钱市材木，募工匠，具百费，建楼五楹，枕于石堤，楼高三十有八尺，上辟窗牖，中置几榻，以处使客贵游之士，下通其中为路，其旁以息行旅。其后，置厨爨，以便其饮食。凡渡江者，遇险则止，无复忧愁。而登楼者可纵目一览山川之胜，遂名楼曰

① 录自《漕河图志》卷六。

'江淮胜概'，敢以请记。"予诺而未敢执笔。

明年己巳，今上皇帝嗣登大宝，予走朝贺。既还，与巡抚淮甸吏部尚书赵公、巡按望察御史蒋公相遇于扬，同往镇江，及瓜洲，登楼四望，大江南来，浩渺无际，金山峙乎中流，而京口诸峰罗列如屏障，景物之盛，举在目前。赵公曰："楼名胜概固宜，而游息于此者盍知所自乎？此周公之功也。"予曰："然"。于是窃思古之君子善于为政者，凡利民之事无大小必为之。三代之时，道路津梁、舟车馆舍，宾客之所寄寓，举皆有备。其法之详，周官谨书之。近时，仕者于学不讲，古法废弛。周公巡抚南甸，经理财赋，国用充羡，生民安富，上下蒙其利凡二十年矣，而造舟作楼，特余事耳。人大受其惠如此，君子哉，善于为政者也。赵公曰："子之言可书以示后人。"是时，扬之官属咸在。韩侯进曰："敢尝以楼之记烦执事，今幸二卿相登览，目睹其事。请书以记于楼。"不可辞，遂为之书。公名忱，字恂如，江西吉水人，永乐甲申进士，以翰林庶吉士擢秋官主事，升员外郎累升侍郎，今拜工部尚书。赵公名新，富阳人，自工部主事累官至尚书，刚直有为。蒋公名诚，大庾人，县令升御史。韩侯名宏，闽中人，为贤太守云。

重建大观楼记[①]

〔明〕刘藻

瓜洲，镇也，然有城，知斯城之为要地。瓜城之东南西北皆具楼橹也，然东南隅别有楼，名"大观"，知斯楼之为胜地。

余以庚子岁来扬，分守兹镇，值兵燹之余，城已颓塌崩圮。询楼所在，则仅存故址而已。缘城非郡邑，岁修无额设，故艰于上请，或请多弗应。以故前此虽知为急务，咸叹息而去。余至是，方申请议修，会大司马中丞林公、备兵使者杜公临江，周城阅视，则诧曰："此要地也！为南北一线之咽，岂直两淮门户，曷不坚尔城？"于是具题扬属捐俸修理。余蒙委董是役，以孟春之吉鸠工，今孟夏竣事。城坚完而江防之形势乃备，因谋还斯城之旧观，则莫若大观楼者。盖长江万里，如带如萦，其上则三山巍峨，龙虎之所盘踞也；其下则三江浩瀚，奔涛赴海，日月之所吞吐沐浴也。当前润城诸山，屏立笋苗，相就如几案间物，以至烟岚晴霞之变，现风涛之汹欻、云树之出没，其胜无不毕萃。思昔人作筹边楼，图山川道里于壁，孰若斯楼之不假图绘，指点形势，已在目前？或阅楼船，试战

① 录自《瓜洲续志》卷八。

士，坐论之顷，于以消鲸波而致海晏，盖不独恣其游览、吟风醉月而已也。

余初以城工之艰其上请也，未计大观楼之费，特自捐俸金，为厅三楹。厅前作小卷三楹，盖未能建层楼也。崇其台以为之基，其规模高阔，略与旧等，凡名流题咏汇置于壁。以语镇之绅衿耆老，咸悦曰："能如是，是亦足成胜地矣！"因镵石而为之记。

重建瓜洲大观楼记[①]

〔明〕王士祯

自荀中郎镇京口，登北固以望三山，发缥缃凌云之叹，闻其语想见其地，而思褰裳濡足者多矣。所谓凌云亭者，在北国多景楼侧。地既偪隘、又倾圮不治，予尝登而叹息之。若瓜洲城南隅之大观楼，旧矣。至顺治十六年，海舟入犯毁于火。

康熙元年，防江都丞刘君以江海多事，奉开府监司檄，修治城堞。增治楼橹斥堠，因慨然规楼旧址，经营重创，三月而毕役，宏丽高明，信于畴昔。既落成，俾予记之。窃尝考诸传记，润州当天下精兵处，由金陵左顾，则武昌、九江，右顾则京口。自汉末以来，皆为豪杰之所必争，兵家所谓如率然，首尾相应，天下有事，各屯重兵，相为犄角。而京口尤当南北绾毂，襟江带海，号称北府。故守金陵，必先京口，譬藩篱卫堂奥也。扬、润相距不五十里，片帆可达，而瓜洲扼其冲，隐然为重镇，旧设操江都御史行台，又设江防，分府而治。近且开都督府，增督镇三营兵将屯守其地，与京口都统大军相望为声援，故守京口必先瓜镇，譬手足之捍头目也。

已亥之岁，海氛尽炽，润州不宁，瓜洲继陷，艨艟艚艟之属，崇明、孟河以至金陵、皖口、黄梅之间，所在蜂屯，扬帆往来如门庭然，罔或一矢加遗者。赖王猷允塞，督府协力，武臣用命，旬月之间，恢复京口、瓜、仪诸城，余孽宵遁，江海复宁。然犹廑主上宵肝之忧，命重臣率八旗禁旅，星驰电扫，以奠南服，其所安全者固大，而其为震赫亦已多矣。向使得如君数辈分布江南北，修城堞，治楼橹，严斥堠，凡所为绸缪阴雨者无或不至，长江天堑，寇能飞渡乎哉！今海上无事，江淮间号称小息，而君犹殷然为苞桑之虑，又以其余重建斯楼，以为宴游啸咏之地，其功德固足多，而其风流尤足志也。

嗟呼！当军兴旁午之际，羽檄交驰，虽有江山之胜，风日之佳，游观眺听之美，宾佐僚属，相顾忧悒，若不终日，又安能肆其心志，而发舒于诗歌文章之间？今日战守备

① 录自《瓜洲续志》卷八。

具，海波不扬，余与君以暇登斯楼也。俯江流，望南徐，北指广陵，西眺建康；山川秀色，如可揽撷，五州之势，若指诸掌，不亦可乐而忘其忧乎！余先成七言二章。君与监司杜公继作，各镂诸石，以纪岁月兴废之由。杜公讳，丁亥进士，山东滨州人。君讳藻，辽东盖州人。

彤云阁记[①]

〔清〕王豫

地必有奇山水，始称胜区。江南山水莫奇于京口，然又必有回环前后、掩映左右者，而山水始不孤。豫尝游江上而望之，其西则金山之缥缈，东则焦山之苍茫，南则蒜山、北固、五州、八公、九子之嶙峋峭拔。兹数山者，相去仅十数里，而光景形势自见回环掩映之致，而由江以注于海者皆水。然其北则瓜埠平地，自广陵来五十里无山，是三面形势且将受孤于北。孤于北，则三面虽多山水，何奇哉？然瓜埠固无山，而观览京口山水，则固非无登高纵目、把酒赋诗之地，耸然起于霄汉间，与蒜山屹对、倾百里耳目之观、收群山水于座上者，独不有所谓彤云阁者乎！阁高四五丈，地高十余丈，屋宇数十间，建自宋元。《元史》所称龟山寺者，即其地也。去瓜洲东门外里许，清旷闲僻，下皆古冢。不知山水者，间岁不一游，虽缙绅先生犹忽焉，无论农工商贾之辈。然则能领山水之奇者，则为我辈一二人游而乐也已。

乾隆四十五年，豫尚幼童，随先大父游，流连太息，怆恻若不释。是时，阁久倾圮，不蔽风雨，神鬼昼见，狐狸夜号。先大父顾谓豫曰："斯阁今若此，势将化为荒烟、为蔓草，而瓜埠无胜区矣！"于是捐金千有奇，鸠工治瓦木，阅三月竣。复令道士孔奕章住持。迨五十一年冬，先大父卒。五十五年秋，豫复游于此。嗟乎！依然耸峙而不坏者，非重建之阁耶？而由阁以览山水之奇者，非豫耶？而京口山水遂面阁以不孤者，非先大父之力耶？今日者睹物兴怀，悼先人之遗迹，怅今昔之存亡，其游而乐者，不且转而为悲乎！斯阁在瓜埠，人罕言之。论云"地以人传"，斯阁其传乎？其不传乎？则回听夫后之知山水之奇者为之记。

---

① 录自《瓜洲续志》卷八。

高旻寺碑记[①]

〔清〕爱新觉罗·玄烨

茱萸湾者，乃维扬俗称宝塔湾也。居三岔河之中，南眺金焦诸峰，北枕蜀冈之麓，足为淮南胜地。凡上江由仪征、下江由瓜洲至此，皆会归运河而北上也。朕比岁以来，躬临河干，咨询经画者屡矣。每抵一处，未尝不怀保编氓、施惠工商，故两淮盐课永减额征，停输赢羡。又闻往来迎送费用私派者甚巨，特颁严旨，尽为禁止。从此，商民得以安席，渐皆获所，则朕之巡幸者少有益乎。朕三十八年，奉皇太后銮舆偕行，晨昏侍养。视河既毕，勉从舆请，济江而南，周览吴会民生风俗。见茱萸湾岁久浸圮，朕欲颁内帑，略加修葺，为皇太后祝釐。而众商以被泽优渥，不待期会，踊跃赴功，庀材协力，惟恐或后，不日告竣。旧刹式廓鼎新，庄严宏敞，兼以翚飞杰阁，凭高四眺，临大江，通南北，因书额赐之，曰“高旻寺”。勒文于石，垂示久远。惟是雨旸应时，河海清晏，一时共臻于仁寿之域，斯四十余年宵旰勤民之念所厚期也。即此塔工蒇事，具见群情爱戴之谊，出于至诚，是亦有不可泯者。爰为书之，以志始末云。

康熙四十三年秋九月重阳日书。

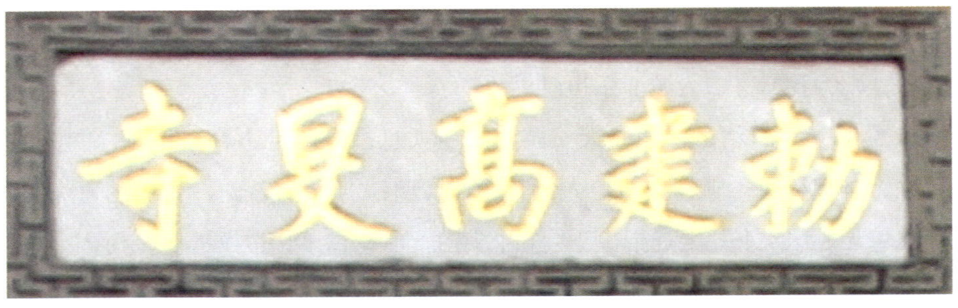

康熙帝提额“敕建高旻寺”（录自《邗江史话》）

① 录自嘉庆《瓜洲志》。

美文

于园[①]

〔明〕张岱

于园在瓜洲步五里铺，富人于五所园也。非显者刺，则门钥不得出。葆生叔同知瓜洲，携余往，主人处处款之。

园中无他奇，奇在磊石。前堂石坡高二丈，上植果子松数棵，缘坡植牡丹、芍药，人不得上，以实奇。后厅临大池，池中奇峰绝壑，陡上陡下，人走池底，仰视莲花，反在天上，以空奇。卧房槛外，一壑旋下如螺蛳缠，以幽阴深邃奇。再后一水阁，长如艇子，跨小河，四围灌木蒙丛，禽鸟啾唧，如深山茂林，坐其中，颓然碧窈。瓜洲诸园亭，俱以假山显，胎于石，娠于磊石之手，男女于琢磨搜剔之主人，至于园可无憾矣。

李牟瓜洲吹笛赋[②]

——以秋夜吹笛于瓜洲为韵

郭元

万籁俱寂，荒江不流。沙雁无语，浦云乍收。客有吹烟竹之笛者，当筵撤酒，舣岸维舟。奏数声之长调，破一天之新秋。认两三星火之天，莫抛良夕；问十二阑干之处，谁倚高楼。昔唐李牟之工笛也，才致清幽，丰神蕴藉。操邱仲之技能，负岐王之声价。龟年檀板，家业同传；马卿瑶琴，天才足亚。每值酒阑烛灺，惯发新声；何期月白风

① 录自《陶庵梦忆》，上海远东出版社，1996年。

② 录自《瓜洲续志》卷二十七。

清，竟逢良夜。羌短棹兮初停，正轻帆之欲卸，是其为瓜洲也。江光滉漾，烟景迷离。家住渔师蒜岭，潮回之候桥，通扬子芜城。月上之时，牟乃扁舲斜泊，孤笛横吹。醉一江之秋色，奏几阵之凉飔。调谱梅花，犹记驿梅点点；曲传杨柳，怎禁江柳丝丝。百顷荒洲，一枝朗笛。或短或长，亦清亦激。久钦识竹之蔡邕，不作渡江之祖逖。云何事而沉沉，天胡为而寂寂。三更太永，断岸潮收。十指俱寒，孤蓬露滴。不比桓伊狂态，韵绕青溪；何殊李委高情，声传赤壁。于时群动息后，微风来初。灯青照枕，月白侵裾。起凄音于瓜步，递远响于瓜芦。似篪吹于老婢，似箫吹于子胥。似越石之笳，哀音经兰若；似渐离之筑，急韵逗林於。高吟江上清秋，竟夕之古音自赏；偷学宫中新曲，少年之豪致谁如。夜籁不哗，山涯水涯。动舟人之悲泣，发贾客之怨嗟。逼流光于夜月，续雅乐于朝霞。回殊白草黄沙，神凄筚篥；宛是荻花枫叶，泪洒琵琶。客思偏清，莫讶笛寒似铁；夜眠未稳，最怜舟小于瓜。已而寒月方落，明河尚浮；灯灺篷背，雁盘渡头。于是收逸韵发清讴，听征笳于古垒，剩渔鼓于平洲，喜吟十里凉秋。昨经焦麓，好续五更残梦，快到扬州。

“诗”渡瓜洲[①]

华海

如果把扬子江比作一根绵绵延伸的常青藤，那么古渡瓜洲则是这根藤上结出的一枚神奇的瓜果。

岁月悠悠，古瓜洲吮吸着大江南北经济、文化的玉液琼浆，凝结成为扬子江滨一颗璀璨的明珠。

瓜熟蒂落，“古时沧海今桑田”。清朝康熙年间，瓜洲开始坍江，光绪二十一年（1895）全部坍入江中，古瓜洲这个扬子江孕育的奇异“瓜”，又被扬子江潮吞没了。“过却瓜洲杨柳树，烟水重重无数”（李好古《清平乐》），古瓜洲真的灰飞烟灭、风散云消了吗？不，在历史的记忆中，还依稀可见其绮丽的幻影，它引诱人们去想象，还原它昔日的风采。它依然活在灿若星辰的名诗佳词中。有人送了它一个“诗渡”的美誉。且让我们翻开由那些清词丽句连缀成的古瓜洲繁丽的史册吧。

“江流宛转绕芳甸，月照花林皆似霰。”在初唐扬州诗人张若虚的《春江花月夜》

① 录自《江苏县邑风物丛书·邗江》，江苏人民出版社，1993年。

里，我们隐约看见了“睡美人”一样的瓜洲，玉臂横枕清流，月色轻笼幽香，那种朦胧，那份慵懒，那般情韵，该是一个青春梦的寄托吧？

古瓜洲毕竟又是现实的，它不时牵动着诗人真实的人生感叹和离愁别绪。“汴水流，泗水流，流到瓜洲古渡头，吴山点点愁”，白居易这著名的词句，就是交织着“思悠悠，恨悠悠”的爱的痴迷和“剪不断，理还乱”的不绝愁丝的。“一夕瓜洲渡头宿，天风吹尽广陵尘”，这是高蟾在瓜洲渡口勾勒的天涯旅人洒脱的身影；唐代诗人张祜则在“潮落夜江斜月里”，隔江遥指，悠悠吟哦“两三星火是瓜洲”。此情此景，真让人担心漫漫江风是否会吹熄瓜洲上的那两三星火。这些题咏瓜洲的诗句，不免打上了旧日的文化人落寞情怀的印记。

历史的镜头，常常在耐人寻味的瞬间定格。北宋熙宁八年（1075）二月的一个晚上，一艘官船静静泊在瓜洲渡头。船头伫立的正是著名诗人王安石。此刻，他正在奉诏进京途中。八年前，受神宗之命，他主持变法，推行新政，遭到了保守派的强硬反对，他不得不辞去宰相之职，隐居金陵。这一年朝廷重新启用临川先生，二度拜相，正所谓“东山再起”。他取淮南东路北上，由京口渡江至瓜洲。是夜，春江月明，江风温馨。诗人情思纷涌，便吟成了那首千古绝唱《泊船瓜洲》。

“京口瓜洲一水间，钟山只隔数重山”，透过融融的夜色，诗人由渡口回望京口、钟山，此行迅捷，就像杜甫当年“闻官军收河南河北”之后，“即从巴峡穿巫峡，便下襄阳向洛阳”的情形。王安石依恋给了他精神慰藉的江宁，更急切盼望早回京都，再展宏图，根除使国家“积贫积弱”的陈规陋法。骀荡的春风让诗人意识到自己站到了一个命运的转折点上，自己的政治之船也行驶到了一个关键的“渡口”。想到朝政和变法大业的“春天”，渴望表达自己热烈的情怀，寻觅着那个能活脱脱传达心曲的唯一的字。“春风又到江南岸”，“到”，不好，提笔圈去，改为“过”，又圈去，改为“入”“满”……陡然眼前一亮，不是个“绿”字吗？就是这个俗而又奇的“绿”！于是一个“绿”字，绿透了临川先生的诗稿；于是一个“绿”字，染绿了千百年来学童们的书案。瓜洲渡因熙宁八年的这个月夜，这个“绿”字，增添了几多风采，几多神韵！

大江流日夜，瓜洲古渡度过了多少风流？“杨花满江来，疑是龙山雪”，那是诗仙李太白的浪漫飘逸；“眼前风景异山河，无奈诸君笑语何”，是一代爱国名将文天祥的沉痛悲凉；“楼船夜雪瓜洲渡，铁马秋风大散关”，是爱国诗人陆放翁的沉郁悲壮；“试看天堑投鞭渡，不信中原不姓朱”，是民族英雄郑成功的慷慨激昂；“苍茫云树外，明月出瓜洲”，又是大学者袁子才的洒脱超然……千秋百代，有多少悲欢离合，多少喜怒哀乐，多少兴衰沉浮，在古瓜洲这张古琴上奏出了如江潮奔涌、雪浪飞溅般的乐章。那唐代鉴真和尚东渡日本，也曾数次由瓜洲渡远航，历尽挫折，九死未悔，终于向“扶桑之国”渡去了盛唐的文明；冯梦龙笔下那位饱受命运摧残和凌辱的杜十娘，也是在瓜洲渡头散尽百宝纵身投江，江面上激起的波浪历百年而不息……这些，不也是用生命和壮举在古瓜洲写下的另一种光照千秋的诗章吗？

古渡沉没了，昔日的官衙楼台早已与鱼虾为侣，“石桥踏月”等十景也早化作江上之清波。今日的瓜洲镇，是由原来江北岸的四里铺衍变而来的。如今，这里已没有了“瓜洲渡口山如浪”的险恶，也不再是“瓜洲人家烟火微”的荒凉。然而“诗”的瓜洲渡依然在人们心里生机盎然，在海内外久远传扬。这个包蕴丰富精神内涵的“诗渡”，有待我们现代人不断地去钩沉、发现，从历史渡向未来。

古渡的传奇[①]

袁益民

“瓜洲古渡”。

我不止一次走进瓜洲古渡公园。这一次看到的境况，和去年一样，公园正在修整。公园的纵深处，有两块碑，一块竖立，一块横躺。那块竖立的碑很多人见过，这块横着的碑见过的人不多，因为完全被杂草掩埋了。

杂草，古渡公园里满眼是草，葳蕤、恣意，充满了野趣。今天，如果这里还承担着渡口的职责，那些到长江那边去从长江那边来的脚步，怎么会给这些草留下生长甚至疯长的余地呢？有一句话是这样说的：靠街的路不长草，聪明的脑袋瓜不长毛。

世上所有的渡口，都不只是一个地理的存在，是情怀的，也是生计的；是向内的，也是向外的；是告别的，也是重逢的；是被动的，也是主动的；是进攻的，也是退守的；是被逼无奈的，也是华丽转身的。渡口，是生存意义上的，也是命运意义上的；是空间意义上的，更是心理意义上的。

“瓜洲古渡”四个字，包含的内容太多太多。

① 选自《绿杨（2017·秋）》，广陵书社，2017年。

多少脚步，多少车辙；多少营生，多少银钿；多少送别，多少离愁；多少个家庭的希望，多少份人生的憧憬；多少战马的铁蹄，多少刀剑的寒光；还有江山万里，家国情怀……全在这四个字里，被极简地冷凝、概括。石碑上这四个字不知出自何人之手，书写的人也知道，这四个字涵蕴的内容太丰厚、太沉重，所以王右军体、褚遂良体、柳公权体、瘦金体都承担不了。我请教了我的同事、书画专业硕士吴娟，她告诉我这四个字有点颜真卿和苏东坡的味道，模仿了康乾二帝书体的构架，算得上大气、憨拙、厚重、沉浑，对得起繁复的岁月流转，江山沉浮。

古渡公园不远处，就是如今的瓜洲古镇。江口街，一个直接与长江对接的名字。讷言，古朴，迷糊，上了年纪的房子在阳光下显得落落寡欢。街的当中铺着长长短短的条石，一条接着一条接龙似的蜿蜒而去，条石两边是青灰条砖，挤挤挨挨。

虽然街上空空荡荡，冷冷清清，但是我的眼前却热闹得很，嘈杂得很，简直是熙熙攘攘，摩肩接踵。

这是一条通向渡口的街。挑着担子的，背着褡裢的，推着小车的，坐着轿子的，行军一般穿过大街。他们都是要赶早上最早的一班渡船，到对岸去，到对岸的京口去，再告别京口，到更广大的世界去，到更璀璨的前程去。渡口的小划子、大木船，承载着他们的生计，他们的梦，仕途的梦，财富的梦，当然还有家国天下。

是的，渡口承载着梦想，承载着前方，承载着未知，承载着所有的可能；别离是其中最隐秘、最深沉的酸楚，凝聚、扩张、爆发为诗意。“黯然销魂者，唯别而已矣”，所有奔向渡口的脚步，都是兴致冲冲的，希望满满的，情怀勃勃的，恨不得一步跨过江去；然而，奇了怪了，等到望见渡口，踏上渡头，却又突然迟疑起来，停滞下来。渡口，和长亭、驿站一样，因为别离，成为深沉的疼痛，有质感的疼痛。直到今天，也是如此，席慕蓉咏叹的渡口，在蔡琴深沉的歌喉中，同样回荡着最为古典的肺腑之咏叹：让我与你握别 / 再轻轻抽出我的手 / 华年从此停顿 / 热泪在心中汇成河流 / 是那样万般无奈的凝视 / 渡口旁找不到一朵可以相送的花 / 就把祝福别在襟上吧 / 而明日 / 明日又隔天涯。

古渡边的杂草，覆盖了太多。我一直以为，人类的情感，亲情、爱情、友情，古今中外，其内核是共通的，是一致的，是稳定的，是不随时空而改变的。但是，站在瓜洲渡口，我心惆怅，世间已进入一个无须渡或无视渡的空旷之地，稀薄之境。古渡式微，书信萧条，别离之情也无处酝酿，千里之处，万里之外，都可以视频相见，“90 后”“00

后”的孩子们，恐怕很难体验到什么是别离，什么是依依不舍，什么是迟迟吾行。

诗情是不应该迷失的。

好在有瓜洲古渡，导引着我们慢慢寻觅到回家的路。

从前的诗人们为瓜洲写下三千首诗和词，这是一个庞大的数字。在华夏大地上所有的古镇中，瓜洲应该是独占鳌头的了。

瓜洲，有着一种特别的魔力，总是能照见诗人们心里最柔软、最温情的部分。诗人们站在瓜洲的沙岸上，眼里的长江无论多么惊涛拍岸，多么雄壮豪迈，诗人的笔尖只要触碰到瓜洲，便无法昂扬，无法激越。那句家喻户晓的“汴水流，泗水流，流到瓜洲古渡头，吴山点点愁”就不用说了。张辑，这位史书中都查不到出生年月的词人，文学史上却记住了他千回百转的哀怨：“英雄恨，古今泪，水东流。惟有渔竿明月、上瓜洲”。另一位同样名不见经传的文人朱湛卢称张楫“得诗法于姜尧章（姜夔）”（《东泽绮语债》序）。姜夔写战后的扬州：“二十四桥仍在，波心荡、冷月无声。念桥边红药，年年知为谁生。”张辑是借瓜洲写故国：“几多愁，塞草连天，何处是神州。”从主旨到内容，从用词到感怀，多么的一脉相承！

这就难怪冯梦龙要将杜十娘的舞台布置在瓜洲了。

此刻，我的大脑里铺满了与瓜洲有关的诗和文。

我想起中学课本里读过的《指南录后序》。元至元十三年（1276），距离元成宗彻底消灭南宋为时只有三年了，孤忠大节的文天祥经过瓜洲，留下了一句话：“如扬州，过瓜洲扬子桥，竟使遇哨，无不死。”他在《指南录后序》里用十七个“死”记录了九死一生的险象与恶遇。因为印象太深，我到现在还得背诵出来这一段。瓜洲，和许许多多他经过的要隘一起，谱写了一曲与日月同辉的“正气歌”。

道光年间，又一位于风雨如晦之中挺身而出的巨人经过瓜洲，他要去扬州。他是魏源，中国近代史上“放眼看世界第一人”。此前他在镇江，受到了林则徐的宝贵馈赠——《四洲志》的全部资料。这是林则徐在南方禁烟时从外国报纸和书籍翻译汇编而成的。

魏源年轻时到过瓜洲，留下了《瓜洲归棹》二首七律：

去年风雪走燕关，今岁春明又报还。
见即有情横岸树，远来相迓隔江山。
涛吞北岸天无限，沙涨东头地有湾。

最是纤纤新月出，似知行客唱刀环。

霁色阴如欲晓天，乱峰青到酒樽前。
冰消淮水知家近，春入吴舠在客先。
柳岸倒翻千浪雨，鹭帆冲破一江烟。
船娃不识离人恨，但唱桃花锦浪篇。

写这两首诗的时候，魏源大约二十五六岁的样子，诗中的青春气息和缱绻情意，溢于言表。而此次再过瓜洲，是鸦片战争爆发的次年，他已经四十七八岁了。人到中年，世易时移，他所目睹到的、感受到的、经历到的，都不允许他掷怀赋诗了，他的目光更高远，胸怀更宽广，“师夷之长技以制夷”的思想已经初步形成，他要赶紧完成林则徐交给他的任务，那部石破天惊的《海国图志》。也就是在此后不久，他告别官场，栖身扬州，买土地，建絜园，著“海国”。他在晦暗的清王朝上空划过一道耀眼的闪电，震惊朝野。瓜洲是一个重要的见证者。

杜十娘传奇

“杜十娘”是中国文学史上追求爱情的经典形象。明万历年间（1573—1620），青楼女子杜媺为追求爱情，不惜用自己的青春和生命，维护自己对爱情的理想，梦想破灭后在瓜洲渡口怒沉百宝箱，跳江自尽。“杜十娘怒沉百宝箱”，本是发生在瓜洲渡口的真实事件。明代文人宋懋澄听闻其壮烈之举后，将此事写成《负情侬传》。后冯梦龙综合真实事件和民间传说，并依据《负情侬传》写成小说《杜十娘怒沉百宝箱》，收录在《警世通言》中，成为中国古代文学史上最为杰出的短篇小说之一。杜十娘忠贞爱情的故事，数百年来，经过文学和戏剧的演绎，在海内外广为传播，深入人心。1983年，瓜洲渡口修建沉箱亭，并镌刻碑文，成为瓜洲旅游的一个景点。2008年，杜十娘传说被列入扬州市首批非物质文化遗产代表作名录。2015年，瓜洲建杜十娘广场。

负情侬传[①]

〔明〕宋懋澄

万历间，浙东李生，系某藩臬子，入资游北雍，与教坊女郎杜十娘情好最殷。往来经年，李资告匮，女郎母颇以生频来为厌，然而两人交益欢。女姿态为平康绝代，兼以管弦歌舞妙出一时，长安少年所藉以代花月者也。母苦留连，始以言辞挑怒，李恭谨如初，已而声色竞严，女益不堪，誓以身归李生。母自揣女非己出，而故事教坊落籍，非数百金不可，且熟知李囊中空无一钱，思有以困之，令愧不办，庶自亡去。乃戟掌诟女曰："汝能怂郎君措三百金畀老身，东西南北，唯汝所之。"女郎慨然曰："李郎虽落魄旅邸，办三百金不难，顾金不易聚，倘金具而母负约，奈何？"母策李郎穷途，侮之，指烛中花笑曰："李郎若携金以入，婢子可随郎君而出，烛之生花，谶郎之得女也。"遂相与要言而散。

女至夜半，悲啼谓李生曰："郎君游资，固不足谋妾身，然亦有意于交亲中得缓急乎？"李惊喜曰："唯！唯！向非无心，第未敢言耳。"明日故为束装状，遍辞亲知，多方乞贷。亲知咸以沉湎狭斜，积有日月，忽欲南辕，半疑涉妄；且李生之父，怒生飘零，作书绝其归路，今若贷之，非为无所征德，且索负无从，皆援引支吾。生因循经月，空手来见，女中夜叹曰："郎君果不能办一钱耶？妾褥中有碎金百五十两，向缘线裹絮中。明日令平头密持去，以次付妈，此外非妾所办，奈何？"生惊喜，珍重持褥而去，因出褥中金语亲知，亲知悯杜之有心，毅然各敛金付生，仅得百两。生泣谓女："吾道穷矣，顾安所措五十金乎？"女雀跃曰："毋忧，明旦妾从邻家姊妹中谋之。"至期，果得五十金。合金而进，妈欲负约，女悲啼向妈曰："母曩责郎君三百金，金具而母失言，郎持金去，女从此死矣。"母惧人金俱亡，乃曰："如约，第自顶至踵，寸珥尺素，非汝有也。"女欣然从命。明日，秃髻布衣，从生出门，过院中诸姊妹作别。诸姊妹咸感激泣下，曰："十娘为一时风流领袖，今从郎君褴褛出院门，岂非姊妹羞乎？"于是人各赠以所携，须臾之间，簪衣履，焕然一新矣。诸姊妹复谓曰："郎君与姊，千里间关，而行李曾无约束，复合赠以一箱。"箱中之盈虚，生不能知，女亦若为不知也者。日暮，诸

① 录自《九籥集》卷五，中国社会科学出版社，1984年。

姊妹各相与挥泪而别，女郎就生逆旅，四壁萧然，生但两目瞪视几案而已。女脱左膊生绢，掷朱提二十两，曰：“持此为舟车资。”明日，生办舆马出崇文门，至潞河，附奉使船。抵船而金已尽。女复露右臂生绡，出三十金，曰：“此可以谋食矣。”生频承不测，快幸遭逢，于时自秋涉冬，嗤来鸿之寡俦，诎游鱼之乏比，誓白头则皎露为霜，指赤心则丹枫交炙，喜可知也。

行及瓜州，舍使者艅艎，别赁小舟，明日欲渡。是夜，璧月盈江，练飞镜写，生谓女曰：“自出都门，便埋头项；今夕专舟，复何顾忌！且江南水月，何如塞北风烟，顾作此寂寂乎？”女亦以久淹形迹，悲关山之迢递，感江月之交流，乃与生携手月中，趺坐船首。生兴发，执卮，倩女清歌，少酬江月。女婉转微吟，忽焉入调。乌啼猿咽，不足以喻其悲也。有邻舟少年者，积盐维扬，岁暮将归新安，年仅二十左右，青楼中推为轻薄祭酒。酒酣闻曲，神情欲飞，而音响已寂，遂通宵不寐。黎明，而风雪阻渡。新安人物色生舟，知中有尤物，乃貂帽复绹，弄形顾影，微有所窥，因叩舷而歌。生推蓬四顾，雪色森然。新安人呼生绸缪，即邀生上岸，至酒肆论心。酒酣微叩公子：“昨夜清歌为谁？”生俱以实对。复问：“公子渡江，即归故乡乎？”生惨然告以难归之故：“丽人将邀我于吴越山水之间。”杯酒缠绵，无端尽吐情实。新安人愀然谓公子：“旅靡芜而挟桃李，不闻明珠委路，有力交争乎？且江南之人，最工轻薄，情之所钟，不敢爱死。即鄙心时时萌之，况丽人之才，素行不测。焉知不借君以为梯航，而密践他约于前途，则震泽之烟波，钱塘之风浪，鱼腹鲸齿，乃公子一杯三尺也。抑愚闻之，父与色孰亲？欢与害孰切？愿公子之熟思也。”生始愁眉曰：“然则奈何？”曰：“愚有至计，甚便于公子，然而顾公子不能行也。”公子曰：“为计奈何？”客曰：“公子诚能割厌余之爱，仆虽不敏，愿上千金为公子寿，得千金则可以归报尊君，舍丽人则可以道路无恐，幸公子熟思之。”生既飘零有年，携影挈形，虽鸳树之诅，生死靡他，而燕幕之栖，进退维谷。羝藩狐济，既猜月而疑云。燕喙龙漦，更悲魂而啼梦。乃低首沉思，辞以归而谋诸妇。遂与新安人携手下船，各归舟次。

女挑灯俟生小饮，生目动齿涩，终不出辞，相与拥被而寝。至夜半，生悲啼不已，女急起坐抱持之曰：“妾与郎君处，情境几三年，行数千里，未尝哀痛，今日渡江，正当为百年欢笑，忽作此面向人，妾所不解。抑声有离音，何也？”生言随涕兴，悲因情重，既吐颠末，涕泣如前。女始解抱，谓李生曰：“谁为足下画此策者？乃大英雄也！郎得千金，可觐二亲；妾得从人，无累行李。发乎情，止乎礼义。贤哉！其两得之矣。

顾金安在？”生对以未审卿意云何，金尚在是人箧内。女曰：“明蚤亟过诺之。然千金重事也，须金入足下箧中，妾始至是人舟内。”时夜已过半，即请起，为艳装。曰：“今日之妆，迎新送旧者也，不可不工。”计妆毕，而天亦就曙矣。新安人已刺船李生舟前，得女郎信，大喜曰：“请丽卿妆台为信。”女忻然谓李生畀之，即索新安人聘资过船，衡之无爽。于是女郎起自舟中，据舷谓新安人曰：“顷所携妆台中有李郎路引，可速检还。”新安人急如命。女郎使李生抽某一箱来，皆集凤翠霓，悉投水中，约值数百金。李生与轻薄子及两船人，始竞大咤。又指生抽一箱，悉翠羽明珰，玉箫金管也，值几千金，又投之江。复令生抽出某革囊，尽古玉紫金之玩，世所罕有，其价盖不赀云，亦投之。最后，碁生抽一匣出，则夜明之珠盈把，舟中人大骇，喧声惊集市人，女郎又投之江，李生不觉大悔，抱女郎恸哭止之，虽新安人亦来劝解，女郎推生于侧，而啐骂新安人曰：“汝闻歌荡情，遂代莺弄舌，不顾神天剪绠落瓶，使妾将骨殷血碧；妾自恨弱质，不能抽刀向伧。乃复贪财，强求萦抱，何异狂犬，方事趋风，更欲争骨。妾死有灵，当诉之神明，不日夺汝人面。且妾藏形贻影，托诸姊妹，蕴藏奇货，将资李郎归见父母也。今畜我不卒，而故暴扬之者，欲人知李郎眶中无瞳耳。妾为李郎涩眼几枯，翕魂屡散；事幸粗成，不念携手，而倏溺如篑，畏多行露，一朝捐弃，轻于残汁。顾乃婪此残膏，欲收覆水，妾更何颜而听其挽鼻！今生已矣！东海沙明，西华黍垒，此恨纠缠，宁有尽耶！”于是舟中崖上，观者无不流涕，詈李生为负心人，而女郎已持明珠赴江水不起矣。

当是时，目击之人，皆欲争殴新安人及李生。李生暨新安人各鼓枻分道逃去，不知所之。噫！若女郎亦何愧子政所称烈女哉！虽深闺之秀，其贞奚以加焉！

宋幼清曰：余于庚子秋闻其事于友人。岁暮多暇，援笔叙事。至“妆毕而天已就曙矣”，时夜将分，困惫就寝，梦披发而其音妇者谓余曰：“妾自恨不识人，羞令人间知有此事。近幸冥司见怜，令妾稍司风波，间豫人间祸福。若郎君为妾传奇，妾将使君病作。”明日果然，几十日而间，因弃置筐中。丁未携家南归，舟中检笥稿，见此事尚存，不忍湮没，急捉笔足之，惟恐其复祟，使我更捧腹也。既书之纸尾，以纪其异；复寄语女郎：“传已成矣，它日过瓜州，幸勿作恶风波相虐。倘不见谅，渡江后必当复作。宁肯折笔同盲人乎？”时丁未秋七月二日，去庚子盖八年矣。舟行卫河道中，距沧州约百余里。不数日，而女奴露桃忽堕河死。

杜十娘沉箱故事的衍化①

朱广盛

瓜洲古渡头，曾上演过许多令人扼腕的人间悲剧，杜十娘怒沉百宝箱称得上是其中一个惊天动地的故事。长期以来，人们一直以小说家来看待这件事，实际上，它是在真人真事的基础上经众人加工而成，且有许多体裁和版本。

杜十娘，名杜媺，其怒沉百宝箱之事是发生在明代万历年间的真实故事。在冯梦龙作《警世通言·杜十娘怒沉百宝箱》之前，即有写本问世。第一个写本是明代宋懋澄的《负情侬传》，收在《九籥集》中。《九籥集》成于明代，清代被列为禁书，今人多未见此书，颇多臆测之辞。直到王利器先生将其珍藏多年的《九籥集》抄本付梓，我们才得窥杜十娘怒沉百宝箱的本事。杜十娘怒沉百宝箱的故事发生在明万历二十四年（1596）左右。第一个将此事诉诸文字的宋懋澄（1562—1620），字幼清，号稚源，江苏华亭（今上海松江）人，明代华亭四大藏书家之一，喜好搜辑稗官之言。万历二十八年（1600），他在北京准备应考时听到杜十娘的壮烈之举，便开始写作《负情侬传》，后因生病而辍笔。万历三十年（1602），宋懋澄在从北京回乡的舟中重捡旧稿，完成了这个故事的第一个写本。全文计2900余字，用文言写就，文字练达晓畅，叙事曲折动人。“负情侬”即“负情郎”之意。其梗概为：浙东李生系按察使之子，在北京国子监就学，与才貌绝世的教坊女郎杜十娘相爱。待金钱挥霍净尽，李生不仅遭到鸨母的斥逐，也为父母所不容。于是，杜十娘便设计赎身，暗携巨资，与李生到江南寻求生路。行及瓜洲，被邻舟新安盐商某生窥见。某生次日便以伦常利害关系说服李生，以千金买下杜十娘。杜十娘闻讯后，装扮一新，在人钱交换之际，把大量金银珠宝抛入江中，投水自尽。观者无不义愤。作者宋懋澄写此事时由于全身心投入，为此大病一场，将其归咎于杜十娘不愿使此事流布的报复。更令人不解的是，在舟至沧州时，女仆不小心坠河身亡，宋氏也将责任系于杜十娘。好在这些事情在另三篇《祭女奴堕水文》《黄河祭亡奴文》《再祭女奴露桃文》中有详细记载，今日的心理学家不难解释其文艺创作心理。在《负情侬传》中，杜十娘虽不是中心人物，但作者还是以饱含深切同情的笔墨塑造了杜十娘这一悲剧人物形象。她的悲剧既有社会原因，也与她的为人贞烈、幻想破灭有直接关系。宋懋澄将此篇收入《九籥集》卷五“传”体文中，可见是把这个故事当作真人真

① 原载《邗江文史资料》第9辑，2003年。

事来记述的。由于受故事原型的局限，文中不免有些漏洞和不合情理之处，如杜十娘在左右臂生绡中藏金二三十两，孙富在风雪中“叩舷而歌”等。尽管如此，这个写本问世后，引起了许多文人的注意，纷纷引述传抄。天都逸史潘之恒将其辑入《亘史·内纪》，江南詹詹外史《情史类略》、宋存标《情种》、刘心学《史外丛谈》等书均收录此故事。值得一提的是，该故事一度还传入朝鲜。1931 年，孙楷第在日本宫内省图书寮和成篑堂文库中就发现高丽的两种《负情侬传》刊本，足见其流传之广。

故事发生二十多年后，通俗文学大家冯梦龙依《负情侬传》为蓝本，创作了《杜十娘怒沉百宝箱》，收在《警世通言》卷三十二。游国恩等人编写的《中国文学史》在评价冯氏“三言二拍”时，称“《杜娘怒沉百宝箱》是其中最优秀的一篇，也是明代拟话本中成就最高的作品”。与《负情侬传》相比，改本开头便增加了约 300 字，删原本的“宋幼清曰”以下一段赞词，代之以“李甲在舟中，看了千金，转忆十娘，终日愧悔”约 400 字的有关因果报应的结局。冯氏最大贡献是塑造了一个光辉的女性形象——杜十娘。《负情侬传》的主题是谴责负心汉，因而传记的中心人物是李甲而非杜十娘;《杜娘怒沉百宝箱》是揭示封建伦理的冷酷，因而把杜十娘塑造成千古女侠。她是京城的“教坊名姬”，为摆脱非人的境遇，她迫切需要从良。她一旦相信李甲的爱情，便与贪婪的鸨母展开种种斗争，终于凭自己的机智跳出了火坑。当她得知李甲将其出卖时，愤恨填膺，抱百宝匣投身于滚滚波涛之中，用自己的青春和生命，控诉了罪恶的社会，维护了她对爱情的理想。在表现手法上，冯氏十分注重人物性格的刻画和细节描写。如“借贷赎身”一节，原文只有二三百字，未触及人物内心活动，冯氏扩写成两千余字，并且增加了柳遇春这个义侠人物。因此,《杜十娘怒沉百宝箱》虽是《负情侬传》的改本，但已有了很大发展，在思想和艺术上都大有提高。

杜十娘的故事，从传记到小说是一个飞跃，而由小说演为戏曲，则是又一个发展阶段。许多古典戏曲都是据传奇小说改编的，或与传奇小说有关。而“杜十娘怒沉百宝箱”更成了常写不衰的题材。最早改编杜十娘故事的戏曲当数郭濬的《百宝箱》，惜此剧已失传，只能从焦循的《剧说》记载中约略知道一二。倒是明末卓琦月为郭氏所做的序仍可见到。卓珂月认为过去的戏曲把青楼人物刻画得不堪入目，称赞郭氏笔下的杜十娘足可使青楼为之扬眉吐气。

到了清代，与宋懋澄同乡的夏秉衡、梅窗主人、黄图珌都先后将此故事改编为戏曲。《百宝箱》传奇，作者是夏秉衡。其《八宝箱自序》说:“读《情史》至杜十娘沉江事，为之感愤累日，思欲为之作传，以幻笔补造化之缺陷。”他对杜十娘的不幸结局愤愤不平，于是运用“幻笔”使杜十娘成仙，最后和李甲团圆，落入传奇大团圆的俗套。梅窗主人的《百宝箱》传奇，阿英先生藏有刻本一种。梅窗主人在原序中云：“欲拯救其人荣宠之以美其报，不当众听其死，而当委曲求全以设言其生也。”作者因怜惜杜十娘，干脆把杜十娘改为投江遇救，经柳遇春撮合，复配李甲。而李甲则赴京会试中状元，洞房花烛夜，十娘帮教夫婿，终言归于好。百宝箱亦由水母娘娘送还。至于黄图珌的《百宝箱》传奇，与梅窗主人的大同小异，均为三十二出，又都是大团圆结局，因此有人推测梅窗主人与黄图珌实系一人。但据今人戴云介绍，《百宝箱》传奇凡二卷三十二出，封面题《绘图百宝箱传》，内封题“光绪甲午仲春袖海山房石印”。此书自序写于清乾隆四十六年（1781），而黄图珌已于乾隆二十三年（1758）辞世，因此《百宝箱》一剧不能系于黄氏名下。

纵观改编的戏曲，虽然在杜十娘沉江之后增添了不少情节，表达了世人的良好愿望，但却落入俗套，大大削弱了反封建的现实意义。此后的京剧、鼓书、弹词中又添出活捉孙富的情节，更为枝蔓，远不如宋、冯二作。真正还艺术本来面目的是1981年由长春电影制片厂拍摄的电影《杜十娘》，删去了续貂之狗尾，恢复了悲剧性的结局，使冲冠一怒的红颜形象光芒四射。

杜十娘广场　　徐振宇　摄

沉箱亭

徐振宇 摄

掌故杂记

红楼梦缘

清顺治初年，清廷在扬州设立两淮巡盐察院署、两淮都转盐运使司。清康熙年间（1662—1722），曹雪芹的祖父曹寅就任江宁织造兼两淮巡盐御史，曹雪芹从小在江宁（南京）、扬州一带生活十三年，对扬州的风土人情耳濡目染，驾轻就熟，写作《红楼梦》时信手拈来，融入其中。无论情节的展开、诗词歌赋的咏叹、方言的运用，还是民俗的体现、风物的展示，无不晃动着扬州的影子。康熙几次南巡，曹寅都是在扬州接驾。曹寅还奉康熙之命在天宁寺设扬州诗局，刻印《全唐诗》。接驾、印书，造成曹家欠国库银30万两，这也成为康熙去世、雍正即位后查抄曹家的原因。曹家兴于扬州，亦败于扬州。曹家在扬州的荣辱兴衰所引发的历史的悲剧感和生命的虚幻感，是曹雪芹创作《红楼梦》的原型之一，《红楼梦》实际上折射了曹氏家族的兴衰。学术界对《红楼梦》大观园原型有北京说、南京说和扬州说三种说法，虽然扬州说只为少数学者支持，但国内众多学者不反对红楼梦大观园内的一些素材自扬州而来，且客观存在。瓜洲与扬州城很近，是扬州出江门户。《红楼梦》这部小说所提到的名物有多处与瓜洲相关。

接驾处的原型或为高旻寺 《红楼梦》载："咱们贾府正在姑苏、扬州一带监造海舫，修理海塘。只预备接驾一次，把银子都花得淌海水似的。"贾府家人回忆所说的一段话，原型可能就是康熙皇帝南巡时，曹寅在高旻寺处兴建的行宫。清顺治八年（1651），漕运总督吴惟华，在被人们称为"九龙宝地"的三汊河建天中塔，借以锁镇风水，同时希望寺庙的塔影和青灯能指引河上的航船顺利地航向大江深处。顺治十一年（1654）塔成，当时的宝塔有七层，合七级浮屠之意。清康熙三十八年（1699），康熙皇帝奉皇太后之命沿运河南巡，见天中塔岁久倾圮，欲颁内帑略加修葺，扬州的两淮巡盐御史曹寅和盐商们得知后，纷纷捐银，天中塔很快就修建完工，同时寺庙也修葺一新。曹寅等人还将“有凤来仪”等图案当作吉祥图案刻在门墩石上，并在放生池“凤池”上修建“卍”字亭用来给康熙皇帝和皇太后祝寿。康熙皇帝把新修的寺庙命名为“高旻寺”，把重新修建的宝塔命名为“天中塔”。曹寅和扬州的盐商们还在高旻寺的西侧营建行宫，建成以后的高旻寺塔湾行宫规模庞大。康熙四十四年（1705）春，康熙皇帝第五次南巡，曹寅即以江宁织造的身份在南京接驾，又以巡盐御史的身份赶到扬州接驾，并和康熙皇帝多次登临天中塔。当时的盛况是“行宫宝塔上灯如龙，五色彩子铺陈，古董诗画不计其数，月夜如昼”，极为奢华。“三汊河干筑帝家，金钱滥用比泥沙”。曹寅在扬州迎接康熙皇帝南巡，营建高旻寺塔湾行宫，造成巨大亏空，为曹家的急速衰败留下了祸根。正是康熙皇帝省方南巡的故事使曹雪芹大手笔地创作了《红楼梦》中元妃省亲的故事以及众多人物活动的舞台——大观园。

“大观园”“枕霞阁”名字的灵感源于瓜洲　瓜洲城中南门女墙上有座“大观楼”，始建于明万历年间（1573—1620），到清康乾年间（1662—1795）修缮得美轮美奂，在城的西门还有座谯楼“枕霞阁”。清廷每年都要特派督运大臣从北京赶来，登临大观楼监视大编队漕粮船由大江入港。为此，明清两代无数名诗人、文士都赋诗赞颂。大观楼、枕霞阁的建成和命名远在《红楼梦》写作、成书之前。大观楼和大观园仅一字之差，曹雪芹曾在大雪天登上大观楼，饱览风雪中的长江景色。《红楼梦》中用“大观”为园名，并两次明言贾母娘家（史家）也有个临水亭子枕霞阁，史湘云并因此得了个“枕霞旧友”的诗家别号。

地名掌故

皇一亩　瓜洲镇军桥村附近有一块田，相传乾隆皇帝曾用这块田里的麦子救了附近的老百姓，所以，人们便称它为“皇一亩”。

扬州是个风调雨顺的好地方，可是乾隆南巡的那一年却发生了少有的大旱，地里长不出庄稼，朝廷当然征不到粮食，老百姓就更困难了。龙舟到了瓜洲，乾隆便上岸了解旱情。他只带一名大臣随访，时正值夏日炎炎的五月，乾隆一边走一边看，只见块块田地干得裂成了一条条缝，既看不到麦子，又不见秧苗，到处是一片荒芜。乾隆继续往前巡视，突然眼前一亮，只见不远处出现了一片黄灿灿的麦浪，乾隆十分惊喜，走近一看，原来这里有一块成熟的麦田，麦子长得很好。乾隆十分奇怪，这里万亩良田颗粒无收，怎么这块地里的麦子长得这么喜人呢？

乾隆正在纳闷，忽见对面来了一个算命先生，大臣立即上前打听缘由。那算命先生慢吞吞地回答道："去年从西方来了一个道士，他对村民说今年皇上要驾临此地。"随从又问："为什么这块地里的麦子长得特别好，而且至今还没有收割？"算命先生长嘘一声，回答道："苦啊，说来真苦啊！你们看看，天这么旱，所有的庄稼都枯死了，为了给皇上接驾，全村人每天每户节约一瓢水，用来浇灌这块地，才使得麦子长成熟，大家说皇帝来了才收割呢。"

乾隆在一旁听了这段话，十分感动，深感人民的忠诚。他返回船中，传令将那块田里的麦子通通分给村里人，以感谢民众之情，并下令，今后这里农户免征税收。村里人听到这一喜讯，方知皇帝已到过此地，十分感激乾隆，特意给这块田取名为"皇一亩"。

军桥闸 军桥闸是瓜洲境内一座古闸，濒临长江，位于邗江与仪征交界处。关于军桥闸的由来，说法有三：一说，这里是内港通长江的门户，一潮来，一潮去，波涛如万马奔腾、千军拥沓，故名军桥。又说，古时这里驻过军队，扎过营盘，直到今天附近的庄子仍有"营门桥""刘墓营"等驻军遗迹的地名，军桥是渡军之桥。还有一说是，当初这座闸正要合龙时，石匠正愁没"宝"闭龙口，巧遇一个新娘子路过，他竟想说："新桥新人走，我拿新人闭龙口。"聪明美貌的新娘子未等石匠说出后半句，急忙取下头上的金簪子说："我拿金簪子闭龙口"，为此新娘子躲过一劫。庄上的人被新娘子急中生智的精神感动，便将此桥命名为金桥。只因"金"与"军"谐音，日久被人喊白了才叫军桥闸的。

陈家湾 陈家湾街在今瓜洲江口街北、迎江路侧，1949 年前后是全镇政治、经贸、文化中心。嘉庆《瓜洲志》载，此地"先为陈姓所居"，但未标明年代，陈家湾地名最早出现在域内出土的《明故陈孺人高氏善庆墓志铭》上，系"维扬瓜渚（明代瓜洲称为瓜渚）四坝万石长"人，生于明正德元年（1506）十月初八日，"笄年二十配本乡陈家湾陈公达之次子宗敬"，表明陈家湾地名的记载已有 500 余年。陈家湾因地居古运河湾，向南不远处是由闸关，为来往商船榷税处，"南北货物于该处起卸过闸，后再分运外江及里下河各地"，本来就船多、客多，加之陆路西通朴席、十二圩，北通三汊河、扬州，东经摆渡通六圩、沙头，南经义渡通丹徒、镇江，天天人如潮涌，故各行各业"皆汇聚于此，凡新政如商会、学堂等亦皆设立"，名重一时。镇江、扬州及江苏省的商界领袖曾到过陈家湾；同样，原在陈家湾的商业才子曹朴安、刘长弼、吴广宽、傅瑞堂、王子衡、朱穗卿、马步洲、杨长富、刘啸东、袁彩生等一大批瓜洲人也先后成了镇江、南京商界名流。

九龙桥 相传很久以前，高旻寺附近有一座九龙桥，是康熙皇帝下江南路过此处留下的桥名。康熙皇帝下江南，龙舟路过瓜洲三汊河口时，康熙在龙舟上目不转睛地欣赏着两岸风光。他被三汊河周围独特的风光惊呆了！忙令龙舟停航，要上岸仔细观赏此处风景。在众臣们簇拥下，康熙上了岸，走上一座桥，向四周眺望一番，惊喜地对大臣们说："你们看，这里有九条龙常卧在此，真是世间少有的风水宝地啊！"众臣一听，都懵了！他们你望着我，我瞧着你，双眼四寻，却没有一人看到九条龙卧在何处，却齐声奉承道："皇上圣明，皇上圣明！"皇上回过头来看看大家，知道他们是在奉承自己，其实并不知道九龙卧在何处，因此，他有意要为难大家一下，问道："众爱卿，你们说这九条龙现在何处啊？"众臣们一听，都傻眼了，一个也答不上来。这时，宰相张玉书上前答道："皇上，这九条龙可是指这里有三条河流和六条长堤吧？"康熙一听，赞许道："还是张爱卿高你们一筹啊！"从此人们便将这座无名桥起名叫"九龙桥"。此后，扬州的富商们还在九龙桥旁为皇上建了一座十分豪华的行宫，康熙、乾隆下江南时都在此驻跸。高旻寺也因此名扬四海，前来烧香拜佛的人络绎不绝。

吴石巷 瓜洲镇吴石巷的得名是因为这个巷子走出吴志馨、石采芝两位名人。很长一段时间，该巷既叫吴大老太巷，又叫石秀才巷，巷口曾开过生产资料商店，70年代以来被称为生产巷，成为人文内涵全无的巷名。后经过邗江区政协委员的呼吁，2014年由扬州市民政局正式命名为吴石巷。吴大老太是国民革命军渤海舰队司令吴志馨的母亲。1927年为响应北伐，吴志馨率部起义的电报被军阀张宗昌截获，不幸在山东历城（今济南）遇害。国民革命军按中将阵亡烈士优恤，宋庆龄在上海香山路中山公寓接见并慰问吴志馨的亲属。与吴宅一墙之隔的石家私塾，教书先生叫石采芝，三代翰林编修，是地道的书香门第。石采芝教书育人有方，除教学生《三字经》《百家姓》《千字文》外，还教岳飞的《满江红》、文天祥的《正气歌》、陆游的《书愤》等诗，培养学生爱祖国、爱家乡、爱人民的感情。他有一句口头禅"铁钉木屑皆为有用之物"，经过他调教的"笨"学生也会聪明起来。石采芝辛勤执教数十载，为国家培养了一大批栋梁之材：有参加郭村、黄桥等著名战役的副军职干部宋恩荣，有著名建筑专家、享受副部级待遇的田春茂，有载入世界名人录、享受国务院政府特殊津贴的胸外科专家陈荫椿教授等。

小运河 瓜洲古运河入江口东侧（今锻压机床厂宿舍前）有一条小河，人们称它为"小运河"。相传小运河的形成与乾隆皇帝下江南路过瓜洲有关。乾隆皇帝在下江南前曾做了一个梦，梦见一条巨龙的头给砍下了，这可将梦中的乾隆吓得不轻。他在床上翻来覆去睡不着，他想，人们都说皇帝是龙的化身，那条龙莫非就是我的幻象了？可我并没有做对不起老百姓的事情啊！是谁想要杀我呢？这个疑问始终在他脑中出现，挥之不去。尽管如此，乾隆皇帝还是积极筹划下江南的事，经过充分准备，乾隆皇帝开始又一次南巡。浩浩荡荡的船队经过数日行驶，这一天来到瓜洲，见瓜洲出江口有一座控水闸，任何大小船只都必须穿闸而过。有人报告，船至瓜洲闸，问皇上何时开闸出江。乾隆一听“开斩”（因为“开闸”与“开斩”音近），吓了一跳，顿时出了一身冷汗。他联想起梦中龙头被“斩”的情景，忙下令船队绕道过江，不经水闸。不经水闸又无路可行，大臣们都急得团团转，想不出办法过江。乾隆知道后，手一挥，大声说：“开新河！”于是瓜洲地方官员立刻征来大批民夫，日夜开挖，很快在瓜洲水闸的东侧开了一条小河，乾隆皇帝这才放心地乘龙舟进入长江。从此，乾隆每次下江南来回都从这条河进出。因为这条河是古运河中引出来的，后来人们便称它为“小运河”。

五柳庄 五柳庄是瓜洲附近的一个村子。传说，乾隆皇帝下江南，龙舟行至瓜洲，乾隆下令要在瓜洲住几天，微服私访。一天，乾隆走出瓜洲城，后面跟着文武百官，从这村走向另一村，他们走走停停，停停问问。正行间，突然风雷大作，大雨倾盆。君臣们都没想到有这么大的风雨作难，个个被这突如其来的大雨浇得像落汤鸡。前不着村后不着店，这时他们发现在不远处有渔民在河汊里打鱼，大臣们连忙向渔民喊话，希望能到渔船上躲雨避风。因为风雨声大，渔民忙着手中的活，根本听不到他们的求救。风雨中，君臣们无奈只好一步走、一步滑地向前挪，好不容易来到金家庄村口，只见五棵粗壮冲天的柳树像巨大的雨伞等他们进来躲雨。大臣们一见喜出望外，扶着、拥着皇上走到树下。正待他们高兴之时，忽然一阵大风吹过来，吹得树上的雨水哗哗落下，浇得乾隆一身，连龙袍都湿透了，乾隆抬头望望大柳树，气得连声说道“柳树坏空了心”。后来人们传说柳树空心是乾隆皇帝金口玉言定的。乾隆皇帝一行离开大柳树，继续往前走，路上他问张玉书，刚才我们离开的村子叫什么名字，不知张玉书是怎么知道的，脱口而出：“叫金家庄。”乾隆道：“那里有五棵大柳树，倒也是一处难得的风光，我看就叫‘五柳庄’吧。”金家庄从此改名叫“五柳庄”，直到现在。

盐仓巷 盐仓巷位于瓜洲镇迎江路侧。因巷口曾开过“江甘官盐栈”，里面建仓堆盐，故名盐仓巷。当日建盐仓的目的，既可免除因运输不济，造成脱盐之虑，又可扼制不良盐商囤积提价，还可杜绝牙行剥削。盐业的兴旺，使瓜洲古运河内江船林立，给当地老百姓提供了工作机会和生活来源。正如嘉庆《瓜洲志》所描述：“前代制盐渚上，商贾云集，冠盖络绎，居民殷阜，第宅蝉联，甲于扬郡”。由于盐业的兴旺，瓜洲才有经费置办义渡局、救生局、义赈局、拾骨局等公益性机构。盐仓巷见证了瓜洲兴衰，它的百年历史融进每块砖墙之中，虽然官盐栈的房子新中国成立后改作百货店使用，因山墙是昔日盐仓的遗物，每逢阴雨天就转潮，致使百货店经营的铁锁、铰链、剪刀、螺丝、起子等小五金商品容易锈蚀，这也为盐仓巷留下起名的铁证。“文化大革命”期间，这条具有历史意义、文化内涵的盐仓巷被当作“四旧”，易名为“胜利巷”。2014 年 1 月，“胜利巷”名称废止，恢复原名“盐仓巷”。

吉光片羽

瓜洲历史上的造船业 汉代在扬子江北岸的江滩上设有专门造船的工场——船宫。隋大业元年（605）三月，炀帝命黄门侍郎王弘在扬州督造龙舟和其他船舶 5000 艘，半年后竣工。大业十一年（615），“炀帝下诏江都更造，凡数千艘，制度仍大于旧者”。唐天宝二年（743），鉴真第一次东渡前，在扬子江东河（今施桥附近）造船，此后又在瓜洲新河（伊娄河）造船。唐建中元年（780），江淮转运使刘晏在扬子置十个造船场，专造运输漕粮的歇艎支江船 2000 余艘。当时，西至仪征泗源沟，东至扬子桥到瓜洲一线的江岸，几乎被官办的造船工场所占据，所造之船由于采用水密隔舱结构，其抗风浪和抗沉性能强。1960 年 3 月，瓜洲镇东北的施桥开挖运河，工地上挖出一艘唐代大木船和一只独木舟。大木船系楠木制造，船身残长 18.4 米（原长 24 米），中宽 4.3 米，底宽 2.4 米，深 1.3 米，船板厚 0.13 米。船内设有隔舱，整个船身以榫头和铁钉并同连接，木板之间都以油灰填缝，其载重量当为 46.25 吨，属于“歇艎支江船”。

宋代，大运河上航行的漕船多达万艘。朝廷多次令真州（今仪征）、楚州（今淮安）、扬州、泗州造平底纲船（漕船)3000 艘，这是一种有别于唐代歇艎船的“汴河船”。北宋画家张择端《清明上河图》里有生动的展示。宋室南迁临安，扬州、瓜洲成为宋金拉锯战的地域，瓜洲新河里因此没有了汴河船扬帆的壮阔图景。在瓜洲还有一种令金人大骇的“飞虎”战舰，属小型车船，这种车船旁设 4 轮，每轮 8 楫（叶片），十分轻捷。元代以海漕为主，元至元十七年（1280），命扬州等六个地方共造大小船只 3000 艘，其中一部分是战船。明永乐年间（1403—1424），漕运总督陈瑄将工匠集中在官办的清江浦（今淮安）清江造船场，扬州作为其中的直隶厂参与建造浅舱平底的漕船。明万历元年（1573）十月，朝廷下令在瓜洲、仪征设厂，专门用于改造江北、南京各总浅船。扬州宝塔湾（高旻寺一带）有相当规模的民间私营造船作场和船坞。

清代长江水师在瓜洲设总兵，带动了瓜洲锚链业的发展（参见本志“风土民情·瓜洲名产·瓜洲锚链”）。90年代，扬州市远洋船用电缆厂在镇区宝石路创办，专业从事舰船及海洋工程电缆的研发和制造，并进入日韩、东南亚及欧美市场。

唐代瓜洲扬子江心铸镜 唐代是中国历史上铸镜工艺的鼎盛时期，当时扬州所铸铜镜，以用材精炼、铸工精湛、成色纯正、纹饰灵动而闻名天下，尤以端午节在扬子江心铸造的水心镜（也叫江心镜）最为冠绝。白居易《百炼镜》诗云：“百炼镜，镕范非常规，日辰处所灵且祇。江心波上舟中铸，五月五日日午时。琼粉金膏磨莹已，化为一片秋潭水。”《镜龙记》中记述了一段传奇。相传唐天宝三年（744），扬州曾经上贡一枚在江心所铸之镜。该镜镜面直径9寸[①]，精心炼制的青铜散发着莹亮耀眼的光泽，镜背上有华丽逼真的盘龙纹饰。当时上贡此镜的进镜官说铸造此镜时炼炉并不在扬子江江心，工匠也不知道如何才能铸造出能配得上皇帝“真龙天子”威仪的“真龙镜”。后来有一位称呼自己为龙护的老者对铸造工匠说自己知道怎样才能铸造出真正的“龙镜”。说完他就进入炼炉所在的屋子，闭门自处三日。三日后开炉时，所有的人都遍寻不着龙护老者的踪影，只看到一条素绢落于炉前，素绢上写着“盘龙盘龙，隐于镜中。分时有象，变化无穷。兴云吐雾，行雨生风。”铸造工匠看到这段话后，心有所思，立即将炼炉移到瓜洲扬子江江心，在五月初五端午之日终于成功铸得一面“真龙镜”。如此宝镜还有更神奇的传说，据说七年之后遇上大旱，皇帝命人招来道士求雨，道士对着此枚“真龙镜”奉祀有加，顷刻镜背上的盘龙竟然口生白气，片刻工夫，雾气就弥漫了整个大殿，不一会儿，甘霖普降，旱情顿时就消弭于无形。在古人的观念中，五月丙午日午时，一年的阳气会达到极致，能在五月丙午日午时获得天地纯阳之火铸器，就具备了阳的力量。如果说丙午或五日代表阳，则江水当为阴，所谓“一阴一阳之谓道”，因此五月铸镜，乃取其阴阳调和之义。

泥马渡康王的传说 南宋建炎二年（1128）秋，金兵分路向山东、河南、陕西三地进发。取道山东一路的金兵在金将粘没喝的率领下，于建炎三年（1129）春攻下徐州，后渡过淮河攻陷天长，前锋距离扬州城仅有数十里。当时宋高宗赵构正在扬州行宫里寻欢作乐，内侍省押班康履惊报金兵入侵，赵构大吃一惊，急急忙忙穿上铠甲，跳上戎马，向外出逃，紧跟在他后面的只有御营都统制王渊、内侍康履等五六人。忙着逃命的

① 1寸≈3.33厘米。

赵构一口气跑到长江边上的瓜洲。这时瓜洲渡口的情况极为混乱，不但找不到官船，就连民间渡船也很稀少，十几万名难民挤在江边争渡，堕江而死者竟有一半之多。传说宋高宗怕追兵赶上，藏匿在瓜洲江边神祠内，月光下忽然发现祠中泥塑马动了起来，于是乘骑此马渡过长江，逃到了杭州。因赵构在登基之前曾被封为康王，所以“泥马渡康王”故事就在民间流传开来。“泥马渡康王”故事后被当作用典进入相关诗文。王冕《竹斋集》卷上：“泥马南飞王气消，大梁昌运委蓬蒿。两宫旒冕沈沙漠，三国旌旗接羽毛。卫下将军尚颇牧，关中丞相失萧曹。东南多有青松树，争奈春风种不牢。”

消失的瓜洲铁牛 明代初年，明太祖朱元璋定都应天（府治在今南京）后，由刘基辅国。刘基被民间风水业尊奉为祖师爷。当时淮扬一带因水利长年失修，水患严重，刘基根据民间传说，铸造了“九牛二虎一只鸡”，分置于淮河下游水势要冲之处，借以消除水患。至今洪泽湖一带还流传有“九牛二虎一只鸡”各显神通，力斗水怪，镇水护堤的传说。刘基铸造的铁牛，因沧桑变迁，早已不知去向。清康熙四十年（1701），河道总督张鹏翮根据库司张弼的建议，依照明代刘基的做法，在洪泽湖高良涧又重新铸造“九牛二虎一只鸡”。每头铁牛身长 1.70 米，宽 0.75 米，高 0.68 米，牛身与铁座铸为一体，重约 2.5 吨。铁牛为卧伏式，造型逼真，雄健传神，屈膝昂首，怒目圆睁，大有“翘首茫茫湖天，欲吞万顷波涛”之势。张鹏翮亲作铭文，一条为“维金克木蛟龙藏，维土制水龟蛇降，铁犀作镇奠淮扬，永除昏垫报吾皇”，一条为“维金克木，蛟龙远藏，土能治水，永镇此邦”，浇铸在铁牛的腹部上。九牛过去分置在淮阴的码头、武墩、高堰，洪泽的高良涧、蒋坝，高邮的马棚湾，江都邵伯的铁牛港和铁牛湾，邗江瓜洲的花园港等地的险要堤段上。二虎是镌刻在扬州湾头镇东北壁虎坝两端石壁上的两只壁虎，一只鸡是镌刻在邵伯嵇家闸闸壁上的一只大公鸡。乾隆四十五年（1780）因瓜洲城年年坍塌，为镇江潮冲击，将邵伯铁牛港的铁牛移置瓜洲小南门。乾隆五十七（1792）年五六月间，瓜洲花园港地忽崩坍，居民屋舍坍没数十家，旧有铁牛亦沉于江。同年，小南门与铁牛亦同时坍入江中。

瓜洲城隍老爷玉带 明万历年间（1573—1620），瓜洲人魏榆于泗桥购地十数亩，填巨池筑城隍庙及诸神殿宇百数十间。魏榆除不惜巨资建城隍庙外，还用两万两银的巨价为城隍神购得两盘玉带供奉。售玉带人称，此玉带“一为苏公东坡遗品，一为魏阉忠贤故物”。清末瓜洲城坍江之前，每年农历三月初三，瓜洲都要举办城隍会。祭祀当天，附近八乡一镇的居民都要赶来瞻仰城隍老爷的姿容，尤以一睹供奉城隍神佩戴的“蝠鹿”“云龙”两盘玉带为快。两盘玉带被誉为“镇山之宝”。相传两盘玉带是明代大宦官魏忠贤出资在扬州置办的。每盘由13块或方，或圆，或扇子形状的玉片组成，玉片厚度与普通茶干仿佛。每片均有内外三层，琢成形态各异的蝙蝠、麋鹿、云龙、花卉，形象逼真，浮雕和镂雕技法十分精巧。特别是中间一层的镂空雕刻，不管是从哪一方面看，都像注入灵性，精美绝伦。清末，玉带由长江水师总兵吴家榜收藏。1929年，于树滋《瓜洲伊娄河棹歌》中有诗云：“故家宝物萃奇观，浩劫频遭已尽残。珍品神灵亦呵护，云龙蝠鹿带双盘。”1937年5月6日，土匪抢劫镇上多家商号，杀害3条人命。镇人都为城隍庙玉带的安全担忧，保管人马步洲、杨筱勤、沈鼎臣等因担心保管玉带会招来横祸，先后借故婉谢此重任。无奈之下玉带被存至镇江某银行。幸运的是，两盘玉带并没有离开瓜洲。1952年春，王源大锅厂经理瓜洲河东马庄人马润之将两盘玉带无偿上交给国家。“蝠鹿”“云龙”两盘玉带现珍藏在南京博物院。

秦正为陈文抗日部队刻砖印　抗战初期，在扬州西北乡公道，曾有一支令日军闻风丧胆的陈文部队。1937年12月间，流亡在龙河的瓜洲青年秦正携友颜惠山到公道桥找陈文部队，当面向陈文提出要枪打鬼子。陈文听了很高兴，说欢迎他们参加抗日，不过要枪只有靠自己从敌人手里去夺。暂时大家手里没有枪，可做抗日宣传工作，这同样是抗日。接着陈文问他们可有办法找一个刻章的，一同前去的瓜洲镇秦聚源碗店的小老板秦正表示现在兵荒马乱的，刻字先生难找，他刻个印试试。回到龙河，秦正在乡邻王惠民家无意中发现废砖头堆上有块细砖，经过精心雕刻，终于将“关防”大印刻成，陈文用印泥试了试很是满意。自此，陈文部队凡颁布布告、传达命令、联系事项、商洽事务等活动，都盖着这枚“砖头大印”。

《瓜洲马头新建石堤记》碑残石现身西津渡　2010年，一次大规模的考古作业在镇江超岸寺南面的空地展开，古老的西津渡码头出土了一块碑残石，这块刻于明天顺八年（1464）的《瓜洲马头新建石堤记》（现藏镇江博物馆），包括碑额和碑身两部分。碑额残存大半，宽约106厘米，高约60厘米，厚约17厘米。额面中区竖刻3行，为“瓜洲马／头新建／石堤记”9个字，篆书，阴文。两侧及下边浅刻水波纹。碑身只存一块较小残石，为三角形，系碑面上方偏左部分，外边浅刻水波纹带，残高约69厘米；内竖刻8行，存文可读66字。自内而外改为横向排列：

心翕然

旧砌一十八

奇甃石三百二十

过郡目觌其事其郡（公）

（於）悦一境悦而颂声作多方

令□□□（抚）与郡守二公之谓欤是宜郡

年

天顺（甲）申春正月上吉镇江府同知张春　通

虽然，出土的只是碑的残石，但从中仍然透露出若干重要信息：首先，这是天顺八年新建瓜洲码头石堤的记事碑；此次码头新砌的石堤长为320（尺），其长度与明正统年间（1436—1449）所造石堤相同；碑文中提及巡抚与镇江、扬州两位知府（“郡守二公”），考之，其名字分别为刘孜——天顺年间（1457—1464），“以右副都御史巡抚江南十府”、姚堂——天顺六年（1462），由苏州知府改任镇江知府和王勤——“天顺间，知扬州府”，立碑人为镇江府同知张春和一名通判（佚名），此碑又出土于西津渡遗址，故可推断此瓜洲码头石堤的修建，当由镇江方面主持实施。

大事纪略

瓜洲历史上发生了诸多具有重要影响的历史事件，很多历史事件已分载于前述各章，本章为前所不载，节录于此。

瓜洲古渡

清道光四年（1824）创立瓜洲救生分会

明正统年间（1436—1439），巡抚侍郎周忱在镇江和瓜洲之间打造两艘救生专用船，并向社会招募水手30余人“济渡救生”。他还亲自率领民工修建西津渡石堤，使救生船直抵码头，大大方便了旅客登船。这是真正意义上的长江水域救助专业队伍。

明末清初，金山寺僧和邑中士绅集资建造多艘救生“红船”。救生“红船”船体为鲜红色，船头有虎头雕刻，“红船”出航救助时，船旗迎风飘扬，敲锣鸣号，十分威武壮观。康熙皇帝得知后，大为赞扬。清康熙二十六年（1687），清政府责令沿江官府文武官员关注过往船只安全，如遇到大风，江心船只不能靠岸的要给予救助，并动用国库打造10艘护航船分布在沿江两岸，船只遇风，立即护航。清雍正九年（1731），瓜洲江口和息浪庵设有救生“红船”。由于西津渡救生船距离江北岸较远，“红船”出动救生受到时间限制，清道光四年（1824），京都义士陈忠联创立瓜洲救生分会，与京口救生会形成南北呼应之势，会所设在瓜洲江神庙。当时已经拥有47艘救生渡船的扬州盐院决定调拨10艘船支援瓜洲，使江北的救生力量得到有效加强。后来，瓜洲救生分会会址几经搬迁，所需费用都是来自于民间。

1923年，为了改善西津渡至瓜洲江面经常出事的状况，镇江和瓜洲士绅合力倡议开创轮渡，在马隽卿等人的努力下，成立普济轮渡局，购置“普济”号轮渡船。这时，中国开始进入资本工业初级时代，镇江的小火轮业逐渐发展，江上船舶航行管理得到加强，至民国年间，救生会这才渐渐退出历史舞台。

清同治五年（1866）设长江水师瓜洲总兵衙署

为维护沿江一带稳定，担负起捕盗、缉私、守卡、御侮等职责，清同治四年（1865），清政府任命湘军水师将领黄翼升为长江水师提督。次年，长江水师设岳州、汉阳、湖口、瓜洲四镇总兵。

清同治年间（1862—1874），长江水师瓜洲镇标中营江汛全图（现藏美国国会图书馆）

瓜洲镇总兵统辖镇标四营，分别是中营、孟河营、三江营、江阴营。瓜洲镇设总兵1人，官秩正二品，吴家榜、谢濬畬、高光效、陶树恩先后任总兵。所辖镇标中营、孟河营、三江营各设游击1人，江阴营设副将1人。每营设左、右哨都司各1人，前、后哨守备各1人，千总4~10人不等，把总6~12人不等，外委10~16人不等。四营总兵力1864人。中营分防通江集以下江面至焦山，兼防内河至扬州；孟河营分防长江南岸各夹江，自焦山至江阴口；三江营分防长江北岸各夹江，自焦山至靖江口；江阴营分防江阴口以下江面至鹿苑港及常兴、大阴、寿兴等沙。总兵及副将、游击，各自在战船停泊的地方建署立汛，作为治事之地，不得在衙署长居；都司、守备各官以及兵丁以船为家，不得陆居。总兵座船3艘，督阵舢板2艘；副将座船2艘，督阵舢板1艘，长龙船1艘。

清瓜洲镇总兵衙署先建于瓜洲镇越河街，后因江潮冲坍，复改建于陈家湾锦春园旧址。瓜洲镇标中营中军游击衙署在瓜洲北门外新开盐河镇河桥北岸，与镇署同时建造，亦因江潮冲坍，复改建于陈家湾镇署之左。

清光绪二十年（1894），因甲午战争，江南省防军以安徽、江西协防之军，有数十营奉旨饬调北上。两江总督张之洞奏明将长江提督彭楚汉募得的湘勇11个营，分拨给瓜洲镇总兵高光效4个营，已革提督沈茂胜分统4个营，江阴营副将许云发分统3个营。光绪二十一年（1895），甲午战争后，旋即开始裁撤防军新募勇营，瓜洲镇总兵高光效统带的“南”字中军4个营裁去1个营。清宣统三年（1911），长江水师随着清朝的灭亡退出历史舞台，存世45年的瓜洲镇总兵从此烟消云散。

民国时期普济轮渡通航始末

瓜洲和镇江因长江阻隔，千百年来两岸交流靠小划船往返。直到1925年秋，摆江才有“普济”轮渡。

普济轮渡的诞生，源于1923年农历腊月二十六日，瓜洲义渡在焦山段水域不幸发生重大翻船溺水事故。当时正处于年关岁尾，置办年货的乘客都着急回家团聚，置安全不顾，硬往小划船上挤，摆江的义渡船虽有超载不准航行、遇大风不准航行的禁令，可此时义渡船由船工自负盈亏，只顾挣钱、忽视安全，致使摆江木船严重超载失控，船从镇江开出不远，又遇到大风，霎时船歪进水下沉，江面上求救呼号声撕心裂肺，很多人活生生被凶猛的江浪吞噬，遭遇不幸的遇难者有80多人，江滩上尸体横陈，令人惨不忍睹，大江南北沉浸在一片悲痛欲绝之中。

瓜洲义渡江难事故发生后，时任江苏省都督府民政司司长马士杰闻讯，凭借自己的声望，一面向招商局临时租来一艘"通济"轮渡临时摆江，一面又邀集镇江、江都、仪征三地知县、士绅陈述灾情。为避免今后再发生类似江难，倡议建造一艘机器动力轮船，并当即慷慨解囊，这一举动很快起到以德服众之功效，在很短时间内就募捐到4万块大洋。马士杰不敢怠慢，立即委托镇江商会会长陆小波负责办理。在镇江鸿昌机器厂的鼎力支持下，仅用一年多时间就建成一艘600马力、9丈9尺9寸长，拥有千个座位的钢板船体轮渡，起名"普济"，寓意"普度众生，同舟共济"。航线为镇江—六圩—瓜洲—仪征。每日4班，循序航行。普济轮船启运的消息传开后，立即引起江划帮船民的惊恐，一时流言四起：一说普济轮船是钢板船体，钢比水重，机器开着可以浮在水面，机器熄火就会沉入江底；一说普济轮船前面抛锚、起锚孔是一对"白眼"，对瓜洲江岸不吉利，且坏了瓜洲风水，会招来灾祸。由于普济轮渡抢了江划帮的饭碗，船民屡次掀掉普济轮渡搁在岸边码头上的跳板，阻止乘客上下。

为了及早通航，瓜洲普济轮渡局针对民众疑虑，采取三条措施：其一，邀请镇江、江都、仪征三县名流到瓜洲参加通航典礼，让老百姓都知道乘普济轮渡快捷安全；其二，造了一座栈桥式码头，杉木结构，共13节，每节长4米，最顶端系有趸船，船体能随着江潮涨落自动升降，方便轮渡停靠，保证上下旅客安全；其三，从船票中提厘作为江划船民的生活补贴。自此，一场风波才平息下来，普济轮渡得以顺利在大江南北航行。

1938 年日军在瓜洲暴行纪实

抗日战争爆发不久，瓜洲古运河边上的名利栈旅社入住了几位年轻女子，于是常有镇上的小老板和外地的顾客到旅社里寻欢取乐。这几位年轻女子住宿只是幌子，她们是经日军训练，专门打听共产党、新四军活动情报的密探。1938 年农历九月初六，旅社来了一位叫仇子衡的小老板，他在汊河乡聂家坝开有木行，此行路过瓜洲正准备到南京谈生意。当天就在他寻欢时，名叫“双喜子”的女子发现他棉衣里夹有许多钞票，就问他是做什么的。仇子衡竟炫耀自己是什么“便衣队队长”。谁知这一句随口大话，女子如获至宝，随即离开旅社用电话密报扬州宪兵司令部。

日军满以为仇子衡是共产党新四军的一条大鱼，立即调动人马连夜直奔瓜洲。初七凌晨，天刚蒙蒙亮，一艘挂着太阳旗的日军汽艇在瓜洲古运河边靠岸，一群日本兵将名利栈旅社团团围住，并封锁附近的几条巷子。日本兵在旅社见一个捆一个，一共捆绑十七八个人，连旅社老板王复明也没有放过，镇上的商店老板叶馥湘、钟宜佑、熊宝灵也在其中。

事发之后，镇商会会长田墨卿、副会长刘子铭等头面人物和日方交涉，先要翻译裔大瓜（诨名）说这些人都是“良民”，而日军暴跳起来，说什么“新四军大大的有”。另一个翻译洪大刚同样如此翻译，也被日军毒打了一顿，田墨卿随即安慰他：“要顶住，即使被打死，你家中的一切问题由地方承担。”这时青帮头子杨二爷也站出来讲情，他通过翻译跟日军说好，凡能找到保人的当场释放，否则就带走严办。这样，几个店老板和小老板才被松了绑。

不久，日军叫人敲锣晓喻全镇各家各户，将近千名男性居民驱赶到原镇台衙门（今实验小学处）前的广场上受训。广场南北架起机枪，周围布满岗哨。暴跳如雷的日军小队长，一面手舞指挥刀，一面指着 13 个五花大绑的人，对全场老百姓进行恐吓，妄图杀一儆百。

穷凶极恶的日军从早上一直折腾到下午4点多钟，一无所获，但他们又不甘心空手而归，结果将错就错地把仇子衡这个所谓“便衣队队长”的木行小老板杀害了，并将尸首推下运河。另外12个人被汽艇带到扬子桥被日军用刺刀戳死，就地掩埋。

1940年组建菊花诗社

1940年，诗人张毓金、巫秀峰、吴南愚等10多人组建菊花诗社，张毓金担任诗社负责人。张毓金年轻时曾在汉口被“花贡道台府”聘为西席6年，他的诗文“词雅而意深”。诗社活动一般于每年春秋季节进行，如三月初三上巳节，八月十五中秋节，九月初九重阳节等，都列为他们聚会吟诗作赋的佳期。诗社还不时组织外访，广交诗朋文友，活动多在江南江北。其时，扬州的书法家樊遁园和仙女镇诗文社的王景琦、严贯公等与他们常以诗文唱和、交流。菊花诗社历时8年，到1948年始停办。

1942年新四军二师在瓜洲建立军需物资转运联络站

1942年，为壮大抗日武装力量，粉碎日军对解放区的物资禁运和经济封锁，新四军二师卫生部指派许云飞、周静尘二人以商贩身份到瓜洲，筹建军需物资转运联络站。许云飞、周静尘二人通过了解，得知日本人开办的上海茂昌蛋庄在瓜洲设有分庄。经镇上鼎大纱布职员武咏春引荐，他们找到上海茂昌蛋庄瓜洲分庄的经理余寅年，意欲以蛋庄为掩护建立地下军需物资转运联络站。在亮明身份及多次谈心之后，余寅年终于答应。其后，上海茂昌蛋庄瓜洲分庄承担起军需物资的转运任务。1943 年，联络站承运一台从上海运来的 X 光机，当夜安全运往仪征新四军二师卫生部。联络站还肩负着上海地下党干部和新四军官兵南来北往的安全迎送工作。1945 年，联络站奉命撤离至南京。

1966 年开设邗江县抗大农业中等技术学校

1965 年秋，江苏省委副书记包厚昌在瓜洲搞系统“社教”期间，对邗江县委负责人说，瓜洲江滩是块好地方，县里可在此试办一所农业大学，培养发展社会主义大农业的技术人才。是年冬，县委抽调数千民工围垦江滩，面积达 1000 亩，财政拨款新建校舍 70 间和简易会堂（兼饭堂）。1966 年 4 月，采用推荐与考试相结合的方法面向全县招生。当年，在全县农村高中毕业生、集镇准备插队的初中毕业生以及已插队在农村的知识青年中招收学生 230 名。学生户口迁至学校，由国家供应粮油，每人每月补助 8 元伙食费，蔬菜自种自食。

学校招生时校名为“邗江农业大学”。1966 年 6 月开学时，适逢“文化大革命”，省人民委员会批示为“邗江县抗大农业中等技术学校”。建校时，由县长杨政兼任校长，瓜洲镇党委书记张干辉兼副校长。开学时，由县农业局副局长王克任校长。教职员工和行政管理人员有 30 人。

230 名学生分设 5 个班，一班是高中生，二班是初中生，三班至五班是集镇知识青年。设农技、蚕桑、畜牧、兽医 4 个系。办学采取半耕半读的形式，以读为主。教学设施有朝鲜大型拖拉机 1 台，另有小型拖拉机、耕牛和农具。专门组织 40 名校工（民工）耕种土地。主要种植大豆、玉米、芝麻和三麦，还饲养猪羊，配有畜牧兽医。

由于“文化大革命”干扰，未能正常开展教育教学活动。1968 年 8 月，县革命委员会决定学校停办，所有教职员工和行管人员回原单位，学生户口油粮关系迁回原籍，校舍、教具由县拨给运西公社新建运西中学。

2009 年“春江花月夜”全球华人同意境诗歌征集活动

为庆祝新中国六十华诞，大力弘扬诗词文化，2009 年 3 月，瓜洲镇联合扬州日报社、人民文学出版社、邗江区委宣传部启动“春江花月夜”全球华文同意境诗歌征集活动，同年 8 月 15 日截稿，共收到来自全国多个省区市包括中国香港、澳门、台湾等地区以及加拿大、美国、日本、巴拿马、澳大利亚等海外来稿 3900 余件近万首诗歌作品。来稿作者们用或奔放、或细腻的情愫生动描述了春、江、花、月、夜的美好意境，激发了怀古幽思以及对“诗渡”瓜洲的向往。8 月 28 日，由人民文学杂志社主编李敬泽、诗人雷抒雁等 9 人组成的评委会无记名投票，评选出特等奖 1 名、一等奖 1 名、二等奖 3 名、三等奖 5 名、优秀奖 50 名，其中张作梗的《月光干草》获得特等奖。9 月 27 日，诗歌大赛颁奖在瓜洲镇举行。《人民文学》(2009 年第 5 期副刊）对获奖作品、入围作品以及古今诗人咏瓜洲（选）以“‘春江花月夜’同意境征诗作品专号”结集出版。

2012 年瓜洲被授予“中华诗词之乡”称号

古人为瓜洲写下了众多脍炙人口的诗篇，瓜洲渡当之无愧地赢得“诗渡”的美誉。

为继承优秀传统文化，1940 年瓜洲诗人张毓金等人创办菊花诗社。1990 年端午节，镇立足培养古镇诗人、挖掘古镇诗词文化，成立诗文社，办有《伊娄新潮》诗刊。

1996 年，全镇率先开展诗词进校园工作，将诗教工作纳入正常教学计划，各校都建立文学社（诗社）。《伊娄新潮》开辟“古渡新芽”栏目，为中小学生提供诗词创作交流平台。其后，全镇推动诗词进机关、进乡村、进社区、进企业、进景区活动。精选编印 100 首咏瓜洲古诗，发给机关干部，要求每人至少会背其中 10 首。乡村利用人流集中的村部院墙书写吟咏瓜洲的诗词。镇区洛家路上古诗词、名家名句赫然醒目，月河两岸护栏上诗句清晰可见，社区普遍建有诗词橱窗。在企业，诗教成为员工的必修课。古渡公园里百米诗词墙上的墨迹均根据书法名家镌刻。2010 年 5 月，瓜洲镇被省诗词协会正式命名为“江苏省诗词之乡”，成为全区第一个省级“诗词之乡”。2012 年 4 月，瓜洲被中华诗词学会正式授予“中华诗词之乡”称号。

至 2017 年，瓜洲诗词爱好者达千人以上，诗文社会员发展到 108 人，其中省诗词协会团体会员 28 人；《伊娄新潮》出刊 15 辑，个人出版诗词作品集 13 本。编印出版《古今瓜洲诗选》《瓜洲历代诗词》。

瓜洲中华诗词之乡铭牌及诗词作品　　瓜洲镇文化站　提供

主要参考文献

于树滋编纂：民国《瓜洲续志》，1923 年瓜洲于氏日凝晖堂铅印本。

于树滋著：《瓜洲伊娄河棹歌》，2014 年内部印刷。

瓜洲镇人民政府地方志编纂委员会：《瓜洲镇志》，中华古籍出版社，2015 年。

王虎华主编：《瓜洲》，中国文史出版社，2008 年。

瓜洲镇党委、政府编：《瓜洲民间传说》，2009 年内部印刷。

高惠年著：《瓜洲近代商业史料》，1997 年邗江文史资料第 8 辑，内部印刷。

高惠年著：《伊娄拾贝》，邗江区委宣传部 2007 年 9 月编印，内部印刷。

高惠年著：《伊娄杂忆》，2015 年内部印刷。

高惠年著：《伊娄吟草》，2010 年内部印刷。

高惠年著：《名镇瓜洲》，2012 年内部印刷。

曹锡恩著：《渚上谈兵》，2012 年内部印刷。

潘觉贵编著：《瓜洲杂俎》，2008 年内部印刷。

顾一平主编：《瓜洲古今诗选》，1985 年内部印刷。

顾一平编注：《瓜洲古今诗选》，1985 年扬州印刷厂，内部印刷。

曹锡恩编：《瓜洲历代诗词》，2017 年内部印刷。

瓜洲镇人民政府、邗江区文化体育新闻出版局选编：《历代名人咏瓜洲》，广陵书社，2017 年。

邗江县地方志编纂委员会编：《邗江县志》，江苏人民出版社，1995 年。

扬州市邗江区地方志编纂委员会编：《邗江县志（1988—2000）》，方志出版社，2009 年。

邗江县委员会党史资料办公室编：《邗江县党史资料》。

邗江县水利志编纂委员会编:《邗江县水利志》，江苏人民出版社，1999 年。

扬州市交通史志编纂委员会编:《扬州交通志》，人民交通出版社，1992 年。

徐炳顺著:《扬州运河》，广陵书社，2011 年。

李春国主编:《扬州水利史话》，广陵书社出版，2013 年。

李春国主编:《水蕴扬州》，江苏凤凰文艺出版社，2015 年。

王虎华主编:《扬州运河世界遗产》，南京师范大学出版社，2016 年。

陆苏华主编:《扬州首批非物质文化遗产概览》，广陵书社，2009 年。

扬州市档案馆、中国第一历史档案馆等编著:《清宫扬州御档选编》，广陵书社，2009 年。

周邨著:《太平军三下扬州》，江苏人民出版社，1956 年。

江苏省地方志编纂委员会编:《江苏省志 · 江苏人民革命斗争纪略》，江苏人民出版社，2008 年。

韦明铧著:《画笔春秋：扬州名图》，广陵书社，2006 年。

《扬州旧影》编委会编:《扬州旧影》，广陵书社，2010 年。

〔南宋〕袁枢撰:《通鉴纪事本末》，中华书局，1964 年。

〔后晋〕刘昫等撰:《旧唐书》，中华书局，1975 年。

〔清〕刘文淇著:《扬州水道记》，广陵书社，2011 年。

吴家兴主编:《中国水运史丛书 · 扬州古港史》，人民交通出版社，1988 年。

郑肇经著:《中国水利史》，商务印书馆，1993 年。

《京杭运河（江苏）史料选编》编纂委员会编:《京杭运河（江苏）史料选编》，人民交通出版社，1997 年。

［日］松浦章著:《凤凰文库 · 海外中国研究系列：清代内河水运史研究》，江苏人民出版社，2010 年。

编纂始末

瓜洲是一个历史文化底蕴厚重的镇，记载瓜洲历史的文献除了《瓜洲志稿》、嘉庆《瓜洲志》外，还有民国年间于树滋编纂的名志《瓜洲续志》以及纪实性诗集《瓜洲伊娄河棹歌》等。近年，瓜洲党委、政府组织一批地方文史研究者，先后出版了《瓜洲》《瓜洲历代诗文选》《名镇瓜洲》等多部地方文化书籍，瓜洲也是扬州重点发展的休闲度假旅游重镇，瓜洲的旅游发展也迫切需要有品位的文化旅游书籍，中国名镇志文化工程为《中国名镇志丛书·瓜洲镇志》的编纂提供了难得的机遇。

2017 年，扬州市地方志办公室在全市范围要求普遍编纂乡镇街道志，同时对瓜洲申报中国名镇志文化工程提出了要求，瓜洲镇党委、政府积极响应，为此专门成立了镇志办公室，决定同时承担综合本《瓜洲镇志》和《中国名镇志丛书·瓜洲镇志》的编修工作，在工作步骤上先集中精力完成《中国名镇志丛书·瓜洲镇志》，再开展综合本《瓜洲镇志》的编纂，镇党委副书记周如霞分管镇志，镇志办先后由孟宪才、孟宪白负责组织协调工作。名镇志采用项目运作制的方式，成立了由省、市、区方志文史专家和瓜洲镇志办人员联合组成的项目组，由江苏省地方志办公室年鉴工作处处长吉祥担任主编，邗江区史志办副主任曹云飞为副主编，扬州市文史专家朱福烓担任顾问。9 月，项目组拟出《中国名镇志丛书·瓜洲镇志》编纂工作方案，在初步掌握消化瓜洲资料的基础上，由吉祥拟出大纲，项目组对大纲进行讨论征求意见，并对撰稿进行了分工。概述和“国际旅游度假区”（后改为“旅游开发”）由吉祥执笔，“基本镇情”由洪宝圣、邹廷虎、孟宪白、温传武执笔，“千年古渡”和“江河都会”两章由孟德荣执笔，“烽火瓜洲”由曹锡恩执笔，“风土民情”和“名人与名镇”由高惠年执笔，“艺文杂记”由孟宪才、曹云飞执笔，其中“杜十娘传奇”由朱广盛提供，大事纪略由曹云飞执笔。根据瓜洲的实际情况，基本镇情和旅游部分资料分别由镇志办及度假区管委会负责搜集，其余各章主要由各撰稿人搜集资料并完成撰写初稿。全书下限为2017年。资料收集和初稿撰写期间，项目组多次就编纂中的若干问题集中会商。至2018年3月底，各章初稿陆续完成，由吉祥负责统稿总纂。为规避内容的交叉重复，总纂中对大纲结构又进行了较大调整，特别是增设了“杜十娘传奇”的内容。统稿采取边总纂，边反馈、补充、核实的方式。2018年5月底，统稿工作基本完成。6月初，由新志坊南京文化发展有限公司排出第一次书样后，同时进行项目组成员的自审、互审和专家初审，采取边审边补充的方式进行推进。参与初审的专家有扬州市文史专家朱福烓、《扬州晚报》副总编朱广盛、扬州市地方志办公室方志处处长刘扣林、扬州市政协文史委邱振华、邗江区水利局高级工程师朱剑虹 、邗江区旅游局副局长仨妍芳。初审会结束后，项目组汇总内审和专家初审意见进行了修改，主要对“烽火瓜洲”等部分进行了篇幅压缩。此间，镇文化站站长徐振宇为全书配图重新提供相关图片。至6月底，排出第二次书样，提交省和扬州市进行联审。9月21日，由省志办和扬州市志办联合召开的终审会在扬州召开，参加终审的专家有陈华、姚震、刘扣林、翁建明、顾晓红等。会后，汇总终审专家意见对全书进行了修改。11月底，全书修改核定工作完成。12月初，排出第三次书样，项目组向瓜洲镇政府作了演示汇报，经镇政府同意报送中国地方志指导小组办公室（以下简称中指办）。2019年2月，根据中指办的反馈意见，对书稿结构层次做了微调，将“杂记”与“艺文”合并。

《中国名镇志丛书·瓜洲镇志》围绕张若虚《春江花月夜》“江流宛转绕芳甸”的诗意进行了整体策划设计。瓜洲是长江泥沙冲击形成的“芳甸”，因地处扬州古运河漕运入江通道的出江口形成中国历史上著名的瓜洲古渡，使这里成为漕运、盐运的枢纽，在中国南北对峙时期，这里又是重要的军渡，历史上很多重要的战事发生在这里，历代南来北往的名人在此留下了近万首诗词，因此瓜洲又是中国历史上著名的“诗渡”，现在已被授予“中国诗词之乡”的称号。清末以来，由于漕运废止，津浦铁路一定意义上取代了京杭大运河的南北大通道的交通功能，但瓜洲仍然担负着扬州与镇江之间水上交通门户的作用。京杭大运河入江改道后，瓜洲成为世界文化遗产中国大运河文化带上的重要组成部分。进入21世纪后，随着润扬长江公路大桥的建成，瓜洲正在成为扬州跨江发展融入苏南的桥头堡，发展方向也由过去的交通枢纽渡口转型为国际旅游休闲度假区，致力打造长江下游经济带令人向往的美好“芳甸”和旅游目的地。根据瓜洲前世今生的历史内涵，这本镇志在《中国名镇志丛书》基本篇目的基础上，对瓜洲的“名”“特”在框架上作了有针对性的策划设计。卷前彩页中使用了《春江花月夜》的书法，正文全书除概述、主要参考文献外，共设基本镇情、千年古渡、烽火瓜洲、江河都会、旅游开发、风土民情、名人与名镇、艺文杂记、大事纪略 9 章。

本书编纂对以下问题作了特殊处理：

瓜洲地域管理存在一定的特殊性。2011 年后，瓜洲的运西地区托管给扬州市高新技术产业开发区，为兼顾法定行政区的完整性，以及托管与实管体制之间的实际，“基本镇情”章在村与社区部分对托管出去的村以附的形式作了记载，同时在“江河都会”章中对在托管地区的高旻寺有关历史和风貌作了记述，其余部分均以瓜洲镇直接管辖的区域为主，托管地区的相关内容从略。

瓜洲城镇变迁具有特殊性。瓜洲历史上由于在漕运、盐运和军事上的重要地位，曾筑有壮丽的瓜洲城，城内外有一批园林名胜，但是随着长江江流的变化，到光绪年间，整个瓜洲城全部坍江。今天的瓜洲镇是在原四里铺的基础上发展起来的，和古城不是一回事。为了保存瓜洲城这段特殊的历史记忆，特设“江河都会”章，还原曾经存在的瓜洲古城风貌胜迹，并记载坍江过程，以及整个古镇尚残存的历史遗迹。现今的瓜洲镇区格局只在第一章“基本镇情”中作概要记述。

“风土民情”章侧重对具有瓜洲特色的风俗民情作了记述。为服务瓜洲旅游，本书立足于人文风情开发的角度，对瓜洲历史上具有特色的民俗事项重点作了记述，其中方言俗语收录的均为源于产生于瓜洲与瓜洲有直接关联的内容。与其他地方风俗基本相同的从略。

“名人与名镇”章除人物传略、名人留痕外，针对瓜洲历史上过往名人的特殊性，专设“帝王行迹”部分，反映历代帝王与瓜洲的关系。

“艺文杂记”章针对瓜洲“诗渡”的特点，诗歌部分重点对瓜洲有较大关系的历代诗词作了选录。美文部分由于书写瓜洲的有关散文篇幅较长，所收散文多以主题意象作节录。杜十娘的传说是瓜洲的一张文化名片。杜十娘的故事并不是虚构的民间传说，而是明代发生在瓜洲古渡的真实故事，本书为此在艺文中专设“杜十娘传奇”。由于影视剧的传播，冯梦龙“杜十娘怒沉百宝箱”的故事早已广为流传，为与小说相区别，该部分省略了冯梦龙所创作的《杜十娘怒沉百宝箱》小说，改而收录杜十娘真实故事原型的最早文献《负情侬传》，以及对杜十娘沉箱故事衍化的考证。“杂记”载录了《红楼梦》与瓜洲相关原型的关系，并对一些具有历史文化内涵的地名掌故以及有历史依据的有一定价值的其他掌故作了收录。

"概述"为区别于"基本镇情"和常规志书概述的写法，以文化散文的写意笔调，将瓜洲置于中国历史和区域变迁的纵横坐标轴中，力图在体现瓜洲的发展变迁脉络、节奏的同时，展现与国家历史、区域发展变迁互动之间所形成的瓜洲特质及印记。

瓜洲与南京市六合区雄州街道的瓜埠，历史上都曾有"瓜步"的别称，两地有关历史事件的文献记载经常混淆，张冠李戴，本书对此作了相关甄别，对在瓜洲民间传说但实属六合瓜埠的有关历史事项予以剔除。

注重收录历史图片。根据中国名镇志丛书图文并茂的要求，本书除反映现今瓜洲风貌的图片外，针对瓜洲历史文化的特点，尽可能采录能反映瓜洲历史变迁的地图、示意图和与历史文化相关的绘本。个别图片录自相关图书，因未能联系到作者，请作者看到后与我们联系，我们将奉上稿酬。

本志编纂得到了江苏省志办、扬州市志办、邗江区史志办以及瓜洲镇政府的关心支持。瓜洲镇镇长冯科亲自组织瓜洲国际旅游度假区的资料提供并对相关内容进行了审核。本志顾问朱福烓为本书编纂提供了与瓜洲相关的研究资料，曹云飞将"艺文杂记"章收录的诗文与原始文献典籍逐一对校，修正了若干讹误。项目组高惠年除无私提供自己多年收藏的有关资料和图片外，还对书中自己承担撰稿以外的部分内容进行了审核，帮助校订了有关历史史实。易图公司为本书绘制了瓜洲镇的现状地图。新志坊南京文化发展有限公司朱晓林、韩许洁等为本书版式设计和多次排版付出了诸多努力。在此，谨对他们给予的帮助和付出一并致谢。

编　者

2019 年 6 月